행복의 과학

THE SCIENCE OF HAPPINESS

신경과학과 발달심리학이
제시하는 7가지 삶의 방법

행복의 과학

브루스 후드 지음 | 이현기 옮김

에디터
editor

천진난만하게 노는 어린아이들은 마냥 행복하게만 보인다. 물 웅덩이나 흙, 눈송이, 작은 나뭇가지… 아이들은 어른들이 피하거나 눈길조차 주지 않는 것에도 뭐가 그리 재미있는지 까르르 웃는다. 우리 사무실 뒤의 초등학교 운동장은 쉬는 시간이면 뛰노는 아이들의 깔깔대는 소리로 생기가 넘친다. 그런데 그 모든 재미와 즐거움과 기쁨과 생기가 얼마 가지 않아 전부 어디로 다 사라져버리는 걸까? 우리는 이 세상에 태어나 행복하게 삶을 시작하지만 대개 서글프게도 불행한 성인으로 살다가 생을 마친다. 우리 대다수는 삶에 불만이 많다. 모든 일이 술술 풀려 기분이 좋은 것도 한순간이며, 지속되는 진정한 행복은 좀처럼 손에 잡히지 않는다. 왜 그럴까? 좀 더 행복하게 살아갈 수는 없을까?

나는 발달심리학자로서 지난 40년 동안 어린아이들의 발달 과정을 연구했다. 아기 때는 혼자 아무것도 할 수 없어 생존 자체를 다른 누군가에게 의존해야 하는 무기력한 존재이지만 그런 아기가 자라서 나중에는 시스티나성당의 웅장한 천장화를 그리고, 감동적인 교향곡을 작곡하며, 은하계를 탐구하는 우주선을 만들고, 심지어 잔혹한 전쟁까지 일으키는 존재가 될 수 있다는 놀라운 사실과 그 변해 가는 과정이 너무나 흥미롭기 때문이다. 또 지금까지 나는 차세대 과학도를 양성할 목적으로 대학에서 연구하고 가르치는 일에 전념했다. 그 시간 대부분은 아주 보람찼다. 그러다가 약 6년 전부터 뭔가 불길한 느낌이 들기 시작했다. 특히 대학 신입생들이 갈수록 불행하고 불안한 모습을 보인다는 사실이 가슴 아팠다. 그들은 오로지 학점에 매달려 행여나 성적이 잘 나오지 않을까 안달하며, 교수인 나에게 어떻게 하면 더 나은 점수를 받을 수 있는지 그 비결을 좀 더 자세히 알려주기만을 바라는 듯했다. 안타깝게도 그들은 자신이 배우는 분야의 놀랍고 새로운 발견에 관해선 흥미를 잃어가고 대신 성적을 올리는 데만 집착했다. 그처럼 지나치게 실용적이고 목표 달성에 과몰입하는 추세는 각박한 현실 탓에 불평과 불행으로 이어질 수밖에 없다. 그와 함께 학생들을 가르치면서 얻는 나의 기쁨과 열의도 크게 줄었다. 물론 그들이 불태우는 학업 성취의 열망은 박수를 보낼 만하다. 그러나 그 때문에 개인적인 행복을 잃어서야 되겠는가? 내가 가르치는 학생들에게 국한된 문제가 아니었다. 영국만이 아니라 내가 아는 모든 나라의 고등교육 부문 전체에 그에 따른 우울증, 불안증 등 정신 건강 문제가 유행병처럼 번졌다. 물론 어느 시대나 대학 진학은 도전과 어려움이 많이 따르는 인생의 큰 전환점이다. 30여 년 전 행복에 관한 나의 첫 연구 논문에서 그 문제를 다루었기 때문에 나도 모르는 바 아니다. 하지만 오늘날 상황은 그때보다 훨씬 더 나쁘다.[1] 나는 학생들이 스스로 초래하는 듯한 불행을 보며 더는 뒷짐 지고 있을 수 없었다.

내가 연구하는 학문 분야에는 긍정심리학도 포함된다. 일반적인 심리학이 흔히 부정적인 감정을 다룬다면 긍정심리학은 인간 마음의 밝은 면을 규명하고 북돋우는 것을 목표로 한다. 특히 간단한 일상 훈련과 활동을 통해 정신 건강과 행복 증진을 추구하는 실용적인 학문이다. 처음엔 나는 회의적이었다. 명상이 몸과 마음의 웰빙에 효과적이라는 이야기는 많이 들었다. 하지만 증거에 기초한 과학이라기보다 동양 종교에 뿌리를 둔 기법이 아닌가? 또 언론에는 행복과 성공을 성취하는 방법에 관한 기사가 거의 매일 쏟아졌다. 그러나 내가 보기에는 그 '비결'들 대부분이 임시방편인 듯했다. 어떻게 그런 뻔한 방법으로 쉽게 행복해질 수 있단 말인가? 서점은 미심쩍은 자격을 내세우는 소위 '긍정심리학 전문가'들의 자기 계발 서적으로 가득했다. 내 눈엔 그 모든 것이 애매모호하며 과대 선전처럼 보였다. 하지만 학생들이 겪는 너무나 심각한 불행을 도저히 그냥 두고 볼 수 없었다. 그래서 나도 긍정심리학 쪽을 한번 탐구해 보기로 마음먹었다. 대신 철저한 과학적 근거를 바탕으로 해야 한다는 대원칙을 세웠다.

그때 우연히 하버드대학 교수 시절 나의 제자였던 로리 산토스(Laurie Santos) 예일대학 심리학 교수가 '심리학과 행복한 삶(Psychology and the Good Life)'이라는 강좌를 개설했다는 소식을 들었다. 그 프로그램은 예일대학 캠퍼스에서 최고의 인기를 누리고 있었다. 늘 관대하고 남을 배려하는 산토스 교수는 나의 요청에 선뜻 자신의 강의 노트를 보내주었다. 거기에다 나는 해당 분야에서 이루어진 관련 연구 내용을 통합하고 내 나름의 생각을 추가한 다음 그 자료를 바탕으로 2018년 영국 브리스틀대학에서 '행복의 과학(The Science of Happiness)'이라는 시범 강좌를 개설했다. 어쩌면 강의실이 텅 빌지도 모른다는 걱정도 컸다. 그러나 개강 당일 학생과 교직원 500명 이상이 몰려들었다. 전혀 예상치 못한 일이었다. 더구나 학점이 부여되지도 않고 주 1회 점심시간을 이용한 공개 시범 강좌로 누구나 청강이 가능한 수업이었는데도 그처럼 큰 관심을 모았다는 사실이 더욱 놀라웠다.

'행복의 과학' 프로그램은 행복을 이해하는 과학적인 접근 방식에 초점을 맞춘 강좌였기 때문에 나는 뇌의 기본 메커니즘 측면에서 인간의 행동을 설명하는 연구 결과들을 다수 포함했다. 특히 나의 집중 관심 분야인 아동 발달, 자아, 신경과학에 관한 내용이 주를 이루었다. 그 외에도 나는 과학적인 데이터와 증거의 힘에 대한 나의 믿음을 수강생들과 나누고 싶었다. 그래서 자연 세계의 진리를 발견하는 최선의 방법이 과학이라는 사실을 보여주기 위해 통계학과 실험 연구의 설계에 관한 내용도 넣었다. 또 나는 여러 긍정심리학 옹호론자들과 달리 내가 제시하는 원칙들의 효과를 과대 포장하지 않으려고 최대한 신중을 기했다. 아울러 행복의 과학에 최대한 엄격하게 접근하기 위해 내가 강좌에서 권장하는 활동과 연습이 실제로 수강생들의 행복에 어떤 영향을 미치는지 데이터로 확인하고 싶었다. 그에 따라 코스 시작과 종료 후에 수강생들에게 직접 심리 측정에 참여하도록 했다. 나는 그들에게 스스로 자신에 관한 실험에 참여하는 것이며, 그 결과에 따라 이 강좌를 정규 과정의 강의로 전환할지 결정하겠다고 솔직히 밝혔다. 만약 전반적인 평가에서 행복 증진에 별 효과가 없다고 판명되면 나의 이전 연구로 돌아가겠다고 약속했다.

코스가 끝났을 때 수강생들의 피드백은 매우 긍정적이었다. 흥미롭고 재미있었으며 참여할 기회를 얻어서 아주 좋았다는 반응이 많았다. 일부는 삶이 변화되는 경험을 했다고 말했다. 그렇다면 실제로 측정된 과학적인 데이터는 어땠을까? 나는 수강생들의 심리 측정 결과를 통계적으로 분석해 보고는 가슴이 뛰는 즐거움을 맛보았다. 거의 모든 측정 항목에서 코스 시작 전부터 10주 뒤 코스가 끝났을 때까지 긍정적인 점수가 10-15% 높아진 것을 확인할 수 있었다. 대단한 성과처럼 들리지는 않겠지만 비교적 짧은 기간에 그 정도의 개선이 이뤄졌다면 통계적으로 상당한 의미가 있다. 이 결과에서 나는 과학을 통해, 또 교육을 통해 우리의 행복을 증진할 수 있다는 확신을 얻었다. 이제 이 책을 통해 여러분을 더 행복하게 만드는 것이 나의 목표다.

Lesson 1   나를 변화시켜라

Lesson 2   사회적 고립을 피하라

나는 언제나 '왜?'라는 질문을 던지고 그에 대한 답을 찾으려고 애쓴다. 과학자로서 당연한 일이다. 지금 여기서 내가 던지는 질문은 이것이다. 불행을 느끼는 사람이 왜 그토록 많을까? 행복은 왜 그처럼 깨지기 쉬울까? 긍정심리학적 개입과 처방이 왜 효과가 있는 걸까? 나는 이 모든 질문의 답을 우리 어린 시절에서 찾을 수 있다고 생각한다.

가정에서 어린아이는 집중적인 관심의 대상이다. 그 아이는 사회적 관계의 치열한 경쟁 세계를 아직 접하지 않은 상태라 자신이 다른 사람들로부터 평가나 판단을 받는다는 생각을 하지 않는다. 대다수는 자기중심적인 상태로 과거에 대한 후회나 미래를 향한 걱정 없이 현재를 행복하게 살아간다.

그러나 그 아이가 자라나 학교 시험과 인간관계, 소셜미디어,

직장이라는 치열한 경쟁 세계에 들어서면 자신이 더는 관심의 초점이 아니라는 사실을 깨닫는다. 그는 자신처럼 지위와 인정을 얻기 위해 경쟁하는 다른 사람들과 함께 살아가는 법을 배워야 한다. 양측이 상대방의 관점을 존중하지 않으면 갈등이 생겨난다. 모두가 자신의 지위를 확보하고 다른 사람들로부터 찬사를 받기 원하나 이 역시 이해관계의 충돌로 이어진다. 승자이면서 동시에 팀 플레이어가 되기는 여간 어려운 일이 아니다. 다른 사람의 인기가 떨어져야 내가 최고의 인기를 누릴 수 있다. 다른 사람이 미움을 받아야 내가 가장 사랑받는 사람이 될 수 있다. 다른 사람이 실패해야 내가 가장 성공한 사람이 될 수 있다. 적어도 '자기중심적인(egocentric, 자아중심적)' 관점에서는 그렇다. 다른 사람들과 잘 어울리고 사회에 받아들여지기 위해서는 다른 사람들의 생각을 존중하고, 이를 염두에 두면서 행동해야 하지만 그렇게 되려면 상당한 노력과 기술이 필요하다. 이런 능력은 어린 시절 전반에 걸쳐 서서히 발달한다.

성인기에 접어들면 어린 시절보다 걱정과 염려가 훨씬 더 많아진다. 따라서 종종 그렇듯이 성인이 된 우리가 자기중심적인 세계, 나만의 세계에 갇히면 그 자기 초점(self-focus)이 우리 자신의 문제에 맞춰져 그 문제가 실제보다 훨씬 더 커 보인다. 다른 사람들과 비교할 때 우리의 자아가 어떻게 인식되는지, 또 우리가 직면한 문제와 관점의 교류가 어떻게 나타나는지 생각해보자.

과도하게 자기중심적인 사회 연결망.

위의 그림에서 보듯이 자기중심적이면 우리는 자신이 세계의 중심이라고 생각하며 인간관계를 일방적으로 인식한다. 또 우리가 다른 사람에게 영향을 미치는 건 당연하다고 생각하며 실제로 그렇게 행동한다. 반면 다른 사람이 우리에게 영향을 미칠 경우에는 우리가 잘 공감하지 못한다. 타인의 관점을 진지하게 고려하지 않아 상호작용과 교류가 거의 없기 때문이다. 더구나 자기중심적인 성인은 어린아이와 달리 자신에게 닥치는 현재와 미래의 문제를 실제보다 훨씬 더 심각하게 인식한다. 자신의 문제가 언제나 더 크다고 생각한다. 그러면서 다른 사람에게도 나름대로 문제가 있다는 사실은 무시한다. 설령 그들의 문제를 인정하더라도 우리 문제에 비하면 아무것도 아니라며 일축한다. 이처럼 자기중심적인 세계에서는 우리가 마주친 어려움이 다른 사람들의 어려움보다 훨씬 더 중요하다는 판단이 지배한다.

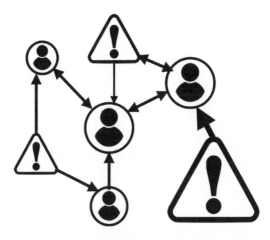

좀 더 타인중심적인 사회 연결망.

　그러나 세계를 보는 다른 방식도 있다. '타인중심적인(allocentric)'
관점이다. 이 방식이 자기중심적인 관점보다 더 큰 행복을 가져
다줄 수 있다. 타인중심적인 관점은 다른 사람들의 시각과 견해
를 배려하고 사회적 상호 연결성을 고려한다.

　위 그림에서 보듯이 좀 더 타인중심적인 관점에서는 우리 자
아가 자기중심적인 세계에서보다 작아져 다른 사람들과 별 차
이가 없다. 나와 다른 사람들의 관계도 더욱 상호 호혜적이다.
또 다른 사람들에게 영향을 주는 문제들이 분명히 있으며, 그들
에게는 그 문제가 우리 문제보다 더 중요하다는 사실을 인정한
다. 이런 관점은 균형 잡힌 시각으로 문제들을 파악하고, 그 결
과 우리 자신의 문제를 덜 부담스럽게 볼 수 있도록 해준다. '고
통은 나누면 반으로 줄어든다'는 속담 그대로다. 우리가 좀 더
타인중심적으로 생각하고 행동하면 우리는 다른 사람들의 도움

을 받을 수 있을 뿐 아니라 그들에게 다가감으로써 예상하지 못했던 행복도 찾을 수 있다.

성인 대다수는 상황에 따라 꼭 필요하다면 자기중심적인 관점에서 벗어나 타인중심적인 관점을 취할 수 있다. 실제로도 그런 기술을 배우는 것이 성장의 중요한 부분이다. 하지만 저절로 타인중심적인 관점을 갖기는 어렵다. 우리는 다른 사람들이 겪는 어려움을 잘 모른다. 그들이 우리와 가까운 사이가 아니라면, 또는 그들의 곤경이 특별히 우리의 관심을 끌지 않는다면 더더욱 그렇다. 우리가 우리 자신만의 세계에 갇혀 있기 때문이다. 다른 사람들이 어려운 문제로 힘들다고 아무리 호소해도 우리가 자기중심적인 관점을 갖고 있다면 우리는 그것이 우리 문제보다 훨씬 덜 중요하다고 여긴다.

고대 그리스 스토아학파의 철학자 에픽테토스는 "중요한 것은 우리에게 일어나는 일이 아니라 그 일에 대한 우리의 반응"이라고 했다. 두 사람에게 똑같이 어려운 일이 닥쳤는데 한 사람은 그냥 털어버리지만 다른 한 사람은 몇 날 며칠 괴로워하며 그 일을 되새긴다는 사실이 그 명언을 입증한다. 왜 그런 차이가 날까? 왜 어떤 사람은 잔을 보고 절반이나 찼다고 느긋하게 생각하고, 다른 사람은 절반이나 비었다고 불안해할까? 왜 어떤 사람은 다른 사람들보다 더 행복하다고 느끼고, 또 어떤 사람은 더 불행하다고 느낄까? 원래 그렇게 태어나는 걸까, 아니면 후천적으로 주변 상황에 의해 그렇게 되는 것일까?

행복한 아이가 자라서 행복한 어른이 되는 경향을 보인다. 그렇다면 무엇이 행복한 아이를 만들어줄까? 거기엔 부모에게서 물려받은 유전자도 분명히 한몫한다. 과학자들은 유전자 100%를 공유하는 일란성 쌍둥이들과 유전자의 약 50%만 공유하는 이란성 쌍둥이들의 행복 수준을 비교함으로써 그 차이 중 어느 정도가 생물학적(유전적, 선천적) 요인에서 비롯되고, 어느 정도가 환경적(선택적, 후천적) 요인에서 비롯되는지 판단할 수 있다. 이를 유전율(heritability)이라고 한다. 연구 결과를 종합해 볼 때 평균적으로 40-50% 정도가 유전적 요인에서 비롯된다고 추정할 수 있다.[1] 행복의 유전율이 그 정도라는 뜻이다. 지능의 유전율도 그와 비슷하다.[2] 우리는 좋은 성향도 나쁜 성향도 각각 전부가 아니라 일정 비율만큼만 부모로부터 물려받는다. 행복도 성격의 다른 측면처럼 생물학만으로 전부를 설명할 수는 없다. 환경과 교육을 통해서도 후천적으로 만들어질 수 있는 여지가 크다는 말이다.

영국 통계청은 영국의 10-15세를 대상으로 무엇이 그들을 행복하게 해주는지 질문했다.[3] 그들이 꼽은 중요한 요인은 비디오게임도, 인스타그램 팔로워 수도, 돈도, 휴일도, 학교 성적도 아니었다. '사랑받는다고 느끼고, 도움을 받을 수 있는 사람(속내를 털어놓고 기댈 수 있는 친구와 가족 등)과 소통하는 것'이 아이들이 행복한 삶을 누리는 데 필요한 가장 중요한 요인이었다. 이 조사 결과가 의미심장한 것은 다음과 같은 사실 때문이다. 2012년 당시 1970년생인 1만 7000여 명을 대상으로 '지금까지 살아온 삶에 얼마나 만족하는가?'라고 질문한 조사에서 그들의 만족도를 가장 잘 예측할 수 있는 요인은 '어린 시절 정서적 건강 측면의 적응 수준'인 것으로 밝혀졌다.[4] 그처럼 어린 시절의 사회적 상호작용은 성인기 행동 양식의 기초를 형성하며, 그런 행동 양식이 우리의 행복 수준에 상당한 영향을 미친다. 우리는 다른 사람들과 연결되어 상호작용하면서 삶의 어려움과 도전에 더 잘 대처하는 법을 배운다. 성인으로서 우리의 행복 수준을 가장 잘 예측할 수 있는 환경적 요인은 연봉이나 결혼 또는 애인이 아니다. 물론 그런 것도 삶의 만족도에 기여하지만 어린 시절 다른 사람들과 얼마나 잘 지냈는지가 무엇보다 중요하다.

그렇다면 불행한 어린 시절을 보냈을 경우 성인이 되어서도 행복할 수 없다는 뜻인가? 그렇진 않다. 나 자신의 어린 시절도 불행했다. 나는 떠돌이 가정에서 자랐다. 폭력적이고 불행하고 알코올중독에 시달렸던 아버지는 일자리와 삶의 목적과 의미를 찾아 이 나라에서 저 나라로 계속 옮겨 다녔다. 내가 열다섯 살 때 아버지가 세상을 떠나셨고 2년 뒤 어머니가 고국인 호주로 돌아가시면서 나는 스스로 내 앞가림을 해야 했다. 그런 불우한 어린 시절을 보냈지만 지금 나는 스스로 비교적 행복하다고 생각한다. 내가 일반적인 행복 공식에서 왜 예외가 되었는지 나로선 알 수 없다. 그러나 한 가지 분명한 점은 훈련과 교육을 통해 더 행복해지는 것이 가능하다는 사실이다. 이를 뒷받침하는 증거가 분명히 있다.[5]

이 증거는 나의 '행복의 과학' 강의에서 나온다.[6] 브리스틀대학에서 신입생을 대상으로 5년 전부터 계속 진행되고 있는 정규 과정이다. 이 강의를 시작한 이래 나는 행복에 관한 '왜?'라는 질문들의 답을 제공할 수 있는 공통적인 메커니즘이 어린 시절에 있다는 사실을 확신하게 되었다. 자아중심적 편향은 언제나 우리에게 남아 있겠지만 우리는 관점을 약간씩 옮겨 좀 더 타인중심적으로 사고하도록 우리 자신을 훈련할 수 있다. 그 과정에서 자기중심주의(egocentrism)와 타인중심주의(allocentrism) 사이의 균형을 잡는 것이 가장 중요하며, 그것이 이 책에서 제공하는 원칙과 실용적인 방안 각각의 핵심이다.

나는 지금부터 일곱 개의 레슨을 통해 과학적 증거에 기반한 기법을 바탕으로 행복을 추구하는 원칙과 방법, 그리고 이 방법들이 효과가 있는 이유를 차근차근 설명하겠다. 레슨 1의 '나를 변화시켜라'는 우리의 자아감(sense of self))이 아동 발달 과정에서 형성된다는 사실을 보여준다. 우리는 매우 자기중심적인 자아로 생을 시작하나 나이가 들수록 자신과 다른 사람들 사이의 관계를 더 많이 인식한다. 우리가 계속 자기중심적으로만 살아간다면 이런 자기 초점이 우리의 관점을 왜곡하면서 불행이 찾아든다. 레슨 2 '사회적 고립을 피하라'에서는 인간 특유의 어린 시절과 몸 전체에 비해 상대적으로 큰 뇌 때문에 과도하게 사회적으로 의존하게 된 과정을 짚어본다. 레슨 3 '부정적 비교를 거부하라'에서도 뇌가 주제다. 여기서는 우리 뇌가 정보를 처리하는 방식에서 취하는 특유의 편향과 이런 편향이 우리의 행복 추구에 어떻게 걸림돌이 되는지 살펴본다. 레슨 4 '좀 더 낙관적으로 생각하라'는 늘 최악의 상황을 가정하고 거기에 초점을 맞추는 우리의 성향 문제를 다룬다. 이 주제는 레슨 5 '주의력을 제어하라'에서 좀 더 확장된다. 집중을 요하는 활동에 우리가 주의를 집중하지 못하고 자꾸만 마음이 부정적인 생각으로 흘러가는 이유를 자세히 알아본다. 이런 경향을 억제하기 위해 레슨 6 '사회 연결망을 강화하라'에서 우리는 다른 사람들과 상호작용하는 데서 얻는 혜택이 무엇인지 알아보고, 낯선 사람에게 말을 걸었다가 거부나 박대를 당할지 모른다는 피해의식의 허구성을 밝혀볼 것이다. 마지막으로 레슨 7 '나만의 세계에서 벗어나라'에서는 행복을 증진하기 위해 새로운 시각과 관점으로 세상을 보는 다른 방법들을 심층 탐구한다.

《행복의 과학》은 단순한 자기 계발서에 머물지 않는다. 어떤 면에서 이 책은 '자기 와해서'라고 해도 과언이 아니다. 지나친 자기중심적인 자아가 불행의 근원이며, 그 자아를 해체함으로써 거기서 벗어나야 행복을 맞아들일 수 있기 때문이다. 그러나 오로지 타인중심적이 됨으로써 자신에 대한 관점을 완전히 제거하려 해서는 안 된다. 사실 그럴 수도 없다. 다른 사람들만 생각하고 그들만 느낀다면 우리는 자아감을 잃을 위험이 있다. 자아감은 다른 사람들과 연결되는 것만큼 우리의 정신 건강과 행복에 중요하다. 우리가 해결할 수 없는 갈등이나 위기에 초점을 맞추면 절망할 수밖에 없다. 우리 자신의 행복을 타인에게 지나치게 의존하면 우리 자신의 정신적 안녕에 대한 통제력을 잃게 된다. 절대 그래서는 안 된다.

일곱 개의 레슨 전체를 통해 독자 여러분은 자기중심주의에 과도하게 몰입하지 않고 자기중심적 관점과 타인중심적 관점 사이에서 균형을 잡아야 행복해질 수 있다는 사실을 확실히 깨달을 것이다. 각 레슨의 끝을 장식하는 '행복 연습'은 이와 같은 관점의 이동이 균형 있게 이루어지도록 도움을 주는 간단한 실용적 방안들로 구성된다. 이 방안들을 꾸준히 실천하고 체화함으로써 여러분 모두가 좀 더 행복해질 수 있기 바란다.

지식만으로는 결코 충분하지 않다. '행복의 과학' 강의가 학생들의 행복을 증진하고 그들의 불안감과 외로움을 줄여줄 수 있다는 사실이 거듭 확인되고 있지만 그런 개선은 강의에서 제시되는 방안들을 꾸준히 사용해야만 유지될 수 있다.[7] 우리 몸의 건강과 마찬가지다. 꾸준히 운동해야 건강이 유지된다. 건전한 생활 방식을 지속하지 않으면 건강이 무너진다. 행복도 그렇다. 지속적인 혜택을 얻고자 한다면 행복해지는 방법을 숙달하고 체득해야 한다. 잡기 어려운 행복을 손에 넣기 위해선 꾸준한 연습과 실천이 필수다.

나를 변화시켜라

우리가 좀 더 나은 방향으로 변화하기를 원한다면
자아의 본질을 정확히 이해할 필요가 있다.
자아가 어떻게 형성되며,
어떻게 하면 자아를 변화시킬 수 있는지 알아야 한다.
우리 자신에 대한 더 나은 이해 없이는
진정으로 더 행복해지기는 불가능하기 때문이다.

과거 오랫동안 사람들은 지구가 우주의 중심이라고 생각했다. 해와 달이 우리가 사는 이 행성의 궤도를 돈다고 믿었다. 이른바 천동설이다. 그러다가 16세기 들어 그 개념이 완전히 무너졌다. 코페르니쿠스가 행성들의 움직임을 설명하며 지동설을 주장했다. 곧이어 갈릴레오가 자신이 제작한 망원경으로 행성들을 실제로 관측함으로써 코페르니쿠스의 주장이 사실로 입증되었다. 이 발견은 패러다임(paradigm, 인식 체계)의 대전환을 가져왔다. 우주에서 우리가 어떤 위치와 자리에 있는지에 대한 생각이 급진적으로 바뀌었다. 이런 우주의 진리는 우리 각자에 관한 진리와 그대로 연결된다.

우리는 세계의 중심이 '우리'라고 생각할지 모르나 사실은 전혀 그렇지 않다. 우리가 좀 더 행복해지기를 원한다면 우리도 삶에서 사고의 대전환을 이루어야 한다. 우리의 자아가 중앙에 위치하고 그 주위에 다른 사람들이 둘러싸고 있는 자기중심적인 세계관에서 벗어나 자신이 어떤 위치에 있는지, 또 사람들이 어떻게 서로 연결되어 있는지 올바로 인식해야 한다. 앞서 설명한 대로 우리는 자아를 변화시켜 과도하게 자기중심적인 관점에서 좀 더 타인중심적인 관점으로 옮겨가야 행복에 근접할 수 있다.

자아 인식을 급진적으로 바꾸는 일은 결코 말처럼 그렇게 쉽지 않다. 우리의 삶이 완전히 자기중심적인 세계관에서부터 시작되기 때문이다. 그 바탕에는 우리가 인간으로서 갖는 고유한 의식의 본질과 태어나 세상을 인식하기 시작하는 방식이 자리 잡고 있다. 그러나 자기중심적인 관점에서 모든 것을 관찰하는 우리의 편향을 확실히 깨닫고 인정하고 나면 그 인식을 서서히 바꿔나갈 수 있다. 우리의 초점을 타인중심적인 관점으로 조금씩 이동시키면 스스로 짊어진 골치 아픈 문제와 걱정거리의 짐을 덜고 다른 사람들의 도움과 객관적인 이해를 통해 행복에 더 가까이 다가갈 수 있다.

어린아이는 정상적인 아동 발달의 일부분으로 이와 같은 관점의 이동을 서서히 이루어간다. 그러나 이동의 정도는 개인에 따라 다르다. 그런 이동이 필요한 것은 나중에 어른이 되었을 때의 행복이 거기에 달려 있기 때문이다. 앞서 강조했듯이 일반적으로 볼 때 행복한 어린아이가 자라나 행복한 성인이 되며, 그 아이를 행복하게 해주는 것은 다른 사람들과 연결되는 사회적인 유대감이다. 다른 사람들과 잘 지내고 싶다면 좀 덜 자기중심적이 되는 동시에 좀 더 타인중심적이 되어야 한다. 다시 말하면 성인기의 행복은 어린 시절에서 그 뿌리를 찾을 수 있다.

이 첫 레슨에서는 자아의 개념이 무엇이며, 어린 시절 전체를 통해 우리가 다른 사람들과 상호작용을 하는 가운데서 자아 개념이 어떻게 형성되는지 먼저 알아보기로 한다. 우리는 '나' 또는 '자신'이라는 단어에 너무나 익숙한 나머지 그 단어가 실제로는 여러 가지 다른 방식으로 사용된다는 사실을 거의 생각하지 않는다.

우리의 자아는 우리가 누구인지를 가리킨다. 하지만 우리가 누구인지는 맥락에 따라 달라질 수 있다. 취업 면접에서 나를 소개하라고 하면 자신의 경력과 기술, 받은 교육과 훈련에 관한 간략한 이력을 이야기한다. 이성을 처음 만나는 자리에서 나를 소개한다면 그런 이력보다는 무엇을 좋아하고 싫어하는지, 정치관은 어떤지, 어떤 음식과 음악을 선호하는지 말할 것이다. 게다가 그와는 또 다른 '나'가 있다. 우리가 경험하는 정신적인 삶을 말한다. 사람들은 가끔 실제 자신과 자신의 의식 상태가 일치하지 않는 듯이 느낄 때는 "지금의 나는 내가 아니야"라고 말한다. 자신이 어떤 일을 하고 어떤 기술을 가졌는지, 또 무엇을 좋아하고 싫어하는지는 바뀌지 않았지만 하여간 스스로 자신이 달라졌다고 느낀다는 뜻이다. 실제로 우리가 흔히 말하는 '나'는 의식적인 평가와 개인적 경험이 혼합되면서 끊임없이 구축되어 간다.

19세기 미국 철학자 윌리엄 제임스는 '인식 주체로서의 나(I-self)'와 '인식 대상으로서의 나(Me-self)'를 구분했다. 의식적인 행동의 주체, 인지하고 사고하는 주체가 전자이고, 자기 행동과 지식 그리고 생각의 객관적인 정보와 그에 관한 이야기가 후자에 해당한다.[1] 다음과 같은 질문으로 그 차이를 설명하려고 한다. 바닐라 맛 아이스크림과 초콜릿 맛 아이스크림 중 어느 것을 좋아하는가? 잠시 생각해 보라. 이제 그 질문에 대답할 때 흔히 우리가 생각하지 못했던 '나'의 서로 다른 측면을 살펴보자. 첫째, 우리는 의식적인 인식의 경험이 있다. 질문의 문장을 읽으면서 내면의 목소리가 그 문장을 구성하는 단어들을 들려주면 우리가 질문을 이해하고 그에 대한 대답을 찾기 시작한다. 바로 그 의식적인 인식이 '인식 주체로서의 나'다. 우리가 잘 아는 내면의 정신 세계를 말한다. 이곳에서 생각과 감정이 경험된다. 그러나 '인식 주체로서의 나'는 무의식적인 '인식 대상으로서의 나'가 들어 있는 지식의 도서관에서 정보를 얻어야 한다. 그곳에는 내가 어떤 사람인지에 관한 다양한 이야기로 가득 차 있다. 위의 아이스크림 질문에 대답하려면 아이스크림을 먹어본 개인적인 경험의 기록이 보관된 '기억'에서 관련 정보를 끌어와야 한다. 그 기억이 '인식 대상으로서의 나'에 관한 지식의 보관소다. 이처럼 '인식 주체로서의 나'와 '인식 대상으로서의 나'는 서로 구분될 수 있지만 이 두 가지 측면이 어우러져 우리가 흔히 말하는 '나', 즉 자아가 구성된다. 의식적인 경험이 기억이 되고, 기억이 소환되어 그것이 다시 의식적인 경험으로 만들어질 수 있다는 뜻이다.

의식적인 생각의 흐름이 주체 의식과 자유 의지에 따라 잘 정리되고, 일관성 있게 통합되며, 지속이 되면 우리는 늘 우리가 잘 아는 '나'를 경험한다. 그렇다고 '나'가 그 구성 요소와는 독립적이거나 선험적으로 존재한다는 뜻은 아니다. 그래서 여기서는 '나'를 일종의 환상으로 설명하고자 한다.[2] '나'에 대한 경험이 실제로 존재한다는 사실을 부인하지는 않지만 그 경험은 겉으로 보이는 것과 다르다는 뜻이다. 실제는 아니지만 그렇게 보이기 때문에 환상이라고 말한다.

여러분은 이렇게 말할지 모른다. "아니, 잠깐만요. '나'가 아니면 도대체 누가 아이스크림 질문에 대한 대답을 찾는단 말인가요?" 이 모든 것이 역설처럼 보인다. '나'는 경험을 관찰하는 동시에 경험에 의해 생성되기 때문이다. 이런 측면을 잘 보여주는 것이 네덜란드 판화가 에셔(Escher)의 작품 〈손을 그리는 손〉이다. 이 작품에서 손은 스케치의 대상으로 보이지만 어느 순간 스케치의 주체로 변한다. 한 손이 다른 손을 만들어내는 것이다.

이 역설은 '인식 주체로서의 나'를 독립적이며, 생각과 행동을 일으키는 주체로 여길 때만 존재한다. 그렇다고 이 '나'가 항상 변치 않는 의식에 의존하는 것도 아니다. 의식이 부재한 상태라면(우리가 매일 밤 꿈 없는 깊은 잠을 잘 때 그런 경험을 한다) '나'는 매일 아침 깨어날 때마다 재조합될 것이다. 먼저 '인식 주체로서의 나'가 새로운 날을 인식하게 되고 그다음 우리가 '인식 대상으로서의 나'의 기록을 뒤져 그날 할 일을 정하고 행한다. 우리가 거의 인식하지 못하지만 오늘의 '나'는 어제의 '나'와 같지 않으며, 같을 수도 없다. 또 '나'는 매일의 경험에 따라 변하지만 재조합되었을 뿐 '나'는 '나'다. 이는 새로운 아이디어가 아니다. 초기 불교 경전 법구경(法句經)에 이런 말이 나온다. "오늘은 어제의 생각에서 비롯되었고, 오늘의 생각이 내일의 삶을 만들어간다. 우리 삶은 우리 마음이 만들어내는 것이다."[3]

정상적인 상태에서는 이처럼 구성된 '나'의 서로 다른 요소들을 인식하지 못한다. 그러나 그 요소들이 서로 분리될 때는 상황이 달라진다. 클라이브 웨어링이 겪는 곤경을 생각해 보자. 그는 새로운 기억을 형성할 수 없거나 형성한다고 해도 그 기억을 인지할 수 없다.[4] 영국 케임브리지대학의 저명한 음악학자였던 웨어링은 1985년 헤르페스뇌염에 걸려 새로운 기억을 저장하는 능력을 잃었다. 아주 심각한 전향성 기억상실증이 오면서 새로 경험하는 모든 것의 기억이 몇 초 안에 사라진다. 그는 이 병에 걸리기 전에 습득한 여러 기술은 잘 기억한다. 피아노를 어떻게 치는지, 아내 데보라가 어떻게 생겼는지 등. 그러나 그에게 새로 일어난 일은 어느 하나도 기억할 수 없다.

이 병에 걸린 이후로 웨어링은 자신의 삶에서 무슨 일이 어떻게 돌아가는지 이해하려고 매일 매시간 일기를 쓰고 그 내용을 업데이트했다. 대부분의 기록은 계속 같은 문장의 변형이었다. 취소선으로 지우고, 밑줄을 긋고, 똑같은 단어를 반복했다. 예를 들면 '오전 10시 30분 지금 나는 깨어 있다'라고 썼다가 '~~10시 30분 지금 나는 깨어 있다~~'라고 취소선을 그어 지운 뒤 그 아래 '10시 32분 지금 나는 진짜 깨어 있다!'라고 쓰는 식이었다.

그의 기억은 약 7초 동안 이어진다. 그 순간이 지나면 의식이 새롭게 가동한다. 정상적으로는 자아가 '인식 대상으로서의 나'

를 업데이트해서 그 내용을 '인식 주체로서의 나'가 갖는 의식적이고 주관적인 인식에 통합해야 하는데 웨어링은 그 작업이 불가능하다. 따라서 그는 연속적이거나 지속되는 '나'를 경험할 수 없다. 1993년 영화 〈사랑의 블랙홀(Groundhog Day)〉에서 주인공이 매일 아침 깨어나면 어제와 똑같은 날이 반복되는 것처럼 웨어링도 기억이 존재하는 아주 짧은 순간에 갇혀 산다고 말할 수 있다.

이쯤 되면 여러분은 이런 의문을 가질지 모른다. '행복에 관한 책인데 왜 이처럼 자아에 관해 깊이 들어가 철학적인 고찰까지 하는 거지? 이런 지식이 과연 필요한가? 너무 추상적이지 않은가? 나는 단지 좀 더 행복해지고 싶을 뿐인데….' 그러나 우리가 좀 더 나은 방향으로 변화하기를 원한다면 자아의 본질을 정확히 이해할 필요가 있다. 자아가 어떻게 형성되며, 어떻게 하면 자아를 변화시킬 수 있는지 알아야 한다. 우리 자신에 대한 더 나은 이해 없이는 진정으로 더 행복해지기는 불가능하기 때문이다.

우리는 자아에 대한 자신의 경험에 완전히 얽매여 있어서 자아가 일반적인 경험과는 별개이며 다른 사람들과 멀리 떨어져 있다고 믿는다. 우리는 세계로부터 만들어진 존재가 아니라 세계를 외부에서 관찰하는 존재라고 생각한다. 우리 자신을 이 세계와 완전히 별개로 본다는 뜻이다. 심지어 우리는 어린 시절 이래 지금까지 스스로 많이 달라졌다고 인정하면서도 나이가 더 들면 우리 자신이 더 달라질 것이라고 믿지는 않는다. 과거와는 많이 변했지만, 미래에는 크게 달라질 여지가 없으며 지금의 자기 모습이 거의 완성된 상태라고 생각하는 것이다. 자기 발달의 종점에 도달했다는 이런 가정을 심리학자들은 '막다른 길 환상 (end of history illusion)'이라고 부른다.[5]

그러나 진실은 이렇다. 우리는 달라질 수 있고 실제로 달라질 가능성이 크다. '나'라는 자아가 경험을 통해 스스로 재구성하기 때문이다. 행복해지고 싶다면 가장 먼저 자신이 고립된 섬이 아니라 다른 사람들과 상호 연결되어 계속 만들어져 가는 존재라는 사실을 정확히 이해할 필요가 있다. 바로 지금이 그런 이해를 자신의 것으로 만들 수 있는 절호의 기회다.

관점의 이동은 언제 시작되나?

심리학자 대다수는 어린 시절 전반에 걸쳐 더 많은 이해와 개인적인 기억이 합쳐지면서 자아가 서서히 형성되어 간다고 본다. 20세기 스위스 발달심리학자 장 피아제는 아기는 태어나면 외부 세계를 자신과 별개로 인식하지 않고 자기 마음이 확대된 것으로 경험한다고 주장했다.[6] 다시 말해 유아론(唯我論, solipsism: 자신만이 존재하고, 타인이나 그 밖의 다른 존재물은 자신의 의식 속에 있다고 하는 생각)에 입각해 완전히 자기중심적인 상태로 삶을 시작한다는 설명이다. 유아론이 극단에 이르면 '나'와 세계 사이의 구분이 사라진다. 환각을 체험할 때도 그런 현상이 일어난다. 이 문제는 마지막 레슨 7에서 자세히 알아보겠다.

갓 태어난 아기는 극히 자기중심적이지만 의미 있는 다른 사람, 특히 어머니의 존재에 민감하게 반응한다. 또 아기들은 무엇보다 사람 얼굴을 자세히 쳐다보기를 좋아한다.[7] 특히 어머니의 얼굴을 살핀다.[8] 성인들도 아기와 눈 맞추기를 좋아하며 '작은' 성인으로 대우한다. 부모는 흔히 갓난아기를 독립적인 작은 인격체로 대한다. 독자적인 개성과 온전한 정신적인 기능을 가진 성인 대접을 해준다.[9] 우리가 아기에게 말을 걸고 소통하는 것을 생각해 보라. "너 아주 웃겨!", "지금 장난치는 거지?" 이런 소통은 '상호주관성(intersubjectivity)'의 발달을 촉진한다. 자신을 별개의 존재로 보면서도 다른 사람들과의 관계 안에서 생각한다는 뜻이다.

아기가 태어나 몇 주만 지나면 사회적인 연결을 형성하고 강화하는 행동을 스스로 먼저 시작하거나 그런 행동에 참여하기 시작한다. 예를 들어 미소 짓는 아기를 떠올려보라. 대개 부모는 갓난아기가 자신을 보고 미소 짓는다고 생각한다. 하지만 실제로는 위에 가스가 차서 찡그리는 표정인 경우가 많다. 그러다가 6주 정도 지나면 대다수 아기는 부모에게 의도적으로 미소를 보낸다. 이와 같은 '사회적 미소(social smiling)'는 자기 발달 과정의 중요한 이정표다. 사회적 소통의 시작을 알리는 상호주관성의 사례이기 때문이다. 생후 2개월 된 아기를 똑바로 바라보면 대부분 아기도 우리를 뚫어지게 쳐다보며 미소 짓는다. 우리가 미소로 반응하면 아기는 더 크게 미소 짓는다. 그러다가 우리도, 아기도 깔깔거리며 웃는다. 미소 짓는 아기를 바라보지 않으면 아기의 미소도 사라진다.[10]

뇌 영상 연구에 따르면 아기를 둔 여성에게 아기가 미소 짓는 사진을 보여주면 즐거움과 쾌락, 행복감을 관장하는 뇌의 보상 중추가 활성화된다. 그러나 아기가 찡그리는 사진을 보여주면 그런 반응이 나타나지 않는다.[11] 누군가 우리에게 미소를 보내고 우리도 미소로 반응한다면 우리가 그들을 주목할 뿐 아니라 그들과 사회적으로 친밀하게 관여한다는 신호를 보내는 것이다. 만약 우리가 누군가에게 미소를 지었는데 그가 아무런 반응을 보이지 않는다거나 외면하거나 오히려 찡그린다면 어떨지 상상해 보라. 아마도 대다수는 의기소침할 것이다.

아기의 경우 그런 사회적 미소는 누가 자기를 좋아하는지 알아보기 위해 본능적으로 작동하는 하나의 전략이다. 처음엔 아기가 모두에게 미소를 보이지만 날이 갈수록 사람을 가리게 된다. 생후 1년이 지나면 대다수 아기는 낯선 사람을 무서워한다.[12] 다른 사람들에 대한 인식력과 가족과 가지는 유대감이 강해진다는 뜻이다.

이와 같은 초기의 정서적 애착은 미래의 인간관계 형성에서 중요한 역할을 한다. 이와 관련해서는 다음 레슨에서 더 자세히 알아보겠다. 여기서는 행복은 신뢰하는 사람들과 유대감을 형성하는 데 달려 있다는 사실에 초점을 맞추기로 한다. 아기는 일관성 있게 자신을 대해 주는 사람에게 의존한다. 다른 사람과 신뢰 관계를 쌓는 좋은 방법 중 하나가 라포르(rapport) 형성이다. 라포르란 감성적 연관성, 유사성, 친근감, 상호 신뢰를 바탕으로 형성되는 인간관계를 일컫는 심리학 용어다. 아기는 성인에게 신호를 보낸 뒤 가장 잘 반응하는 사람에게 주목하며 그를 신뢰한다.[13] 현명한 전략이다. 자기에게 가장 많은 관심을 쏟는 사람에게 집중하면 혜택이 크기 때문이다. 상대방이 변덕스럽거나 믿을 만하지 못하면 아기는 안정적인 애착 관계를 쉽게 형성하지 못한다.[14]

가치 있는 관계를 형성하고 싶어 하는 성인 사이에서도 똑같은 원칙이 적용된다.[15] 예측하기 어려운 사람을 대하는 것은 시간 낭비일 수 있다. 만나기로 한 약속을 지키지 않거나 시간에 늦으면 같이 하려고 했던 식사나 영화 관람이 무산될 수 있다. 약속 시간에 맞춰 나타나지 않는 사람은 생활 자체가 체계적이지 못하거나 약속을 중요하게 여기지 않는다는 뜻이다.

일관성이 없다는 것 역시 자녀 양육에 부정적인 영향을 미친다. 아이가 예측할 수 없는 상대와는 믿을 만한 애착 관계를 형성할 수 없기 때문이다. 그런 경우 긴장과 불안이 생기고 정서적으로 불안정해지면서 다른 아이들과 어울리기 어려울 수 있다. 하지만 교정은 가능하다. 아이가 보내는 신호를 신속하고 정확하게 파악할 수 있도록 부모가 녹화된 영상을 보며 꾸준히 학습하고 훈련하면 아이와 더 안정적인 애착 관계를 형성할 수 있다.[16]

아기들의 행동은 우리가 태어나면서부터 선천적으로 다른 사람과 상호작용을 하도록 되어 있는 사회적인 존재라는 사실을 말해 준다. 아기들은 여러 면에서 친사회적인 성향을 보인다. 그런 사회적인 행동은 다른 사람들로부터 최대한의 도움과 보살

핌을 받을 수 있도록 진화된 전략의 결과물이다. 자기를 끝까지 돌보아줄 가능성이 가장 큰 사람과 유대감을 구축하는 것이 그 목적이다. 아기들은 가족을 알아보고 그들의 관심을 받으면서도 여전히 자기중심적인 세계의 중심에 머물러 있다. 아직은 타인중심적이 되는 방법을 배우지 않았다. 시간이 흐르면서 이런 관계가 부모를 넘어서서 다른 사람들에게로 확대된다. 그때 아이들은 타인중심적인 자아감을 개발해야 한다. 다른 사람들과 서로 연결된 '나'를 인식해야 한다는 뜻이다.

어린 시절 행복했던 기억이 있다고?

놀이에 열중하는 아기를 보면 저절로 행복해진다. 너무 귀엽고 순수하게 느껴지기 때문이다. 아기가 조르면 들어주지 않기가 어렵다. 아기를 보면서 무관심할 수 있는 사람은 별로 없다. 아기는 태어나면서부터 숙련된 사회적 수완가다. 순진해 보이지만 자기 뜻대로 어른이 움직이도록 조종한다. 하지만 경험이 거의 없어서 '인식 대상으로서의 나'를 아직 구축하지 못한 상태다. 아기는 다른 것에는 신경 쓰지 않고 자기중심적으로 느끼며 자신에게 쏟아지는 관심을 즐긴다.

　태어나서 처음으로 자신이 다른 사람과 어떤 관계에 있는지 인식한 순간을 기억하는 사람은 없다. 수백 명을 대상으로 한 조사에 따르면 우리 대다수는 두 번째 생일 전의 자신에 대한 기억이 거의 없다. 오랜 세월이 흐르면서 기억이 사라진 것이 아니다. 예를 들어 20세인 사람이 18년 전 아기였을 때의 일을 기억하는 것보다 70세인 사람이 50년 전의 일을 훨씬 더 많이 기억할 수 있다.[17] 생후 24개월 이전의 일을 기억한다고 말하는 것은 대다수가 몇몇 산발적인 인상이나 사건이다. 예를 들면 내 아내의 첫 기억은 요람에 누워 있을 때 열린 창문으로 새가 날아 들어온 것이다. 나는 그런 기억이 아예 없다. 그러나 생후 24개월에서 36개월 사이에 우리의 어린 시절 기억은 좀 더 자전적인 형태를 갖춘다. '인식 대상으로서의 나'가 구축되기 시작하는 시점이다.

생물학적으로 설명하자면 '영아기 기억상실(infantile amnesia)'은 장기적인 기억과 가장 긴밀히 연결된 뇌 부위인 해마가 완전히 발달하지 않은 상태에서 비롯된다.[18] 웨어링이 새로운 기억을 저장하는 능력을 잃은 것도 헤르페스뇌염으로 해마가 손상되었기 때문이다. 기억이란 우리가 주체가 되어 행한 일들에 관한 이야기들이다. 우리는 완전히 개인적인 관점에서 사건들을 경험한다. 자전적인 기억이 형성되려면 가장 먼저 경험의 맥락 안에서 주인공으로서 독립적인 '나'가 필요하다. 사건의 구조를 파악하려면 이야기 속의 중심인물이 필요한 것과 마찬가지다. 지속적이고 독립적인 자아감이 없다면 자전적인 기억이 형성되지 않는다. 부모가 자녀에게 과거 이야기를 자주 해줄수록 자녀가 나이가 들었을 때 어린 시절 일을 더 잘 기억할 수 있는 것도 그로써 설명이 된다. 그런 대화 덕분에 초기 기억들이 자신을 중심으로 의미 있고 일관성 있는 사건으로 구성될 수 있기 때문이다.[19]

자아 인식(self-awareness)이 서서히 발달하는 과정은 아기가 거울에 비치는 자신의 모습을 보는 데서 확인할 수 있다. 아기가 거울에 비친 제 모습을 보면 처음에는 다른 아기인 줄 안다. 그러나 생후 20-24개월이 되면 거울에 비친 자기 얼굴을 알아보기 시작한다. 자아 인식이 새로운 차원에 도달했다는 증거다.[20] 그처럼 자아 인식이 시작되는 시점은 자전적 기억의 첫 사례와 일치한다. 주인공이 설정되면 그때부터 우리는 기억들을 일관성 있는 이야기로 구성하기 시작한다. 그런 이야기는 더욱 체계적이어서 쉽게 저장될 수 있다. '인식 주체로서의 나'와 '인식 대상으로서의 나'가 서로 협력하기 시작한다는 뜻이다.[21]

아이들은 자기중심적이다

자아 감각이 발달하기 시작하더라도 아이는 현실이 자신의 인식과는 사뭇 다르다는 사실을 여전히 이해하지 못한다. 피아제에 따르면 자기중심적인 아이는 오로지 자기 자신의 관점에서 세계를 관찰하고 해석한다.[22] 예를 들어 컵에 든 물을 형태가 다르고 높이가 좀 더 높은 용기에 옮겨 붓는다면 아이는 물의 용량이 달라졌다고 생각한다. 보기에 다르니까 용량이 다르다고 추리하는 것이다.

피아제는 '세 개의 산' 실험을 통해 자기중심주의를 설명했다.[23] 테이블 위에 종이 반죽으로 만든 세 개의 산을 올려놓고 각각의 산을 구별할 수 있도록 그 곁에 건물이나 나무 등의 랜드마크를 둔다. 테이블 한편에 앉은 어른이 맞은편에 앉은 아이에게 그 산들을 여러 각도에서 찍은 사진을 보여주며 자기 앞에 있

흔히 아이들은 숨바꼭질할 때 얼굴만 수건으로 가리고는 꼭꼭 잘 숨었다고 생각한다.
(Permission: Elizabeth Bonawitz)

는 산들의 모습과 일치하는 사진을 찾아보라고 한다. 자기중심적인 아이는 그 과제를 쉽게 해낸다. 그러나 맞은편에 앉아 있는 어른이 보는 관점과 일치하는 사진을 고르라고 해도 역시 자신의 관점을 보여주는 똑같은 사진을 선택한다. 다른 사람도 자신과 같은 관점을 갖는다고 생각한다는 뜻이다. 자기중심적인 아이와 숨바꼭질을 하면 방의 한구석으로 뛰어가서 수건을 머리에 뒤집어쓰고는 자신이 잘 숨었다고 여긴다. 위의 사진처럼 자기가 술래를 볼 수 없으면 술래도 자신을 볼 수 없다고 생각하는 것이다.[24]

어린아이라고 다른 관점에서 생각할 능력이 없는 것은 아니다. 여러 연구에 따르면 아이의 관심을 다른 관점으로 유도할 경우 좀 더 타인중심적이 될 수 있다.[25] 자기중심주의는 어린아이의 기본적인 사고 모드다. 다른 사람들에 의해 받아들여지기 위해서는 그 기본 모드를 변경하는 법을 배워야 한다. 자기중심적인 사고는 실제로 소통에 상당한 장애물이다. 서너 살짜리 두 아이의 대화를 들어보면 서로 소통하는 것 같지 않을 때가 많다.

"내겐 세발자전거가 있어."
"그래서 뭐? 난 커서 경찰이 될 거야."
"파란색 자전거야."
"난 아빠처럼 되고 싶어."

아이가 상대방에게 신경을 쓰지 않는 게 아니라 상대방의 관점을 쉽게 상상할 수 없어서 나타나는 현상이다. 네 살이 안 된 아이에게 다른 사람이 무슨 생각을 하고 있는지 상상해 보라고 하면 흔히 아이는 다른 사람도 자신과 똑같은 생각을 한다고 말한다. 초콜릿 통 안에 연필을 넣어두고 세 살짜리에게 통 안에 무엇이 들어 있느냐고 물으면 '초콜릿'이라고 대답한다.[26] 통 안에 실제로는 연필이 들어 있는 것을 보여주면 아이는 재미있어 한다(아이들은 쉽게 재미를 느낀다). 하지만 다시 통 안에 무엇이 들어 있다고 생각했었는지를 물으면 아이는 '연필'이라고 말한다. 현재 순간에 진실로 아는 것에 맞도록 역사를 고쳐 쓰는 것이다. 이 아이는 애초에 자기 생각이 틀렸다는 사실을 인식하지도 인정하지도 않는다(사실 어른도 얼마든지 그럴 수 있다). 그러나 더 놀라운 점은 이것이다. 통 안에 무엇이 들어 있는지 보지 못한 다른 아이에게 똑같은 질문을 했을 때 그 아이가 어떻게 대답하겠느냐고 첫 아이에게 물으면 '연필'이라고 대답할 것이라고 말한다. 자신이 이제 알게 된 사실을 다른 아이도 안다고 믿는다는 뜻이다. 너무나 자기중심적이기 때문에 자기 생각을 다른 아이도 알 것으로 기대하는 것이다.

우리는 다른 사람 입장에 서봄으로써 그가 무엇을 생각하는지 상상할 수 있다. 또 우리는 우리 과거 경험이나 비슷한 상황 또는 우리 예측에 근거해 다른 사람의 생각을 추리할 수 있다. 이처럼 우리는 '마음 이론(theory of mind)'에 따라 생각하고 행동한다.[27] 마음 이론은 다른 사람의 목적, 바람, 믿음 등의 마음 상태와 정서를 추론하는 기술이다. 자신의 믿음이나 느낌으로 다른 사람의 감정과 의도를 알아내는 능력이라고 말할 수 있다. 이 기술은 어린 시절 전반에 걸쳐 발달하며, 사회적 상호작용을 위한 역량을 키우는 데 중요한 역할을 한다.

나는 2011년 영국 BBC TV에서 방영된 뇌에 관한 성탄절 특별 강연 중 하나에서 청중 가운데서 고른 두 어린이(마크와 올리비아, 둘 다 여덟 살 정도였다)에게 마음 이론 시나리오를 연기하도록 했다. 나는 먼저 올리비아에게 잠시 밖에 나가 있으라고 한 뒤 무대로 캐비닛을 끌어와 마크에게 보여주었다. 캐비닛 맨 위에는 뚜껑이 덮인 갈색 상자와 녹색 상자가 놓여 있었다. 나는 마크에게 뇌 모형을 건네고 내가 계속 말을 하는 동안 그 모형을

영국 BBC TV에서 방영된 마음 이론 시범.

갈색 상자 안에 넣도록 했다. 1분이 지난 뒤 마크에게 뇌 모형을 꺼내 보라고 했다. 마크가 갈색 상자의 뚜껑을 열자 그곳에 넣어 두었던 뇌 모형이 보이지 않았다. 그다음에 녹색 상자를 열자 뇌 모형이 그곳으로 옮겨져 있었다. 어떻게 된 일이라고 생각하는지 묻자 마크는 모종의 비밀 장치가 설치되어 있는 듯하다고 대답했다. 그러나 사실은 난쟁이 마술사 빌리 키드가 캐비닛 안에 숨어 있으면서 뇌 모형을 옮긴 것이었다. 기이하고 좀 재미있긴 해도 큰 박수가 나올 정도는 아니었다.

그다음 나는 마크에게 올리비아라면 어떻게 할 것 같냐고 물었다. 마크는 자신의 마음 이론에 따라 올리비아도 먼저 갈색 상자를 열어볼 거라고 대답했다. 올리비아 역시 마술사가 숨어 있다는 사실을 알 수 없었기 때문이다. 그러나 극적인 효과를 내기 위해 우리는 그 시나리오의 클라이맥스를 변경하기로 했다. 캐비닛 안에 숨은 마술사가 고무로 만든 괴물 손을 착용하고 올리비아가 녹색 상자를 열 때 그 아이의 손을 움켜잡도록 했다. 올리비아가 갈색 상자를 먼저 열어서 그 안에 뇌 모형이 없는 것을 알고 나자 청중은 다음에 어떤 일이 벌어질지 알고 점차 흥분했다. 청중 각각은 자신의 마음 이론에 따라 올리비아가 크게 놀라리라고 생각했다. 올리비아가 괴물 손에 잡힌 뒤 겁에 질려 뒤로 물러서자 청중은 큰 소리로 웃으며 박수를 쳤다. 일어날 일을 예측하면서 가진 기대감이 희극적 효과를 증폭시킨 것이다.

우리는 거의 모든 사회적 상호작용에 마음 이론이 필요하다. 특히 낯선 사람을 대할 때나 불확실한 상황에 놓였을 때 더욱 그렇다. 마음 이론을 사용하지 않고 다른 사람이 자신과 똑같은 생각을 하고 세계를 똑같은 방식으로 본다고 믿으면 그들과 상호작용하려고 할 때 상당한 어려움에 부닥친다. 어린아이만이 아니라 어른도 마찬가지다. 그런 통찰이 없으면 행복을 찾을 기회를 놓치게 된다. 예를 들어 레슨 6에서 자세히 살펴보겠지만 행복을 얻는 효과적인 방법 중 하나는 낯선 사람과 대화하는 것이다. 그러나 우리 대다수는 그런 기회를 마다한다. 나도 어색하고 다른 사람도 어색하게 느낀다는 생각 때문이다. 그러나 진실은 그 정반대다.

나는 누구인가?

아이들은 출생 후 24개월에서 48개월 사이에 자신이 누구인지, 또 내가 어느 집단에 속하는지 더 잘 알게 되면서 그 정보와 계속 축적되는 경험으로 '인식 대상으로서의 나'를 더욱 정교하게 구축하면서 그것을 '인식 주체로서의 나'와 결합하기 시작한다. 어린이 자아 발달 분야의 권위 있는 심리학자 수전 하터는 아이가 자신을 묘사할 때 흔히 사용하는 방식을 네 가지로 분류했다. 첫째는 신체적 특징을 말하는 방식("내 눈은 갈색이야"), 둘째는 활동을 제시하는 방식("난 공차기를 좋아해"). 셋째는 사회적인 관계를 설명하는 방식("난 여동생이 있어"), 넷째는 심리적 상태를 이야기하는 방식("난 지금 행복해")이다.[28] 그 내용은 종종 매우 구체적이며 뜬금없다. 이 연령대의 아이는 또 자신에 관해 이야기할 때 과도하게 긍정적인 경향을 보인다. 성인인 우리도 다른 사람들에게 자랑하고 싶을 때는 자신의 성과를 부풀리기도 하지만 아이들에 비하면 아무것도 아니다. 아이들은 비현실적으로 자기 능력을 자신한다("난 아주 강해"). 체력 측정에서도 자신이 얼마나 멀리 점프할 수 있는지, 또 공을 얼마나 정확히 던질 수 있는지 과대평가한다. 이 역시 과도한 자기중심적 자아를 반영한다.

아이들이 과도하게 자신감을 갖는 이유는 뭘까? 자신의 능력을 다른 사람과 비교하지 않고 자신의 과거와 비교하기 때문이다. 현재의 자신이 이전보다 더 나아졌음을 알고 이를 긍정적인 진전으로 평가한다는 뜻이다. 그러나 아이러니하게도 나이가 들면서 우리는 이런 경향을 잃고 다른 사람들과 자신을 비교함으로써 결국 불행해진다. 자신의 개인적인 발전을 느끼지 못하는 성인은 1년 전 또는 5년 전 자신이 어떠했는지는 생각하지 않고 무조건 자신을 다른 사람과 비교한다. 이 문제는 '비교하는 뇌'에 관한 레슨 3에서 좀 더 심층적으로 분석해 보기로 한다.

초등학교에 들어가도 아이들은 여전히 자신의 능력을 과대평가한다. 그러나 서서히 이전과 다른 경향이 나타나기 시작한다. 다른 사람의 생각을 좀 더 잘 알게 되는 것이다. 자아감에서 주목할 만한 변화가 일어나면서 좀 더 객관적인 시각을 갖게 되고 급우들과 비교해서 자신을 좀 더 정확하게 판단하게 된다. 아울러 그들로부터 거부당하지 않고 받아들여지는 것이 중요하다는 사실을 더욱 깊이 깨닫게 된다. 예를 들어 자기 장난감이나 간식을 친구들과 나누는 이타적인 행동이 더 많아진다. 그러나 이런 것은 주로 또래에게 받아들여지기 위한 전략적인 행동이다(나이가 더 들어야 다른 사람을 돕는 행동이 좀 덜 전략적으로 변할 수 있다).[29] 이 정도 나이에는 집단 정체성에 관한 관심도 커진다. 그러면서 좋지 못한 편견이 서서히 생기기 시작한다. 5-7세의 아이들은 자신이 속한 인종을 선호하면서 다른 인종에 대해서는 편견을 보인다. 특히 다른 인종과 자주 어울리지 않는 구분된 환경에서 성장할 때가 더 심하다.[30]

아이들이 8-10세가 되면 자신에 대한 과대평가가 줄어든다. 자신의 능력을 또래와 비교하게 되면서 심지어 자신을 좀 더 부정적으로 평가하기도 한다.[31] 더 어렸을 때는 '모 아니면 도'라는 사고방식이었다면 이제는 자신에게 강점과 약점 둘 다 있다는 사실을 인식하기 시작한다. 자기중심적인 관점이 약해지면서 타인들과 비교할 때 자신이 어떤지에 좀 더 관심을 쏟는다. 성적이나 자신이 한 일을 두고 부모가 내리는 평가와는 별개로 긍지나 수치를 직접 표시한다. 그와 함께 문화 규범과 미디어에서 언은 정보를 바탕으로 개인적인 포부를 형성하기 시작한다. 이 연령대의 아이들은 또 자기가 되고 싶은 사람의 이상적인 모습을 그려낸다. 아울러 자신을 또래와 관련해서 묘사하는 경우가 훨씬 많아진다. 자기가 좀 뒤진다고 생각하는 아이는 눈높이를 낮춰 자기보다 못하다고 생각되는 또래와 자신을 비교하기 시작한다. 자신을 높여 자존감을 유지하기 위한 전략이다.

참 잘했어요!

여기서 잠시 행복이 아이들의 자존감에 어떻게 관련되는지 살펴보자. 자존감은 개인이 자신에게 부여하는 가치를 말하며, 행복과 아주 밀접하게 연관되어 있다. 당연한 이야기지만 스스로 자신의 가치가 별로라고 생각하면 행복을 느끼기 어렵다. 낮은 자존감은 정신 건강 저하, 약물 남용, 범죄, 폭력 등 다양한 사회 문제의 원인으로 지목된다. 특히 1970년대 이래 미국에서는 교육 성취도를 높임으로써 사회문제에 대처하려는 예방적인 전략의 일환으로 학생들의 자존감을 높이는 운동이 펼쳐졌다. 나는 미국에서 발달심리학을 연구하고 가르치는 동안 거의 모든 사람이 아이들을 대할 때 말끝마다 "참 잘했어요!"라며 큰 소리로 칭찬하는 광경을 보고 놀란 적이 있다. 그 아이가 진짜 잘했는지는 제쳐두고 무조건 그렇게 칭찬했다. 아이들을 좀 더 행복하게 해주기 위해 끊임없이 칭찬하는 것이 습관이 되어버린 듯했다. 이런 자존감 고양 운동은 어린이 양육과 교육에 큰 영향을 미치긴 했으나 자존감을 높여줌으로써 행복을 증진한다는 아이디어가 실제로 효과 있다는 가정을 뒷받침하는 증거는 거의 없다.

자존감이 높다고 여겨지는 아이들은 좀 더 자신 있고, 활동적이며, 호기심 많고, 독립적인 것으로 평가된다.[32] 또 그들은 변화에 더 잘 적응할 수 있다. 그와 대조적으로 자존감이 낮다고 여겨지는 아이들은 내성적이고, 자신이 없으며, 도전을 잘 극복하지 못하고, 쉽게 좌절하거나 포기하는 경향을 보인다. 하지만 흥미로운 점은 그 나이 때는 자존감이 높고 낮음에 따라 자신감에서는 차이가 나지만 능력에서는 실질적인 차이가 나지 않는다는 사실이다. 나이가 좀 더 들어 모든 일에 숙달이 되어야 능력과 자신감이 서로 연결된다. 이런 사실은 아이가 어릴 때는 성인, 특히 부모가 자신감을 불어넣지만, 그럼에도 나이가 들어가면서 다른 사람들이 자신과 비교해 어떻게 하는지 좀 더 정확히 인식하고 그에 따른 객관적인 평가를 신뢰하게 된다는 것을 의미한다. 아이들이라고 어리석지 않다. 그들은 자신이 진짜 잘했을 때를 안다. 그런 사실을 알 때 그들은 더 행복해진다.

물론 자신감 덕분에 아이가 좀 더 도전적인 역할을 맡을 가능성이 커지고, 그에 따라 성과가 좋아지면 다시 자신감이 더 높아진다고 주장할 수 있다. 또 자신감이 결여된 아이는 좋은 성과를 내지 못하게 되고, 그런 좌절을 극복하지 못하면 완전히 탈락하게 된다고 주장할 수 있다. 하지만 이것은 닭이 먼저냐 달걀이 먼저냐의 문제다. 자신감이 좋은 성과를 냈는가 아니면 좋은 성과가 자신감을 높였는가? 그 답의 단서는 자존감과 성과 사이의 변화 순서에 있다. 두 가지 변화 중 하나가 다른 쪽보다 앞선다.

원인 역할을 한다는 뜻이다. 과학적 증거에 따르면 성과가 개선된 뒤에 자존감이 높아진다. 자존감이 높아져야 성과가 더 나아지는 건 아니다.[33] 따라서 부적절한 칭찬은 개선된 성과를 이끌지 못한다.

아이의 성과와 관련된 양육 방식은 크게 세 가지 범주로 구분될 수 있다. 권위 있는 방식, 권위주의적인 방식, 자유방임적인 방식이다.[34] 권위 있는 부모는 자녀의 성과에 관여한다. 그들은 확고하고 단호하지만 동시에 따뜻하고 자녀중심적이다. 높은 자존감과 연관되는 양육 방식이다.[35] 그와 달리 권위주의적인 부모는 상황 통제에서 훨씬 더 엄격하며 군림하는 경향을 보인다. 자녀가 스스로 해결책을 찾도록 하지 않고 직접 개입해 문제를 해결하려 한다. 낮은 자존감과 연관되는 양육 방식이다.[36] 자녀 주변을 끊임없이 맴돌며 뭔가 조금이라도 잘못되면 곧바로 개입해 사사건건 간섭한다는 뜻으로 '헬리콥터 부모'로 불린다. 이런 부모 아래서 자라는 아이들은 다른 사람에게 지나치게 의존하게 되고 다른 사람이 자신의 상황을 좌우한다고 생각하는 경향을 보인다. 마지막으로 자유방임적인 양육은 자녀의 일에 전혀 간섭하지 않으며 안일하게 대응하는 방식이다. 이런 부모 아래서 자라는 아이들은 성숙이 지체되는 경향을 보인다.[37]

나중에 커서 더 행복한 성인이 될 수 있도록 행복한 자녀로 양육하려면 어떻게 해야 할까? 더욱 도전적인 역할을 맡도록 자존감과 자신감, 자발성을 높이는 데는 보상과 칭찬이 중요하게 작용한다. 그러나 성공이 보장될 수 있도록 보상과 칭찬의 수준을 적절히 조절하는 노력이 필요하다. 자녀를 과도하게 칭찬하면 처음에는 자녀를 행복하게 해줄 수 있다. 사랑을 주는 부모에게 아이들이 요구하는 것이 그런 칭찬이기 때문이다. 그러나 아이가 무슨 일을 잘하도록 숙달되게 하는 면에서는 오히려 해가 될 수 있다. 모든 결과가 기본적으로 '잘한 일'이 되면 아이는 성공과 실패를 제대로 식별하는 방법을 배울 수 없다. 그런 과정이 반복되면 아이는 독립성과 회복력이 저하된다. 특히 부모가 바로 곁에 없으면 무엇을 올바로 할 수 없는 상황이 올 수도 있다. 따라서 이상적인 방식은 이렇다. 자녀의 노력에 적극적인 관심을 보이면서 필요할 때 격려와 조언으로 도움을 주어야 하지만, 칭찬할 상황이 아닌데도 칭찬을 남발해서는 안 된다. 실수해도 비판하지 말고 한발 물러서서 아이가 거기서 교훈을 얻도록 유도하라. 그래야 아이는 부모의 무조건적 사랑을 얻기 위해서는 반드시 성공해야 한다는 압박감을 느끼지 않는다. 앞길을 지도하고 잘하도록 격려하라. 그냥 내버려둬도 안 되지만 지나치게 압박해서도 안 된다. 부모로서 든든한 버팀목을 제공해야 하지만 강요나 속박은 금물이다.

행복한 아이가 자라서 행복한 성인이 되는 경향이 있으며, 어린 시절의 행복은 대부분 다른 사람들과 서로 주고받는 건강한 인간관계에서 비롯된다는 연구 결과를 바탕으로 이 책을 시작했다. 하지만 무엇이 건강한 관계를 구축할 수 있는 능력을 결정할까? 여러 가지 메커니즘이 있지만 중요한 한 가지 요인이 '정서 조절(emotional regulation)'이다. 감정을 관리할 수 있는 능력을

말한다. 우리는 뇌의 전전두엽 부위(뇌의 앞쪽 겉질)의 활동을 통해
자신을 제어한다. 뇌의 이 부위는 발달에 가장 오랜 시간이 걸리
며 우리 마음을 생성하는 다양한 시스템을 조절한다.

전전두엽은 성인이 되어야 성숙기에 이른다. 그래서 청소년
은 곧잘 충동적일 수 있고 생각과 행동에서 혼란스러울 수 있다.
유아기의 이 부위는 짜증 같은 감정의 폭발과 성질부림을 조절
할 능력이 없다. 아이들이 그처럼 충동을 제어할 수 없다는 것은
자기중심적인 사고 때문이다. 피아제의 '세 개의 산' 실험이나
마음 이론 시범에서 자신의 관점을 억제하지 못하는 아이들이
그 예다. 그들은 자신이 옳다고 생각하는 것을 말하고 싶은 충동
을 억누를 수 없다. 그래서 그들은 초콜릿 통에 든 것이 초콜릿
이라고 말해야 할 때도 '연필'이라고 말한다.[38] 성인도 전전두엽
이 제대로 작동하지 않을 때는 충동적이고 혼란스러운 생각을
할 수 있다. 전전두엽은 술을 마셨을 때도 기능이 손상될 수 있
다. 그래서 술에 취하면 자신을 억제하지 못하고 무분별하게 행
동하기도 한다. 정서 조절은 분노 관리에도 중요하다. 화가 치
밀 때 침착함을 유지하는 기술을 말한다.[39] 다른 한편으로 전전
두엽이 서서히 성숙하는 것이 우리에게 오히려 도움이 되는 측
면도 있다. 끊임없이 변하는 사회규범과 규칙, 문화에 우리 행동
을 적응시키고 수정해 나가는 기회를 제공하기 때문이다. 신경
과학자 세라제인 블레이크모어는 전전두엽의 발달 지연을 통해
우리가 성인으로서 살아가는 데 필요한 조절-규제 네트워크를
확립함으로써 "우리 자신을 '발명'할 수 있다"고 주장했다.[40]

우리는 성숙한 성인으로서 전전두엽 시스템이 제공하는 제어력에 의존한다. 뇌의 이 부위는 나이가 들수록 계획과 추리 등의 '실행 기능(executive functions, 집행 기능)'을 더 많이 수행하는 동시에 무관하거나 불필요한 생각을 억제한다. 어린 시절의 안정성, 일관성, 규칙성은 패턴을 인식하고 반응 방식을 예상할 수 있도록 해주기 때문에 성숙해 가는 뇌가 상황에 적응하는 행동 양식을 확립하는 데 매우 중요하다. '내가 이렇게 하면 그들은 저렇게 할 가능성이 크다'는 판단으로 상황을 주도할 수 있다는 뜻이다. 이런 예측 능력은 마음 이론과 합쳐져 우리가 살아가야 하는 이 복잡한 사회적 세계에서 모든 상황에 잘 대처할 수 있도록 해준다.

거울 자아

우리 행복에 영향을 미치는 자아감에는 마지막으로 나에 대한 다른 사람들의 생각을 의식하는 방식이 있다. 우리가 누구인지는 다른 사람들의 견해에 달려 있다. 우리는 스스로 세상에서 가장 웃기는 익살꾼이라고 믿을지 모르지만 아무도 웃지 않는다면 우리가 과연 그런 사람인지 의심할 수밖에 없다. 사회학자 찰스 쿨리는 이를 '거울 자아(looking-glass self)'라고 부른다. 나에 대한 다른 사람들의 생각이 반영된 것이 자아라는 뜻이다.[41] 그러나 문제는 나에 대한 다른 사람들의 생각을 정확히 알 수 없다는 데 있다. 우리는 다른 사람들이 우리를 어떻게 생각하는지 그저 상상할 뿐이다. 그에 따라 끊임없이 달라지는 자아가 생겨난다. 쿨리는 이를 두고 이런 수수께끼 같은 말로 설명했다.

"나는 내가 생각하는 '나'가 아니다. 나는 네가 생각하는 '나'도 아니다. 나는 네가 생각하는 '나'라고 내가 생각하는 '나'다."

우리가 종종 자신의 본모습에 충실하지 않다고 생각하는 것도 거울 자아 때문이다. 예를 들어 우리는 회의실에서 하는 행동과 침실에서 하는 행동, 운동장에서 하는 행동, 또는 우리가 소속된 여러 단체에서 하는 행동이 다 다르다. 이런 사실을 의식하면 매우 불편해진다. 어디서나 똑같이 행동하는 것이 본모습을 유지하는 데 바람직하다. 하지만 집단마다 속성이 다르므로 어디서나 똑같이 행동하는 것은 부적절하다. 애인과 함께 있을 때는 당연히 로맨틱해야 하지만 직장에서 동료들과 함께 일할 때는 사무적이어야 한다. 심리 치료를 받을 때는 불안정하고 취약한 모습을 드러내도 괜찮으나 취업 면접 때는 그래선 안 된다. 이러다 보면 때와 장소에 따라 자신이 완전히 다른 사람이 되는 듯해 정체성 상실을 겪을 수 있다. 요즘의 소위 '정체성 정치(identity politics: 인종이나 성별, 종교, 계급 등 여러 기준으로 분화된 집단이 각 집단의 권리를 주장하는 데 주력하는 정치)'를 둘러싼 논란은 각자가 자신을 어떻게 여기는지와 사회가 그들을 어떻게 여기는지 사이의 불일치에서 비롯되는 긴장을 잘 보여준다. 우리 중 일부는 자신의 본모습 그대로인 '나'가 될 기회가 없다고 믿는다. 조사에 따르면 말기 환자들의 가장 큰 후회는 다른 사람들이 기대하는 '나'가 아니라 자신의 본모습에 충실한 '나'로 살 용기를 내지 못했다는 것이다.[42]

우리는 불행하다고 느낄 때 자신의 실패나 잘못된 결정과 선택을 두고 심하게 자책한다. 그런 실패가 우리 자신 탓이라고 생각한다. 그러나 우리는 살아가는 환경을 스스로 선택할 수 없다. 우리에게 영향을 미치는 모든 경험을 제어할 수도 없다. 나의 자서전을 다른 사람들이 대필한다는 뜻이다. 따라서 우리는 자아가 수많은 요인으로 구성된다는 사실을 알고 나면 그에 따른 마음의 부담을 내려놓을 수 있다. 상황을 객관적으로 판단할 수 있도록 한발 물러서면 좀 더 건강한 관점을 찾을 수 있다. 약간 덜 자기중심적이고 약간 더 타인중심적이 되어야 한다는 뜻이다.

자기중심주의에서 약간만 벗어나면 '거리 두기(detachment)' 또는 '탈중심화(decentering)'로 알려진 심리적 과정이 진행될 수 있다. 거리 두기란 무관심하거나 생각과 감정을 부인하는 게 아니라 자신의 정신적인 상태를 객관적으로 관찰하는 행동을 말한다. 자신과 자신의 정신적 경험 사이에 심리적 거리를 둘 수 있는 생산적인 방법이다. 거리 두기는 우리의 의식을 쉴 새 없이 침투하려는 부정적인 생각을 억제하는 기법으로도 효과가 있다. 그 이유는 레슨 5에서 자세히 알아보겠다.

여기서는 부정적인 감정이나 생각과 거리를 둘 수 있는 행복의 기술을 간단히 소개한다. 화가 나거나 속이 상하면 이렇게 크게 말해 보라.

"나의 느낌도 나의 감정도 나의 과거나 믿음도 '나'가 아니다. '나'는 감정과 믿음과 느낌을 가진 존재다. 나는 불안해하는 사람이 아니라 불안한 생각을 하고 있는 사람이다."

이와 같은 표현법을 통해 자아 인식을 바꿀 수 있다. '지금도, 또 앞으로도 불안해하는 사람'에서 '곧 사라질 불안을 현재 일시적으로 겪고 있는 사람'으로 관점이 달라지기 때문이다. 훨씬 더 긍정적이고 낙관적인 사고방식을 지향하는 이 기법은 레슨 4에서 다시 살펴보기로 한다.

자아를 제거하는 것이 행복해지는 방법이라고 믿는 사람도 있다. 불교에서는 깨달음에 이르는 행복의 목표로 무아(無我, 아나타)를 강조한다. 자아의 경험을 구성하는 모든 요소를 내다버림으로써 그 상태에 이를 수 있다고 가르친다. 우리의 자아 인식을 급진적으로 바꾸는 명상과 의례, 환각제 등이 어떻게 정신적 웰빙을 가져다줄 수 있는지는 다른 레슨에서 알아보겠다. 하지만 이런 기법이 모든 사람에게 도움이 되는 것은 아니다. 간혹 '이인증(離人症, depersonalization)'이라는 자아 인식 장애를 가져오기 때문이다. 이인증의 증상에는 자신의 생각과 느낌, 몸 또는 그 일부를 외부에서 관찰하는 듯한 느낌이 포함된다. 유체 이탈처럼 자신의 몸 위에 떠 있는 듯하거나 로봇 같은 느낌, 또는 말과 행동을 자신이 통제할 수 없는 느낌을 말한다. 통제력 상실감은 이인증을 초래하는 주요 원인으로 지목된다. 그러나 우리가 자기중심적인 자아를 제어하고 우리의 생각과 행동을 좀 더 타인 중심적이 되도록 의식적으로 노력할 수 있다면 거기서 긍정적인 경험이 생겨나 행복으로 가는 길을 닦을 수 있다.

인류의 더 나은 삶을 위해 진화한 통합된 자아감은 의식적인 경험을 파악하고, 생각을 체계적으로 정리하고, 다른 사람들과 상호작용하는 수단으로 작용한다. 더 건강한 마음을 위해 자아를 제거할 필요는 없다. 그러나 자기중심적인 자아의 힘을 줄여 다른 사람들의 목소리가 들리도록 할 필요는 있다. 또 부정적인 생각이 날 때는 '인식 주체로서의 나'와 일정한 거리를 둘 필요도 있다. 또 우리는 타인의 기대와 견해를 반영하는 자아의 여러 가지 형태를 갖고 있다는 사실을 인식하되 그들의 생각에 과도하게 의존하는 것을 피하는 방법도 익힐 필요가 있다. 다른 사람들의 뜻에 지나치게 잘 부응하면 그들이 우리의 이중성을 파악하게 되어 오히려 신뢰성을 잃게 된다. 그러면 우리도 자신이 다른 사람들의 기분을 맞추려고 끊임없이 변하고 있다는 사실을 깨닫고 번민하게 된다. 따라서 자기중심적인 자아와 타인중심적인 자아 사이에서 적절한 균형을 잡는 것이 우리 행복 추구에 반드시 필요한 열쇠다. 다행스럽게도 자아는 돌처럼 굳어 있지 않다. 마음만 먹으면 얼마든지 변화시킬 수 있다.

● **일기를 쓰라**

마음에 드는 공책과 펜을 준비하라. 디지털 메모보다는 종이가 낫다.

최대한 자주 일기를 쓰라. 일기를 쓰면 좀 더 넓은 시각으로 상황을 보게 되며, 자신의 삶을 기록함으로써 생각이나 행동이 어떻게 바뀌는지 파악할 수 있다.

● **보관해 둔 옛 일기장과 편지들을 꺼내 읽어보라**

이런 기록들은 자신이 어떻게 바뀌었는지 상기시킬 뿐 아니라 예전에 걱정하던 문제나 우려 대부분이 극복되었다는 사실을 깨닫게 해준다.

● **갈등 상황에 처하면 타인중심적인 관점을 취하라**

닥친 상황을 다른 사람의 시각으로 보려고 노력하라.

"넌 이해하지 못해" 대신 "내가 좀 더 명확히 설명하지 않았어"라고 말하라. 그러면 부정적인 느낌이 줄어들고 해결책을 찾기가 더 쉬워진다.

● **자녀를 도와주고 격려하되 군림하거나 과도하게 칭찬하지 말라**

긍정적인 태도로 성공에 초점을 맞추라. 그러나 자존감을 높여준다고 지나쳐서는 안 된다. 자녀가 칭찬에 익숙해지면 잘못한 일에서도 칭찬을 기대하게 된다.

● **부정적인 감정이나 생각과 거리를 두라**

이렇게 큰 소리로 말하면 도움이 된다.

"나의 느낌도 나의 감정도 나의 과거나 믿음도 '나'가 아니다. '나'는 감정과 믿음과 느낌을 가진 존재다."

이와 같은 표현법이 자아를 변화시킨다.

Lesson 2

사회적 고립을
피하라

우리는 따돌림에서 비롯되는 사회적 고통과 불행이 두렵기 때문에
그런 상황을 피하려고 애쓴다.
신체적 고통처럼 고립에 따른 사회적 고통도
우리 자신이 변해야 살 수 있다는 경고 신호다.
실제로 사회적 상실의 고통으로 활성화되는 뇌 부위는
신체적 고통으로 활성화되는 뇌 부위와 똑같다.

만약 지금 우리가 야생의 자연에서 살아가야 한다면 대다수는 오래 버티지 못한다. 야생에서는 대지에 의존해 자급자족할 수 있는 기술과 지식이 없으면 생존할 수 없다. 그래서 우리는 현대 세계의 첨단기술과 문명, 편의시설에 의존한다. 그러나 이런 모든 안락함에도 여전히 우리에게는 좀 더 기본적인 무엇이 필요하다. 다른 사람들과 어울리는 것이다. 생존만이 아니라 정서적 건강을 위해서도 우리 곁에는 함께하는 다른 사람이 반드시 있어야 한다. 우리 행복은 전적으로 다른 사람들에게 달려 있다. 인간은 왜 그렇게 사회적으로 의존하는 존재가 되었을까? 그에 대한 답은 생각보다 훨씬 모호하다. 하지만 우리의 뇌, 자녀 출산과 양육에서 그 단서를 찾을 수 있다.

동물 왕국의 모든 종(種)은 '생애사 전략(life-history strategy)'을 갖고 있다.[1] 생애사 전략이란 동물이 살아가는 방식, 그들의 번식과 수명을 묘사하는 진화생물학적 패턴을 가리킨다. 어떤 동물은 수명이 짧고, 어떤 동물은 오래 산다. 어떤 동물은 비교적 고립된 상태에서 살고, 어떤 동물은 대규모 집단을 이룬다. 어떤 동물은 새끼를 한 마리만 낳아 직접 보호하며 정성껏 기르지만, 어떤 동물은 새끼를 많이 낳아 각자도생하도록 방치한다. 어떤 동물은 교미 상대가 한 개체에 국한되지만, 어떤 동물은 상대를 가리지 않는다. 이런 패턴은 끊임없이 변하는 조건 아래서 각 종의 생존 가능성을 극대화하기 위해 진화했다.

인간은 개인적으로 수명이 짧을 수도 있고 길 수도 있다. 은둔형일 수도 있고 사람들과 어울리기를 좋아할 수도 있다. 자녀가 많을 수도 있고 적을 수도 있다. 또 배우자 한 명과 평생 함께할 수도 있고 그렇지 않을 수도 있다. 그러나 인간 역시 전반적인 생애사 전략을 갖고 있다. 그 생애사 전략은 주로 뇌의 진화에 따라 세워졌다. 인간의 뇌는 친사회적인 성향을 발휘할 수 있도록 해주는 동시에 사회에 의존하게끔 진화했다. 또한 뇌의 진화는 우리가 왜 행복과 같은 감정을 갖게 되는지, 또 왜 가장 큰 기쁨이 다른 사람들과의 상호작용에서 비롯되는지도 설명해준다.

우리 인간의 생애사 전략은 다른 영장류에 비해 상대적으로 긴 수명, 많은 자녀, 생식연령을 넘어서까지 생존할 수 있는 능력이 특징이다.[2] 또 우리는 장기적이고 긴밀한 인간관계를 형성하며, 에너지와 관심 대부분을 가족을 비롯한 사랑하는 사람들에게 쏟는다. 그에 따라 생애 초기의 사회적 상호작용이 성인기의 행복에 지대한 영향을 미친다. 실제로 다른 사람들과의 긍정적인 상호작용이 행복을 예측할 수 있는 가장 중요한 요인이라는 사실이 여러 조사와 연구를 통해 입증되었다. 예를 들어 1934년부터 80년 동안 미국 보스턴에 사는 남성들을 대상으로 실시된 '하버드 성인 발달 연구(Harvard Study of Adult Development)'에서 행복과 가장 밀접한 관계에 있는 요인이 견고한 인간관계로 나타났다.[3]

인간은 동물 왕국의 종 가운데 어린 시절이 가장 길다. 몸과 비교할 때 뇌가 가장 큰 종이기 때문이다. 평균적인 몸 크기를 고려할 때 우리의 뇌는 다른 동물에 비해 약 7배나 크다. 우리의 뇌는 다른 어떤 몸 부위보다 더 많은 에너지를 소모한다. 따라서 에너지의 경제성을 생각하면 우리의 뇌가 이처럼 커진 데는 그만한 이유가 있어야 한다. 한 가지 흥미로운 설명이 '사회적 뇌 가설(social brain hypothesis)'이다.[4] 이 개념을 널리 알린 심리학자 로빈 던바에 따르면 사회적 집단이 복잡할수록 뇌가 더 크다. 그는 사회적 장치가 복잡할수록 살아가기가 더 어려우나 뇌가 그만큼 커지면 더 많은 정보를 습득하고 분석하는 일이 가능해지므로 그런 환경을 잘 헤쳐나갈 수 있다고 지적한다. 또 한 연구는 사람의 뇌 크기로 마음 이론을 적용할 수 있는 사회 연결망의 크기를 예측할 수 있다는 사실을 보여준다.[5] 뇌가 크면 다른 사람들이 무슨 생각을 하며 앞으로 어떻게 할지 알기가 더 쉽다는 뜻이다.

인간의 지능이 높아진 것은 우리가 복잡한 집단 속에서 살아왔고, 정보를 공유하기 위한 언어 능력을 발달시켰으며, 서로 협력하는 기술을 익혔기 때문이다.[6] 여기서 '문화적 래칫 효과 (cultural ratcheting)'가 생겨났다. 래칫은 한방향으로만 회전을 하고 반대 방향으로는 회전하지 못하도록 설계된 톱니바퀴다. 따라서 문화적 래칫 효과란 문화 발전이 한번 이뤄지면 되돌릴 수 없이 계속 발전하게 된다는 뜻이다. 이런 효과로 인해 한 세대에서 획득된 지식이 다음 세대로 계속 전해져 시간이 흐르면서 더 많은 전문 지식과 지혜가 축적되었다.[7] 이처럼 생존하고 학습할 수 있는 능력으로 인류는 지난 20만 년 동안 그토록 급속히 진화할 수 있었다.

그러나 뇌의 크기를 키우기 위해서는 생애 초기의 발달 기간을 연장하고 소중한 에너지를 뇌 위주로 할당해야 했다. 생애 초기에는 대부분의 에너지원이 뇌로 집중된다. 갓난아기의 뇌는 약 350g이다. 1.5kg 정도인 성인 뇌의 4분의 1 정도다. 아기의 뇌 무게는 체중의 약 10%에 해당한다. 그에 비해 성인의 뇌 무게는 체중의 약 2%에 불과하다. 이런 차이 대부분은 태어나서 6-7년 사이에 메워진다. 그때가 되면 아이의 뇌는 갓난아기 때의 3배로 커진다. 나이가 더 들면서 뇌의 에너지 요구량이 줄어들면 에너지 재분배에 따라 몸의 나머지 부위가 더 빨리 성장하기 시작한다.

그러나 아이의 큰 머리는 출산에 상당한 어려움을 제기한다. 인류의 조상이 나무에서 내려와 직립 보행을 하기 시작하면서 인간 몸의 구조가 달라졌다. 두 다리로 서서 잘 움직이려면 골반이 좁아야 한다. 그렇지 않으면 침팬지가 서서 걸을 때처럼 뒤뚱

거리게 된다. 또 골반이 너무 넓으면 포식 동물을 피해 빨리 달아나기도 먹잇감을 포획하기도 어렵다. 여성에게는 골반 사이의 공간인 골반강이 산도(産道: 분만 때 태아가 지나는 통로)의 넓이를 결정하며, 그에 따라 출산할 수 있는 아기의 머리 크기가 정해진다. 문제는 사회적 뇌의 진화에 따라 우리 뇌가 원인류 시대보다 서너 배 커졌다는 사실이다. 그에 따라 출산이 더 어려워졌다. 두개골이 비교적 연질이고 분만 때 원뿔형 막대사탕처럼 좁혀질 수는 있다고 해도 출산은 보통 어려운 일이 아니다. 그래서 흔히 '수박이나 볼링 볼'이 '불의 고리'를 통과하는 것에 비유되었다.[8]

아기를 쉽게 낳거나 혼자 출산하는 여성도 있다. 그러나 그런 여성은 소수다. 대다수 출산은 힘들고 고통스러우며, 물리적인 도움이나 산파가 필요하다. 그러나 골반이 넓은 침팬지의 경우는 그렇지 않다. 그들은 혼자 외딴곳으로 가서 대개는 고통 없이 두어 시간 안에 분만한다.[9] 인간이 아닌 영장류에서는 다른 개체가 분만에 도움을 주는 일은 극히 드물다. 그러나 인간의 경우 산파 역할은 안전을 보장하는 보편적인 행위다. 인간의 출산은 그에 따르는 시간과 노력, 고통, 그리고 호시탐탐 기회를 노리는 포식 동물의 공격 가능성을 고려하면 반드시 다른 사람의 도움이 필요했다. 하지만 인류 초기에 누가 그 역할을 담당했으며, 또 그들은 왜 기꺼이 도움을 주려고 했을까?

인류 최초의 산파는 유전적으로 밀접하게 관련된 아기의 외할머니나 이모였을 가능성이 크다. 딸이 아기를 낳는 데 도움을 줄 정도로 오래 살았던 여성들은 생식연령을 넘어 생존하는 데 따르는 이점을 잘 보여준다. 비록 생식 능력은 없어졌으나 자신의 유전자를 일부 가진 손자나 손녀를 잘 돌보아 생존시킴으로써 그 장수 유전자를 계속 물려줄 수 있기 때문이다. 이를 '할머니 가설(grandmother hypothesis)'이라고 부른다. 완경기(完經期)가 지나서도 한참 더 오래 생존하는 여성의 진화론적인 가치를 설명해 주는 이론이다.[10] 인류 진화의 수학적 모델링은 할머니의 등장으로 기대수명이 크게 늘어날 수 있었음을 보여준다.[11] 아이의 양육에 할머니가 도움을 주면서 6만 년도 안 되는 기간에 인류의 수명이 25년에서 50년으로 두 배가 되었다. 아울러 문화적 래칫 효과가 더 커지면서 지혜의 대물림과 축적의 기회도 크게 늘었다. 앞으로 현금인출기를 이용하려고 줄을 설 때 바로 앞의 할머니가 비밀번호를 잘 기억하지 못해 시간을 끌어서 짜증이 나더라도 우리가 오래 살고 지능이 높은 것이 전부 다 우리 조상 할머니들 덕분이라는 사실을 기억하기 바란다.

출산 후에도 어머니와 아기는 사람들의 도움을 받는다. 유전적으로 가장 가까운 사람들만이 아니라 다른 사람들도 양육에 도움을 준다. '한 아이를 키우는 데 온 마을이 필요하다'는 아프리카 속담은 아이를 돌보는 실용적인 측면뿐이 아니라 아이의 됨됨이가 집단에 의해 형성된다는 더 넓은 의미에서도 변함없는 진리다. 레슨 1에서 지적했듯이 우리는 모두 아이들에게 애정을 갖는다. 그런 따뜻한 마음은 집단 내부에서 사회적 연결을 장려하는 안정된 인간 특성에서 비롯되었을 수 있다.[12] 이런 식으로 자녀 양육에 따른 필요성이 인간 사회를 형성했다. 자녀 양육에 도움이 필요한 부모는 주고받음의 원칙에 따라 부족 내 다른 여성들에게 도움을 주었다. 이처럼 상호 협조적인 사람들은 출산과 양육을 더 효율적으로 할 수 있었고, 그에 따라 온정과 연민 같은 특성이 후손에게 전달됨으로써 친사회적인 행동이 인류의 패턴으로 확립되기에 이르렀다. 자녀 양육에 기쁨과 행복 같은 정서적 보상이 더해지면 사회적 연결을 더욱 넓히는 강력한 힘으로 작용할 수 있다.

집단 내부에서 정서적 유대가 필요한 것은 자녀 양육만이 아니다. '사회적 뇌 가설'에서는 대규모 집단으로 살아가는 동물은 공동의 목표를 달성하고 서로 간의 갈등을 피하려고 유전적으로 관련이 없는 개체들 사이에서도 서로 유대한다고 본다. 이처럼 다양한 수준의 긍정적 감정들에 의해 형성되고 유지되는 동맹을 우리 인간은 '우정'이라고 부른다. 던바는 우정이 어떻게, 왜 형성되는지, 그리고 우정이 어떻게 유지되며 때로는 왜 깨지는지를 연구한다. 그는 우정 관계를 '그냥 친구'부터 '좋은 친구', '친한 친구', '절친한 친구', '배우자나 애인을 포함해 누구보다도 가까운 친구'까지로 분류한다. 수준마다 정서적인 지원과 헌신에서 차이가 난다. 그 전부는 긍정적인 정서 교감을 생성하고 또 필요로 한다. 이런 상호작용을 통해 우리는 생존을 위해선 공존과 협력, 사회적인 도움과 정서적 애착이 반드시 필요한 현시대의 인류로 진화했다.[13]

정서적 애착

새끼 오리들이 어미를 악착같이 쫓아다니는 모습을 본 적이 있다면 그 새끼들은 밀착된 관계를 유지하려는 생물학적인 욕구가 강하다는 생각을 했을 것이다. 어미와 거리가 벌어지면 새끼들은 더 크게 짹짹거리며 돌아오라는 신호를 보낸다. 사람도 다르지 않다. 어머니와 함께 있는 어린아이들을 보면 마치 보이지 않는 고무줄이 그들을 하나로 묶고 있는 듯하다. 괴로워하는 아기가 우는 소리보다 신경을 더 곤두서게 하는 것은 없다. 아기의 울음은 성인에게 절박한 부정적인 감정 반응을 일으키는 생물학적인 경보다.[14] 물론 어떤 아이는 좀 더 독립적이다. 부모가 어린 자녀와 떨어진 상황에 대한 반응은 문화적으로, 또 개인적으로 차이가 있다. 그러나 일반적으로 어린 자녀와 강한 정서적 유대나 애착을 형성하는 것이 인간의 본성이다.[15]

영국의 정신분석학자 존 볼비는 이 원시적인 정서 유대가 생존에 꼭 필요하며, 애착 관계를 방해하는 요인은 무엇이든 정상적인 발달 과정에 해를 끼친다고 지적했다.[16] 그는 제2차 세계대전의 나치 공습 동안 런던에서 다른 지역으로 피난하면서 가족과 헤어져 지냈던 어린이들을 연구함으로써 그런 결론에 도달했다. 볼비는 그들 중에 다수가 나중에 행동장애를 보였다는 사실을 발견하고는 아이들에게는 음식과 안락만이 필요한 게 아니라 아주 어려서부터 정서적 애착이나 사랑이 반드시 필요하다고 판단했다.

애착 연구는 발달심리학의 주요 분야 중 하나다. 우리는 부모가 과거 우리의 발달에 어떻게 영향을 미쳤는지에 대해 나름대로 견해를 갖고 있고, 우리 중 다수는 자녀를 가장 잘 양육하는 방법에 큰 관심을 갖기 때문이다. 심리학자들은 예로부터 부모들에게 자녀 양육에 대한 조언을 제공해 왔다. 거기에는 체벌처럼 좋지 않다고 판명된 방법도 포함된다('매를 아끼면 자녀를 망친다'). 그러나 어린 시절의 사회적 환경이 발달에 매우 중요하다는 볼비의 기본적인 이론은 세월이 흘러도 여전히 유효하다는 평가를 받는다. 행동과 신경과학 기법을 사용한 동물들의 발달에 관한 연구는 어떤 동물이든 태어나서부터 다른 개체들과 강한 정서적 연결을 형성하려는 욕구가 있다는 점을 보여준다. 이런 '안정 애착(secure attachment)'은 사회적 집단으로 살아가는 동물들에게서 특히 강하게 나타난다.

1950-60년대에 심리학자 해리 할로는 붉은털원숭이 새끼들을 고립된 상태로 키우면서 볼비의 주장을 테스트했다.[17] 그들에게 먹을 것과 보금자리 등 생존에 필요한 필수적인 요소들이 제공되었지만 심한 행동장애를 보였고, 다른 원숭이들 사이로 다시 돌아갔을 때 그 사회에 적응하기 어려웠다. 그들은 성숙기에 도달해서도 교미하지 않았고, 인공수정 시술을 받은 암컷들은 태어난 새끼를 제대로 키우지 못했다. 새끼들을 무시하거나 거부하거나 때로는 죽이기까지 했다. 무엇보다 중요한 점은 생후 첫 6개월 동안 사회적 고립의 피해가 가장 심했다는 사실이다. 어린 원숭이들이 생후 첫 3개월 동안만 고립 상태에서 지냈을 때는 곧바로 회복이 가능했다. 태어나서 6개월이 지난 후에

고립 생활을 해도 비교적 문제가 없었다. 피해가 가장 큰 경우는 생후 첫 6개월 내내 고립 생활을 한 원숭이들이었다. 인간과 비교적 가까운 종인 붉은털원숭이에게는 생후 첫 6개월이 애착 형성과 이후 정상적 사회 행동의 가능 여부를 결정하는 중요한 시기라는 뜻이다.

그 후 할로는 6개월 동안 고립 생활을 한 원숭이를 정상적으로 양육되고 관계 형성에 강한 관심을 보이는 어린 원숭이와 같이 지내게 함으로써 그런 초기의 사회적 박탈에 따른 피해가 회복될 수 있다는 것도 입증했다.[18] 상대 원숭이가 '치료사' 역할을 했다는 뜻이다. 처음엔 상대 원숭이를 거부해도 몇 주 동안 계속 붙어 지내도록 하자 고립 상태에서 생활했던 원숭이가 서서히 정상적인 사회 행동을 하기 시작했고, 첫해가 지나자 완전히 회복할 수 있었다. 이런 사실은 극단의 사회적 박탈 후에도 재활은 가능하지만 그러기 위해서는 사회적 통합이 반드시 필요하다는 점을 시사한다.

사람을 상대로 볼비의 이론을 테스트하는 것은 비윤리적이다. 그러나 끔찍한 박탈 상황에서 성장한 고아들에게서 생후 초기의 사회적 고립이 인간의 발달에 미치는 장기적인 영향을 확인할 수 있었다. 1990년 루마니아에서 니콜라에 차우셰스쿠의 공산 독재정권이 붕괴한 뒤 그 나라의 국립 고아원은 부모로부터 버림받은 아이들로 가득했다. 차우셰스쿠 통치 아래서 여성들은 최소한 자녀 5명을 낳도록 압박을 받았고, 피임하거나 낙태하는 여성은 징역형에 처해지기도 했다. 그 후 경제가 무너지

자 빈곤의 늪에 빠진 부모들은 돌볼 수 없는 자녀를 포기할 수밖에 없었다.

그 아이들이 수용되었던 고아원 상황은 상상을 초월할 정도였다. 나중에 구조자들이 도착했을 때 아이들은 침대에 사슬로 묶여 자신의 배설물 속에 방치되어 있었다. 냄새가 너무 지독하면 호스로 냉수를 뿌린 것으로 확인되었다. 직원 한 명이 서른 명 이상의 아이를 책임진 상태에서 사회적인 상호작용이 불가능했기 때문에 그곳에는 사랑도 애착도 없었다. 수많은 아이가 구조되어 미국, 영국, 캐나다, 네덜란드 등의 여러 국가에 입양되었다. 그들이 새로운 가정에서 잘 지낼 수 있었을까?

30여 년이 지난 지금 그들은 이제 성인으로 서방세계에서 살아가고 있다. 입양된 직후에는 그들이 영양실조에 시달렸고 행동 지능 측정 점수가 낮았다. 그러나 그들 대다수는 장기적인 문제 없이 신속한 회복세를 보였다. 다만 생후 첫 6개월 이상을 고아원에서 보낸 경우는 예외였다.[19] 세월이 흐르면서 그중 일부는 학교에서 행동장애를 보였고, 정서적인 어려움도 겪었다. 그들은 자라면서 자폐증과 관련된 사회적 위축 증상 중 일부를 보였다.[20] 생후 첫 6개월 동안 그들의 뇌에서 무엇인가 아주 잘못되었다는 뜻이다. 할로가 테스트한 붉은털원숭이의 경우와 일치한다.[21]

생후 초기에 보호자에 대한 안정 애착이 없으면 아이는 '탈억제형 애착(disinhibited attachment)'을 발달시킨다. 그런 아이는 나이가 들면서 특정 성인과 친해지려 하지 않거나 성인들을 서로 구별하지 않는다. 그들은 자주 낯선 사람들과 함께 떠돌아다니면서도 불안해하는 부모에게 자신이 어디서 무엇을 하는지 알리지 않는다. 그런 아이는 친구를 무분별하게 사귀나 서로 속을 터놓는 친밀한 관계를 형성하지 못한다. 루마니아 고아들의 경우 이런 사회적 약점은 연쇄 효과를 불렀다. 생후 초기의 가혹한 경험에도 지능은 비교적 영향을 받지 않아 인지력은 완전히 회복될 수 있었지만 정서적인 삶에서는 사회적 고립의 장기적인 피해가 뚜렷이 나타났다.[22] 입양 가정의 세심한 보호와 사랑도 별 도움이 되지 않았다.

사회적 통합은 정상적인 인성 발달과 성인기의 행복도에 크게 영향을 미친다. 물론 인간 행동의 다른 측면과 마찬가지로 사회적 기술(social skills)의 발달 정도는 사람마다 다르지만 어떻든 우리에게는 다른 사람들과 어울리는 사회적 상호작용이 반드시 필요하다. 우리가 그런 방향으로 진화했기 때문이다. 그것이 우리 행복의 주된 원천이다. 무시당하거나 배제되거나 거부당하면 그토록 마음이 상하고 화가 나는 것도 그 때문이다.

사회적 죽음

레슨 1에서 강조했듯이 행복한 아이는 자라서 행복한 성인이 될 가능성이 크다. 따라서 행복한 성인이 되려면 어릴 때 행복해야 한다. 행복한 아이가 되려면 다른 아이들에게 받아들여지는 것이 매우 중요하다. 하지만 놀이터가 어떤 곳인지 한번 자세히 살펴보라. 약삭빠른 사회적 지능이 필요한 편 가르기와 심리 조종이 난무하는 곳이다. 아이들은 아주 어릴 때부터 사회적 관계를 조종하기 위해 따돌리기 전략을 사용한다. 이런 전략은 여자아이가 남자아이보다 두 배나 많이 사용한다.[23]

따돌리기, 소문 퍼뜨리기를 비롯해 타인의 사회적 지위를 손상하는 모든 전략을 동원하는 비물리적 가해를 '사회적 공격(social aggression)'이라고 부른다. 십 대 아이들 사이에서 특히 문제가 되는 사회적 공격의 한 가지 형태가 따돌림이다. 9-13세 4800명 이상을 대상으로 한 사회적 공격성 연구에 따르면 아이들은 따돌림을 당하기보다 차라리 물리적인 폭력을 당하는 게 낫다고 생각한다.[24] 성인도 고립의 고통을 겪는다. 남아프리카공화국 최초의 흑인 대통령이자 흑인 인권운동가였던 넬슨 만델라는 자서전에서 로벤섬 수용소의 정치범 수감 생활을 회고하며 "사람들과 함께 지내지 못하도록 하는 것보다 더 비인간적인 처사는 없다"고 적었다. 또 그는 독방에 갇히기보다 채찍 6대를 맞는 편이 낫다고 생각하는 수감자들을 안다고 밝혔다.[25] 외로움은 이 세상 최악의 느낌 중 하나다.

따돌림을 당할지 모른다는 두려움은 평생 이어지는 주된 걱정거리다. 그런 일은 아주 흔히 일어난다. 한 연구에 따르면 대다수는 평균적으로 볼 때 하루에 적어도 한 차례는 무시당하거나 배척당한다.[26] 하지만 아무리 자주 당해도 그 충격은 줄어들지 않는다. 충격이 너무나 강해 우리는 따돌림 기미만 보여도 즉시 민감하게 반응한다. 심리학자 킵 윌리엄스는 자신이 몸담고 있던 미국 인디애나주 퍼듀대학의 캠퍼스 공원에서 반려견과

쉬던 중 우연히 그런 사실을 깨달았다. 그날 프리스비(원반) 하나가 그의 등에 떨어졌다. 뒤돌아보니 두 남자가 프리스비 던지기 놀이를 하고 있었다. 그래서 그는 멋진 솜씨로 프리스비를 던져 그들에게 돌려주었다. 그러자 그들은 윌리엄스에게도 프리스비를 패스하기 시작했다. 윌리엄스는 낯선 두 사람과 즉흥적으로 게임을 하게 되어 즐거웠다. 하지만 약 4분이 지난 뒤부터 그들은 윌리엄스에게 프리스비를 던져주지 않았다. 머쓱하게 서서 프리스비 패스받기를 기다리는 상황이 얼마나 뻘쭘할지 상상해 보라. 계속 기다려야 할까 아니면 그냥 그 자리를 떠나야 할까? 윌리엄스는 면전에서 따돌림당하는 정서적인 충격을 피부로 느낄 수 있었다.

거부당한 데 대한 자신의 감정적 반응을 곰곰이 되새겨본 윌리엄스는 우리가 따돌림을 당할 때 과연 얼마나 민감하게 반응하는지 연구하기 시작했다. 그는 프리스비 사건을 모델로 '사이버볼'이라는 온라인게임을 개발했다. 게임 참여자는 디지털 인간 두 명과 함께 서로 공을 주고받는다.[27] 1분 정도 지난 뒤부터는 그들 둘만이 서로 공을 주고받고 참여자에게는 공이 패스되지 않도록 게임이 프로그램되어 있다. 참여자는 이런 상황에 어떻게 반응할까?

결과는 놀라웠다. 사이버볼은 단지 컴퓨터게임일 뿐이지만 따돌림 효과는 아주 컸다. 120건의 연구를 통해 모두 합해 1만 1000명을 대상으로 한 이 게임 테스트에서는 유도된 따돌림도 아주 강한 부정적 효과를 나타냈다.[28] 참여자들은 실제 다른 사람들과 게임을 하는 것도 아니고 따돌림을 당하도록 프로그램되어 있다는 사실도 알고 있었지만 기분이 매우 언짢았고, 자존감도 낮아졌으며, 자제력을 잃는 느낌이었다고 응답했다. 이처럼 따돌림에 대한 우리의 반응은 진화를 통해 우리 뇌에 각인된 자동적인 반사 작용과 같다.

사회적 고립이나 따돌림, 배척, 거부를 당하는 경험은 즉각적이고 장기적으로 우리의 정신적 안녕에 부정적인 결과를 가져다준다. 윌리엄스는 그와 같은 따돌림을 '사회적 죽음의 키스'라고 불렀다.[29] 그는 따돌림에 대한 반응을 세 단계로 구분했다. 첫째는 즉각적이고 자동적, 반사적으로 나타나는 사회적 고통의 단계다. 둘째는 상황을 합리적으로 이해함으로써 대처하려는 반추 단계다. 마지막은 지속적인 따돌림을 당한 뒤 나타나는 체념의 단계다.

누구든 사회적으로 고립되면 불행해진다. 우리는 따돌림에서 비롯되는 사회적 고통과 불행이 두렵기 때문에 그런 상황을 피하려고 애쓴다. 신체적 고통처럼 고립에 따른 사회적 고통도 우리 자신이 변해야 살 수 있다는 경고 신호다. 실제로 사회적 상실의 고통으로 활성화되는 뇌 부위는 신체적 고통으로 활성화되는 뇌 부위와 똑같다.[30] 이 고통은 우리를 쫓아내려고 하는 사회집단에 우리가 다시 받아들여질 수 있도록 꾀하는 일련의 대응 메커니즘을 작동시킨다. 배척당할 위험이 있다는 점이 분명해지면 우리는 곧바로 초긴장 상태에 돌입해 그 집단의 환심을 살 기회를 찾는다. 이런 전략이 실패하면 무력감과 고립감, 우울감이 들고 자신이 가치 없다고 느끼게 된다. 궁극적으로 사회적 고립은 조기 사망으로 이어질 수도 있다.

외로움은 고독한 킬러

미국의 심리학자 줄리앤 홀트런스태드는 연구 목적으로 사람들에게 스트레스를 가한 실험으로 유명하다. 그는 스트레스가 혈압에 미치는 영향을 확인하기 위해 참여자들을 실험실로 불러 짧은 공개 연설을 하도록 했다. 대다수는 연설하라고 하면 심한 불안감을 느낀다. 실험 결과 대체로 친구들과 함께 온 참여자들이 혼자 온 참여자들보다 훨씬 더 잘 대응했다.[31] 신체적 통증도 사랑하는 사람들과 함께 있으면 더 잘 견딜 수 있다. 북유럽에서 실시된 한 연구에서 과학자들은 일반적으로 사람들이 혼자 있을 때와 애인과 함께 있을 때 각각 통증에 얼마나 잘 견디는지 측정하기 위해 참여자들의 검지 손톱에 압력을 가했다. 그 결과 애인이 곁에 있는 참여자들은 민감한 손톱에 더 많은 압력이 가해져도 홀로 '고문'을 받은 참여자들에 비해 잘 견뎠고 통증도 덜 느꼈다.[32]

통증에 대한 우리 반응이 다른 사람들과 함께 있는지 아닌지에 영향을 받는다면 더 장기적인 관점으로 볼 때 우리 삶에서 함께하는 다른 사람들의 역할은 얼마나 클까? 그들이 우리 수명에도 영향을 미칠 수 있을까? 홀트런스태드는 그 답을 찾기 위해 사회적 연결과 인생 후반기 건강 사이의 연관성을 조사한 세계 각지의 데이터들을 분석했다. 그 결과 사회적으로 더 잘 연결된 사람들이 연구 종료 시점까지 생존할 확률이 그렇지 않은 집단에 비해 50% 더 높게 나타났다.[33] 유전적 기질이나 수준 높은 의료 서비스, 운동 또는 다이어트 같은 건강한 생활 습관 등 기대수명에 영향을 주는 잘 알려진 여러 요인 중 어느 것도 사회적 연결만큼 신체 건강의 강한 예측 인자가 되지 못했다.

외로움은 불행을 초래할 뿐 아니라 목숨까지 위협한다. 2023년 학술지 《아메리칸 서전(American Surgeon)》은 미국에서 외로움과 고립이 급속히 확산되는 현상에 관한 보고서를 실었다.[34] 그에 따르면 미국 인구의 절반은 사회적 연결이 미미하다고 응답했다.[35] 또 보고서는 "미미하거나 불충분한 사회적 연결이 신체적 건강에 가져온 결과에는 심장병 위험 29% 증가, 뇌졸중 위험 32% 증가, 고령자의 경우 치매 위험 50% 증가가 포함된다"고 결론지었다. 더구나 사회적 고립과 외로움은 비만과 흡연(하루 15개비 이상) 같은 잘 알려진 건강 저해 요인보다 조기 사망 위험을 더 크게 높이는 것으로 확인되었다.[36] 외로움과 기대수명 사이의 이런 관계를 무엇으로 설명할 수 있을까? 외로움은 우리 몸에 어떻게 영향을 미칠까? 그 답은 스트레스와 다른 사람들로부터 받는 지지에 대한 우리의 반응에서 찾을 수 있다.

스트레스에 대처하는 방법

우리는 위협에 당면하면 '투쟁-도피(fight or flight)' 반응을 보인다. 위협 요인에 맞서거나 그 요인을 피해서 달아나거나 둘 중 하나의 전략을 선택한다는 뜻이다. 이 반응은 좀 더 정확히 표현하자면 '투쟁-도피-경직' 반응으로 불러야 하지 않을까 싶다. 여기서 '경직(freeze)'을 추가한 것은 극심한 위험에 처하면 자신도 모르게 몸이 얼어붙기 때문이다. 우리가 '몸을 마비시키는 두려움'이라고 표현하는 이유도 거기에 있다. 위협 요인의 도전에 맞설 준비를 위한 몸의 반응으로 혈압과 심박수가 올라가고, 호흡이 가빠지며, 식은땀이 흐르고, 어두움 속에서 더 잘 보기 위해 동공이 확장되는 등의 생리적인 변화가 일어나면서 나타나는 현상이다. 우리가 의지적으로 통제할 수 없는 자율신경계의 교감신경 반응이다. 이런 변화는 잠재적인 위협에 몸을 신속히 적응시키고 활성화하는 효과를 일으킨다.

그러나 투쟁-도피 반응의 한 가지 문제는 위험이 사라지거나 허위 경보로 판명되어도 몸이 정상적인 상태로 쉽게 돌아가지 않는 경우가 많다는 것이다. 가장 흔한 정신 건강 문제인 불안장애가 심한 사람은 과도한 투쟁-도피 반응을 보인다. 각종 공포증 같은 일부 두려움은 특정한 상황에 국한되나 불안장애는 상황을 가리지 않고 나타나는 경우가 흔하다. 명백한 위험이 없는 상황에도 계속 두려움을 느끼는 상태를 말한다. 이 같은 범(汎)불안장애(generalized anxiety disorder)는 불안장애의 가장 흔한 형태다. 심하면 호흡곤란과 죽을 것 같은 두려움 등 급성 공황발작이 따르기도 한다.

불안장애 다음으로 흔히 보고되는 문제가 사회불안장애(사회공포증)다. 공개 연설이 그토록 스트레스가 큰 이유다. 용어 자체가 시사하듯이 사회불안장애는 다른 사람들과 함께 있으면서 불안증을 경험하는 상황을 가리킨다. 심한 사회불안장애는 사람을 옴츠러들게 하여 몸과 정신 건강을 해치는 한편 고립을 심화시킨다. 예를 들어 1998년 실시된 연구에서 사회불안장애가 있는 청소년들은 어린 시절 사회적 상호작용을 회피했을 가능성이 큰 것으로 나타났다.[37] 사회적 상호작용을 회피하면 결국 다른 사람들과 어울리면서 얻는 혜택을 잃게 된다.

스트레스에서 오는 불안이 만성이 되면 장기적인 건강 문제를 일으킬 수 있다. 만성 스트레스는 우리 몸의 호르몬, 특히 코르티솔 분비를 조절하는 시스템인 시상하부-뇌하수체-부신 축(HPA axis)에 타격을 가한다.[38] HPA 축의 한 가지 중요한 기능은 위협이 사라졌을 때 투쟁-도피 반응의 효과를 억제하고 몸을 진정시켜 다음 위협에 대비하도록 하는 것이다. 그러나 위협이 사라졌는데도 여전히 위협을 인식함으로써 HPA 축이 계속 활성화된 상태에 머물면 장기적으로 향후 반응에 손상을 끼치는 결과를 가져온다. 반응성이 너무 크거나 너무 작아도 HPA 축은 조정 기능을 잃어 적절히 반응할 수 없다. 코르티솔 수준이 극단적으로 높거나 낮다는 뜻이다. 그런 불안정한 상태는 질병과 싸우는 '킬러 세포'로 불리는 T림프구를 포함한 면역체계를 약화할 수 있다. 면역체계가 손상되거나 제 기능을 못 하면 기대수명이 짧아진다.

어린 시절 스트레스가 많은 환경에서 성장한 경험은 HPA 축의 반응에 각인되어 향후 스트레스에 대응하기 어렵게 만든다.[39] 임신한 여성이 받는 스트레스도 태아에게 전달될 수 있다. 예를 들어 임신 말기에 2001년 9·11 테러를 목격하고 그 여파로 외상후스트레스장애(PTSD)를 겪은 여성들은 휴식기 혈중 코르티솔 수준이 아주 낮았다. HPA 축의 반응에 장애가 있다는 뜻이다.[40] 이런 현상은 그들의 자녀에게도 나타났다. 임신 말기는 태아의 면역체계 발달에서 가장 민감한 시기다. 이런 식으로 어머니 뱃속에서의 많은 스트레스 경험은 나중에까지 우리를 괴롭힌다.

또한 스트레스는 의사결정도 방해한다. 노벨상을 받은 심리학자 대니얼 카너먼은 저서 《생각에 관한 생각(Thinking, Fast and Slow)》에서 감정적-직관적인 생각과 이성적-분석적인 생각을 구분하면서 전자를 '시스템 1', 후자를 '시스템 2'라고 불렀다.[41] 시스템 1은 빠르고 맹렬하나 시스템 2는 느리고 냉철하다. 스트레스는 시스템 1의 급하고 충동적인 사고 쪽으로 우리를 이끌어 즉시 행동해야 한다는 압력을 가한다. 위협을 받으면 사람들은 시스템 1의 관점을 취해 더욱 감정적으로 반응한다.[42] 마음이 급하면 잘못된 결론으로 성급한 결정을 내리기 쉽다. 이런 사고방식이 지배적이라면 만성적인 불안장애가 생길 수 있다.

투쟁-도피 반응 상태에 놓이면 상황을 실제보다 더 위협적으로 인식할 가능성이 크다. 화가 나면 호르몬 아드레날린이 과도하게 분비되면서 과잉 반응과 대결로 치닫게 된다. 보복운전이 좋은 예다. 미국자동차협회(AAA)에 따르면 운전자 10명 중 8명이 난폭운전(바짝 뒤쫓기, 차선 변경으로 상대 운전자의 진행 방해하기 등)을 한 적 있다고 인정했다. 또 남성이 여성보다 더 공격적이었다.[43] 2020년 조사에서 미국인 남성의 35%와 여성의 28%는 다른 운전자에게 손가락으로 욕을 하거나 경적을 울린 적이 있다고 응답했다. AAA는 스트레스와 좌절감이 이런 공격적 행동을 유발한다고 진단한다. 냉철하게 생각하면 보복운전으로 시작해서 언쟁과 폭력으로 끝나는 상황은 너무나 터무니없어 보인다. 이런 사건이 발생하는 것은 먼 과거 실제로 위협적인 적을 만났을 때 우리 조상들의 목숨을 구해 주었던 바로 그 분노가 현대 생활에서 일어나는 사소한 거슬림에 적합하도록 그 수준이 조절되지 않기 때문이다. 우리는 너무 성급히 과잉 반응하며, 분노는 일단 폭발하면 이성으로 제어하기가 무척 어렵다.

그러나 화가 치밀거나 불안이 밀려올 때 투쟁-도피 반응을 차단하는 간단한 방법이 있다. 미국 해군 소속 특수부대 네이비실에서 대원들의 위급 상황 대처를 위해 훈련하는 '박스 호흡법(box breathing)'이다. 먼저 마음속으로 사각형을 그린 뒤 아래 왼쪽 구석부터 시작한다. 코로 숨을 4초 동안 들이쉬면서(속으로 들이쉬기, 둘, 셋, 넷이라고 말한다) 마음의 초점을 사각형의 아래 왼쪽 구석에서 서서히 위로 올려 사각형의 위 왼쪽 구석에 도달한다. 가슴이 불룩하게 올라간 것을 느낀다. 그다음 4초 동안 숨을 멈추며(속으로 멈추기, 둘, 셋, 넷이라고 말한다) 마음의 초점을 사각형의 위 왼쪽 구석에서 서서히 오른쪽으로 이동시켜 사각형의 위 오른쪽 구석에 도달한다. 그다음 입을 통해 숨을 4초 동안 내쉬며(속으로 내쉬기, 둘, 셋, 넷이라고 말한다) 마음의 초점을 사각형의 위 오른쪽 구석에서 서서히 아래로 이동시켜 사각형의 아래 오른쪽 구석에 도달한다. 가슴이 완전히 내려간 것을 확인한다. 다시 4초 동안 숨을 참으며(속으로 기다리기, 둘, 셋, 넷을 센다) 마음의 초점을 사각형의 아래 오른쪽 구석에서 서서히 왼쪽으로 이동시켜 사각형의 아래 왼쪽 구석에 도달한다. 그러면 하나의 박스가 완성된다. 그 과정을 여러 차례 되풀이한다.

이 방법은 호흡 제어에 도움을 주는 동시에 자율신경계의 두 번째 부분인 부교감신경의 반응을 활성화한다. 부교감신경이 활성화되면 '휴식과 소화' 반응이 나타나 교감신경의 투쟁-도피 반응을 억제한다. 그에 따라 심박이 정상 리듬으로 돌아가고, 혈압이 내려가며, 근육의 긴장이 풀린다. 제어된 호흡, 가슴의 변화 관찰, 마음속의 사각형 형상화, 마음의 초점 이동이 모두 합쳐지면 우리는 투쟁-도피 반응을 촉발하는 원인으로부터 어느 정도 거리를 두게 된다. 이런 방법으로 투쟁-도피 반응이 억제되고 나면 그다음 시스템 2의 추리를 사용해 상황을 이성적으로 냉철하게 파악함으로써 스트레스에 적절히 대처할 수 있다.

스트레스는 널리 인정되는 질병 기여 요인이다. 사회적 연결과 유대가 스트레스를 줄여준다는 증거는 차고 넘친다. 그 메커니즘은 여러 방식으로 작동한다. 우선 사회적으로 잘 연결되어 있다고 느끼는 사람은 스스로 자신을 돌보고 질병 예방 차원에서 의료기관을 이용하는 등 자기조절과 관련된 행동을 더 많이 하게 된다.[44] 또 가족과 친구들의 조언과 격려로 체중을 줄이고, 규칙적으로 운동하고, 숙면하고, 약으로 건강한 생활을 도모할 수 있다. 예를 들어 청소년은 친구들이 신체적으로 활발하면 자신도 그렇게 되기 쉽다.[45] 마지막으로 다른 사람들과 연결되어 있다고 느끼면 외롭거나 불안하지 않아 위협에 직면해도 두려움이 줄어들어 더 잘 대응할 수 있게 된다. 아울러 친구들에게 자신의 문제를 털어놓음으로써 그들의 도움으로 상황을 좀 더 객관적으로 볼 수도 있다.

타인에게 도움 주기

다시 말하지만 우리는 사회적인 동물로서 집단 속에 잘 융합되면 행복해질 수 있으나 사회적으로 고립되면 불행해진다. 따라서 행복을 손에 넣기 위해서는 초점을 자기중심에서 좀 더 타인중심으로 옮겨야 한다. 좀 더 타인중심적이 되기 위해서는 먼저 관대해져야 한다. 2020년 코로나19 팬데믹으로 경제적인 어려움 속에서도 영국인 절반 이상이 자선사업에 참여해 모두 합해 113억 파운드(약 20조 원)를 기부했다. 전년도 대비 10% 증가한 액수였다.[46] 미국에서도 비슷한 추세가 나타났다. 2020년 미국인들이 자선사업에 기부한 금액은 모두 합해 4710억 달러(약 650조 원)로 기록을 경신했다.[47] 이기적이어야 마땅한 시기에도 많은 사람이 그처럼 이타심을 보였다. 그 이유가 뭘까?

다른 동물들은 주로 유전적 상관성(혈연 선택)이 있거나 주고받는 관계가 확실할 때(상호이타주의) 서로 돕는다.[48,49] 이 두 가지 이유 모두 물려받는 유전자의 생존을 위해 진화된 전략이다. 혈연 선택은 진화론적 관점에서 타당성을 갖는다. 다른 사람을 도와주는 것이 자신에게 불이익이 될 수 있지만 도움의 대상이 혈연

관계라면 유전자의 일정 부분(도움을 주도록 하는 유전자 포함)을 공유하기 때문에 그 유전자들의 생존에 기여하게 된다.

상호이타주의는 혈연관계가 아닌 사람들을 도울 때 나타난다. 상호이타적인 도움은 유전적인 혜택이 명백하지 않기 때문에 이해하기가 더 어려워 보인다. 그와 관련된 한 가지 기이한 예가 남아메리카에 서식하는 흡혈박쥐의 경우다. 어떤 박쥐가 밤새도록 먹이 사냥에 실패했다면 다른 박쥐들이 자신이 흡입한 피 중 일부를 토해서 그 박쥐에게 준다. 하지만 그에 대한 보답을 받을 수 있다는 믿음이 있어야 한다.[50] 과거 그에 대한 보답을 제대로 하지 않은 박쥐들은 이기적이라는 평판을 얻어 아무리 배가 고파도 도움을 받지 못한다. 먹이 사냥의 성공이 보장되지 않는 상황을 고려할 때 상호이타주의는 힘든 시기를 견뎌내기 위한 이상적인 전략이다. 먹이 사냥이 특히 잘 되었을 때 그런 행운이 없었던 동료를 도우면 나중에 자신이 어려운 상황일 때 보답받을 근거가 마련되기 때문이다.

사람의 경우도 혈연 선택이나 상호이타주의가 적용된다. 하지만 동물과는 한 가지 큰 차이가 있다. 우리는 혈연관계도 아니고 나중에 보답을 기대할 수 없어도 다른 사람들을 기꺼이 돕는다. 얼핏 보면 진화론적 관점에서 이런 성향은 이해하기 어렵다. 하지만 사실은 그렇지 않다. 친절을 베풀면 다른 사람들이 혜택을 받지만 우리에게도 도움이 된다. 관대함은 존중받을 만한 미덕으로 평판을 높여준다. 여러 문화권에서 개인의 사회적 지위를 높이기 위해 관대함과 친절이 사용된다. 예를 들어 온라인 자선 모금은 누가 먼저 기부한 것이 모두의 눈에 보인다는 사실이 촉진제 역할을 한다. 특히 모금자가 매력적인 여성일 경우 남성들 사이에서 그런 현상이 두드러진다.[51] 평균적인 기부 금액이 높을수록 그다음에 기부하는 사람들이 더 많이 낸다. 미덕의 행위를 통해 우리는 친절하고 배려심이 있는 사람임을 보여줄 수 있다. 친절과 배려심은 사회적 지위를 높여주는 중요한 속성이다. 이타적인 행동에 관한 한 사람들은 자신이 좀 더 관대한 사람으로 보이기 위해 서로 경쟁한다.

이타주의의 일부 행동은 이 같은 '미덕 과시(virtue signalling)'로 설명되지만 익명의 기부는 그와 다르다. 아무런 조건 없이 약간의 돈을 건네주면서 기부 요청을 하면 그 돈을 받는 사람의 60%는 익명의 대상에게 그 금액의 5분의 1 정도를 내준다.[52] 왜 그럴까? 답의 일부는 규범적 행위에서 찾을 수 있다. 익명의 상황에서도 우리는 다른 사람들이 어떻게 할지 예상되는 것에 맞춰 행동하는 경향을 보인다. 다른 사람의 돈을 받으면서 자선 기부가 암시되는 상황이 닥치면 우리는 선뜻 기부에 응한다. 그게 우리에게 기대하는 바라고 생각하기 때문이다. 그러나 자선 기부의 암시 없이 다른 사람의 돈을 그냥 가져도 괜찮다는 말을 들으면 기부를 하지 않을 가능성이 크다.[53]

친절한 행위에 대한 그와 같은 설명을 들으면 우리에게 과연 선함이라는 게 남아 있는가 하는 의문이 든다. 우리가 진실로 이타적일 수 있을까? 아주 흥미로운 질문이다. 인기 시트콤이었던 '프렌즈(Friends)'도 이 문제를 한번 다루었다. 피비는 오빠 아기들의 대리모가 되어주려고 한다. 조이는 피비의 그런 행동이 이기적이라고 지적하며, 식구를 도우면 기분 좋게 느낄 수 있기 때문이라고 그 이유를 설명한다.[54] 조이는 "그로써 기분이 좋아지면 그건 이기적인 의도에서 나온 행동일 수밖에 없어"라며 이타적이기만 한 행동이 있는지 한번 생각해 보라고 말한다. 피비는 말문이 막힌다. 아무리 사심 없이 하는 행동이라도 자신의 기분이 좋아지면 이기적인 행동이라는 말을 들을 수밖에 없기 때문이다. 그럼에도 피비는 조이의 지적이 틀렸음을 보여줄 수 있는 기상천외한 이타적인 행동의 사례를 찾으면서 시청자들에게 폭소를 선사한다.

아무런 조건 없이 베푸는 친절은 가장 이타적인 행동인 듯하지만 사실 그것은 우리 행복 지수를 높여주는 방법이다. 예를 들어 일반적으로 관대하지 않은 사람은 돈을 다른 사람에게 주기보다 자신을 위해 쓰는 게 낫다고 생각하고, 기분이 좋아지기 위해서 쇼핑으로 기분 전환을 하려고 할지 모른다. 그러나 그것은 잘못된 전략이다. 긍정심리학 분야의 가장 유명한 연구 중 하나에서 엘리자베스 던과 동료들은 불특정한 사람들에게 5달러나 20달러가 든 봉투를 나눠주며 어떤 사람들에게는 그 돈을 그날 저녁까지 자신을 위해 쓰고, 또 어떤 사람들에게는 다른 사람을 위해 다 쓰도록 했다.[55] 그 후 행복을 느끼는 수준을 측정했을 때 자신을 위해 돈을 쓰면 더 행복할 것이라는 예측과 달리 낯선 사람에게 돈을 쓴 사람의 행복감이 훨씬 더 크게 나타났다. 커피숍에서 줄을 섰을 때 뒤에 있는 사람들에게 커피 한 잔씩 사준 것이 대표적인 사례였다. 액수는 문제가 되지 않았다. 행복감을 느끼게 해준 것은 베푸는 행동 그 자체였다. 경제학자들은 이를 두고 베풂의 '따뜻한 빛(warm glow)'이라고 부른다. 다른 사람에게 도움을 주었다는 사실을 인식하는 데서 비롯되는 심리적 보상을 말한다.[56] 136개국의 20만 명을 대상으로 한 대규모 연구에서 조건 없는 베풂과 개인적인 행복 지수 사이의 이런 연관성이 뚜렷이 드러났다.[57] 5달러라고 해도 그냥 내주기에는 상당히 큰 액수로 여겨지는 우간다 같은 빈곤국에서도 사람들이 그 돈을 다른 사람을 위해 썼을 때 똑같은 행복 지수 상승 효과가 나타났다.

에이브러햄 링컨은 이렇게 말했다. "좋은 일을 하면 기분이 좋고, 나쁜 일을 하면 기분이 나쁘다. 이게 나의 신조다." 친절한 행위에는 근본적으로 보상이 따른다. 선량한 사람이 되는 것은 기분 좋은 일이다. 관대함은 뇌의 두 부위를 활성화시킨다.[58] 첫째는 귀 바로 뒤쪽 뇌의 깊은 곳에 있는 복측선조체(腹側線條體, ventral striatum)다. 이 부위는 즐거움을 느낄 때 활성화하는 보상 중추로 불린다. 둘째는 머리 뒤쪽 위에 있는 측두두정 접합부(側頭頭頂接合部, temporal parietal junction)다. 다른 사람을 식별하는 부위다. 관대할수록 이 두 부위 사이의 활동이 증가하면서 행복감이 커진다. 다른 사람을 도우면 다른 사람과 연결된 자신의 자아인식을 나타내는 신경 활동이 늘어나고, 행복감이라는 정서적 보상으로 이 연결이 더 강해진다. 다른 사람에게 도움을 줄 때 우리는 행복감으로 자신에게 보상한다는 뜻이다. 이 논리에 따르면 자신을 전혀 생각하지 않는 진정한 이타적인 행위는 존재하지 않는다는 주장이 옳은 듯하다. 하지만 양측 모두 혜택을 입는다면 나쁠 게 없지 않은가?

따라서 지금보다 더 행복해지고 싶다면 다른 사람들에게 조건 없이 친절을 베풀어보라. 작은 행동부터 시작하라. 자발적으로, 그리고 익명으로 친절을 베풀 때 효과가 가장 크다. 그렇지 않으면 그 행위를 합리화하게 되어 행복감에 미치는 효과가 떨어지게 된다.

한 연구에서 참여자들은 두 종류의 카드 중 하나를 받았다. 모든 카드에는 1달러짜리 동전이 테이프로 붙여져 있었고 이런 메시지가 적혀 있었다. '그냥 가지세요. 미소 짓는 사회가 드립니다. 우리는 임의의 선행을 도모하고자 합니다. 즐거운 하루 보내세요!' 그러나 그중 절반은 그 메시지 외에 '우리는 누구인가? 왜 이런 일을 하는가?'라는 항목으로 소액의 돈을 배포하는 이유를 설명하는 문구가 더해졌다.[59]

20분이 지난 뒤 실시한 조사에서 그런 설명이 더해진 카드를 받은 사람들은 다른 카드를 받은 사람들보다 호기심과 행복도가 떨어진 것으로 나타났다. 이처럼 예상치 않은 상태에서 아무런 설명 없이 받는 선물이 행복에 더 긍정적인 영향을 미칠 수 있다. 따라서 주고받는 양측 모두의 행복 증진 효과를 극대화하려면 아무런 조건 없이 친절을 베풀면서 약간의 궁금증을 유발하라. 특히 보답을 기대해서는 안 된다.

소셜미디어 과잉이 청소년들의 불행을 초래한다

다른 사람들을 돕고 그들에게 친절을 베푸는 행위로 더 행복해질 수 있다면 지금 우리는 첨단 디지털 기술이 제공하는 새로운 기회들을 통해 행복을 크게 증진할 수 있어야 마땅하다. 인류 문명의 역사에서 오늘날처럼 개인이 그토록 많은 사람과 연결될 기회를 가진 적은 없다. 지금은 스마트폰만 있으면 누구나 아주 저렴한 비용으로 쉽고도 빨리 세계 전역의 사람들에게 자기 생각을 알리거나 정보를 전할 수 있다. 따라서 이론적으로 볼 때 소셜미디어는 시간이나 지리적 위치와 상관없이 끊임없는 소통을 가능케 해주는 수단으로써 우리가 더욱 타인중심적이 될 무한한 기회의 문을 열어젖혔다.

그러나 기대와 달리 소셜미디어는 우리의 정신적 안녕에 재앙을 초래하면서 사회에 부정적인 영향을 끼친다는 비난을 받고 있다. 디지털 기술이 인간적인 활동의 거의 전부를 대체해 가는 상황이기 때문이다. 소셜미디어는 다른 사람들에게서 자신의 가치를 인정받고, 그들과 연결되고, 그들로부터 승인받기를 원하는 우리의 깊은 욕구를 자극함으로써 우리 관심을 집중시키도록 설계되었다. 친구들과 함께 있을 때도 우리는 서로 얼굴을 보고 눈을 맞추며 이야기하기보다는 각자 스마트폰에 코를 박고 소셜미디어에 몰두한다. 여러 면에서 소셜미디어는 타인중심적이 되도록 유도하기는커녕 자기중심적인 자아에 매몰되도록 만든다. 의지가 진짜 강하지 않으면 전화기를 끄거나 알림을 무시하기 어렵다. 2023년 1월 실시된 한 조사에 따르면 세계

인구의 59%가 소셜미디어를 사용하며, 하루 평균 사용 시간은 2시간 33분이다.[60]

변혁적인 신기술이 등장해서 보편화할 때마다 '기술 공황(techno-panic, 기술 공포증)'이라는 현상이 발생한다. 신기술이 사회, 특히 청소년에게 부정적인 영향을 미친다는 극심한 두려움을 가리킨다.[61] 고대 그리스의 철학자 소크라테스도 문자로 기록함으로써 학생들이 추리력과 기억력을 상실할 수 있다고 우려했다. 그 이래 인쇄술, 라디오, 영화, 잡지, TV, 그리고 가장 최근에는 인터넷과 소셜미디어에서 비롯되는 기술 공황이 계속 이어졌다. 그러나 소셜미디어의 경우는 우려나 두려움에 그치지 않는다. 많은 연구에서 소셜미디어 사용과 정신 건강 사이에 실질적인 연관성이 있다는 사실이 확인되었다. 소셜미디어가 사람들을 불행하게 만든다는 뜻이다.

사회적 비교(social comparison) 이론으로 유명한 미국의 심리학자 리언 페스팅거에 따르면 인간은 자아감을 발달시키기 위한 사회적 비교 욕구를 갖고 있다. 쉽게 말하자면 우리는 자신을 다른 사람들과 비교함으로써 자신을 좀 더 정확히 평가하려 한다.[62] 사실상 모든 사람이 의도 없이 자동적으로 사회적 비교에 참여한다. 그러나 정도의 차이가 심하다. 사회적 비교에 지나치게 신경 쓰는 사람은 대체로 인간관계가 불안정하며, 소셜미디어를 가장 많이 사용하는 경향을 보인다. 결코 바람직하지 않은 현상이다. 소셜미디어 활동 자체가 그를 불행하게 만들기 때문이다. 한 연구에서 사회적 비교에 가장 적극적으로 참여하는 사람들은 자신을 더 가치 없이 여기며, 동창이나 같은 나이, 같은 성별인 친구의 페이스북 페이지를 보면서 더 속상해한다.[63] 소설가 고어 비달(Gore Vidal)은 "친구가 성공할 때마다 나는 조금씩 죽어간다"고 냉소적으로 꼬집었다. 질투는 우리 행복을 좀먹는 유해한 감정이다.

소셜미디어는 의도적이든 그렇지 않든 우리 자신을 가장 돋보이도록 해주는 프로필과 경험, 그리고 사진을 게재하도록 유도한다. 그 이면에는 다른 사람들의 찬사와 사회적 위상의 상승을 기대하는 마음이 깔려 있다. 그러나 모두가 자신의 가장 좋은 면을 보여주고 다른 사람들이 부러워하는 면모를 부각시킨다면 인기 경쟁이 치열해질 수밖에 없다. 자신의 최고 순간을 담은 사진이나 글만 게재하면 자신과 자신의 삶이 비현실적으로 왜곡될 수밖에 없다. 또 소셜미디어에서의 모든 사람이 나보다 더 나은 삶을 사는 듯이 보인다면 외모나 친구, 기회, 일자리, 재산, 애인 등 거의 모든 측면에서 나 자신이 매우 부족하다고 느끼게 된다.

소셜미디어에는 그보다 더 부정적인 측면이 있다. 직접적이든 간접적이든 사회적인 공격을 용이하게 해주기 때문이다. 사람들은 상대방을 대면하는 상황에서는 꿈도 꾸지 못할 나쁜 행동을 온라인에서는 아주 쉽게 한다. 소셜미디어 소통의 비인격성, 즉시성, 간략성 때문에 사람들은 메시지를 오해하거나 상대방의 반응을 무시하기가 너무나 쉽다. 또한 소셜미디어는 견해의 극단적인 양극화를 초래해 공통분모나 타협점을 찾기가 불가능하다. 게다가 상대방에게 무시당하거나 심지어 연결을 차단당할 수도 있다. 소셜미디어에서 무시당하거나 배척당하는 것은 서로 마주 보며 부대끼는 현실적 삶에서 그런 일을 당하기보다 더 충격적일 수 있다. 그 상황을 지켜보는 사람이 그만큼 많다고 인식되기 때문이다. 앞서 소개한 컴퓨터게임 '사이버볼'이 유도하는 따돌림과 마찬가지로 온라인에서 배척당해도 극심한 실의에 빠질 수 있다.

소셜미디어가 정신 건강에 미치는 영향에 관해서는 의견이 분분하다. 전체 인구에 대비한 부정적인 효과는 사소하거나 무시할 수 있을 정도이기 때문이다.[64] 그러나 연구 데이터는 청소년이 소셜미디어의 유해한 영향에 가장 취약하다는 사실을 명백히 보여준다.[65] 사회적 고립의 효과와 마찬가지로 소셜미디어 사용에 따른 부정적인 영향이 더 큰 시기가 따로 있다. 최근 영국인 10-80세 8만 명 이상을 대상으로 실시된 연구에서 1만 7000여 명에 이르는 청소년 집단이 소셜미디어 사용으로 행복 수준이 가장 크게 떨어진 것으로 나타났다.[66] 그 집단 중에서도 사춘기에 접어드는 나이(11-13세)의 여학생들이 소셜미디어 사용으로 행복도에 가장 심하게 타격을 입었다. 남학생의 경우는 가장 취약한 연령대가 14-15세였다. 또 남녀 둘 다 19세에 소셜미디어 사용의 부정적 영향이 다시 최고조에 이르렀다. 전체 연령대에서 소셜미디어 사용을 계속 늘려간 사람들이 삶에 가장 만족하지 못하는 것으로 드러났다. 이 연구는 인간관계를 바탕으로 하는 사회적 지위를 가장 중시하는 연령대에 있는 사람

중에서 특히 마음의 상처를 받기 쉬운 이들이 소셜미디어의 부정적인 영향을 경험할 가능성이 가장 크다는 사실을 보여준다.

우리 생존에 필수적인 사회 의존과 정신적 발달에 방해가 되는 어떤 활동도 잠재적인 위험이 된다. 우리의 뇌는 지금처럼 급속히 변하는 환경에는 쉽게 적응하기가 어렵다. 따라서 급변하는 환경에 현명하게 대처하지 못하면 우리는 더욱 고립될 수 있다. 물론 우리 대다수는 이 멋진 신세계에서 문제없이 살아갈 수도 있다. 그러나 소셜미디어의 영향이 더욱 분명해지는 상황에서 상처받기 쉬운 사람들에게는 그것이 아주 큰 문제가 될 수 있다는 사실을 우리 모두 올바로 인식해야 한다. 엎지른 물은 다시 주워 담을 수 없다. 하지만 나는 흡연이나 음주 등 몸과 마음의 건강과 행복에 위험을 제기하는 다른 생활 습관과 마찬가지로 우리 디지털 생활에도 앞으로 적절한 건강 경고와 사용 지침이 필요할 것으로 본다.

첨단기술이 우리를 더욱 자기중심적인 관점으로 밀어붙인다는 사실이 참으로 우려스럽다. 잘 쓰면 매우 유용하지만 잘못 쓰면 모든 것이 잿더미로 변하는 불처럼 소셜미디어도 좋은 의도로 사용하면 다른 사람들을 돕는 데 매우 유용한 도구가 될 수 있다. 그러나 그 도구가 우리 주의를 우리 자신 내부로만 돌리게 만들면 우리 삶이 망가질 수 있다. 다른 사람들의 견해를 과대평가하고 자신의 가치 인식을 온라인 인기로 판단하게 되면 소셜미디어는 불행의 근원이 된다. 바로 그것이 소셜미디어의 진짜문제다. 대개 우리는 자신의 평판을 중시한다. 사회적으로 받아들여지고, 가치를 인정받으며, 고립되거나 배척당하지 않기를 원한다. 소셜미디어가 현대 생활에 이토록 만연하게 된 이유도 그것이다. 그러나 독일의 철학자 아르투어 쇼펜하우어는 이렇게 말했다.

"다른 사람들의 견해에 많은 가치를 부여하는 사람은 그들을 지나치게 존중한다. 사람들은 대체로 자신의 인생을 다른 사람들의 인생과 비교함으로써 자신을 불행하게 만든다."

우리 모두 되새길 만한 조언이다. 하지만 여기에도 문제가 있다. 우리가 진화를 통해 사회적인 뇌를 갖게 되었으며, 이 사회적인 뇌는 자신을 끊임없이 다른 사람들과 비교하기 때문이다. 이 문제에 관해서는 다음 레슨에서 더 자세히 알아보기로 한다.

● **인간관계를 발전시키고 강화하기 위해 시간을 투자하라**

오랫동안 소식이 없는 친구에게 먼저 연락해 우정을 다시 쌓거나, 그냥 그들을 늘 생각하고 있다는 간단한 메시지를 보내는 것도 좋은 방법이다.

● **부모로서 자녀와 그 또래 아이들 사이의 건전한 사회적 연결을 장려하라**

지역사회 행사나 자원봉사 활동, 스포츠, 멘토십 프로그램을 활용하라.

자녀가 혼자 취미 생활을 하는 것도 좋고 학업을 위해 공부하는 시간도 반드시 필요하지만 '공부만 하고 놀지 않으면 우둔한 아이가 된다'는 속담도 기억하라.

● **불안을 느끼면 '박스 호흡법'을 사용하라**

박스 호흡법으로 호흡을 제어하면 투쟁-도피 반응을 신속히 억제할 수 있다. 얼마나 빨리 흥분을 가라앉히고 냉철함을 되찾을 수 있는지 실제로 해보라.

● **자연스럽게 친절을 베풀어보라**

대단한 선행을 할 필요는 없다. 그냥 서로에게 친절할 수 있다는 사실을 상기시킬 정도로 예상치 않은 제스처로 다른 사람들을 살짝 기분 좋을 정도로 놀라게 해주는 것으로 족하다.

그런 행위 자체에 초점을 맞추려고 노력하라. 그것이 긍정적인 경험을 증폭시키는 한 가지 방법이다.

과거에 자신이 행한 친절 행위를 돌이키며 좋은 추억을 되살려보라.

● **소셜미디어 사용을 가끔씩 중단하라**

소셜미디어에 접속하지 않고 하루를 지내면서 어떤 느낌이 드는지 자신을 주의 깊게 관찰하라.

소셜미디어를 꼭 사용해야 한다면 다른 사람들과 함께 지내는 유의미한 시간을 망치지 않도록 사용 시간을 따로 정해 두라.

부정적 비교를
거부하라

우리는 다른 사람들에게 받아들여지기를 원하며,

사랑받고, 지위를 갖고 싶어 한다.

그 모든 것은 다른 사람들과 비교할 때 우리가 어떤지에 달려 있다.

이런 것이 삶에서 우리의 행동과 선택을 이끄는 보편적인 동기다.

그러나 우리가 하는 비교는 종종 잘못된 결론에 이른다.

불행은 거기서 시작된다.

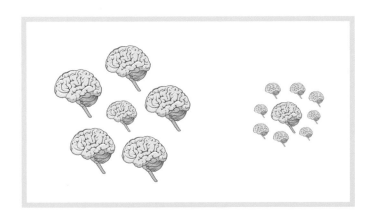

위 그림에서 두 그룹 각각의 중앙에 있는 뇌를 서로 비교해 보라. 한쪽이 다른 쪽보다 더 커 보이지 않는가? 오른쪽 그룹의 중앙에 있는 뇌가 왼쪽 그룹의 중앙에 있는 뇌보다 커 보인다면 '에빙하우스 착시(Ebbinghaus illusion)'를 경험한 것이다. 실제는 두 그룹의 중앙에 있는 뇌는 크기가 똑같다. 믿지 못하겠다면 자로 재보라. 이 착시는 각 그룹에서 중앙의 뇌를 둘러싼 다른 뇌들이 우리의 지각을 왜곡하기 때문에 생긴다. 우리는 상대적 비교를 통해 크기를 추정한다. 그래서 더 큰 물체들 곁에 있는 물체는 더 작아 보이고 더 작은 물체들 곁에 있는 물체는 더 커 보인다.

행복을 논하는 책에서 웬 착시 타령이냐고? 그 두 가지는 서로 밀접하게 연결되어 있기 때문이다. 착시는 단순한 호기심의 차원을 넘어선다. 무엇보다 착시는 사물이 반드시 우리 눈에 보이는 것과 같지는 않다는 사실을 일깨워준다. 우리는 현실을 전면적으로 직접 맞대면할 수 없다. 우리가 대하는 현실은 우리 스스로 조합하는 것으로 이루어진다. 실제 현실과 관련된 모든 정보에 접근하기는 사실상 불가능해서 우리는 인식 가능한 정보만 처리한다. 장님 코끼리 만지기 우화가 이를 잘 설명해 준다. 코끼리를 모르는 시각장애인 3명이 자기가 만진 부분만으로 그 물체가 무엇인지 이야기한다. 한 명은 코끼리의 코를 만져보고는 아주 큰 구렁이라고 생각한다. 또 한 명은 코끼리의 상아를 만지고는 창이라고 생각한다. 나머지 한 명은 코끼리의 옆구리를 만져보고는 벽이라고 생각한다. 우리는 무엇을 판단할 때 우리 자신의 경험에 의존한다. 그만큼 제한적이라는 뜻이다. 따라서 우리가 아는 진실은 매우 주관적일 수밖에 없다. 우리는 좀처럼 큰 그림을 볼 수 없다.

행복은 마음의 상태이기 때문에 전적으로 주관적이며 해석하기 나름이다. 우리가 자신의 행복을 어떻게 판단하느냐는 우리 마음 상태를 무엇과 비교하느냐에 좌우되는 경우가 많다. 나는 이웃보다 더 행복한가? 나는 세계 최고의 거부인 테슬라 CEO 일론 머스크보다 더 행복한가? 이 문제에 관한 판단은 나의 어떤 면을 그와 비교하느냐에 따라 달라진다. 지금의 나는 청소년 시절보다 더 행복한가? 오늘의 나는 어제보다 더 행복한가? 우리가 무엇에 관해 판단을 내릴 때는 언제나 그것을 다른 것과 비교를 하며, 그 비교 결과가 우리의 판단을 결정한다.

그렇다고 모든 비교가 시간 낭비라는 뜻은 아니다. 이 세상에는 우리가 행복을 느끼는 데 직접적인 영향을 미치는 객관적인 요인도 있다. 지위나 연봉, 채무, 성적 또는 건강이 그 예다. 그러나 그 요인들을 평가하는 문제에서 우리는 주관적이다. 특히 그 요인들이 우리의 정서적 삶에 얼마나 큰 영향을 미치는지 판단할 때가 그렇다. 사람들에게 "무엇에서 행복을 느끼는가?"라고 물으면 주로 물질적 풍요와 좋은 일자리, 명성, 연인, 사치, 완벽한 몸매를 꼽는다. 사람들이 원하는 게 그런 것이다. 그중 일부는 생존을 위한 본능적인 욕구를 채워준다. 대부분은 즐거움을 주고 나머지는 지위를 확고히 다져준다. 사람들은 일부 욕구를 다른 것보다 더 우선시한다. 하지만 그것들은 전부 근본적인 결함이 있다. 일단 갖고 나면 생각했던 만큼 대단한 행복을 느낄 수 없다는 점이다. 긍정심리학 운동의 핵심 명분 중 하나가 바로 그것이다. 물질적인 풍요나 명성 등 우리가 추구하는 목표 중 다수가 지속적인 행복을 보장하지 않는다는 사실 말이다.

우리 판단이 그렇게 크게 잘못될 수 있을까? 종합적으로 볼 때 우리 뇌는 아주 효율적이며, 우리가 실질적인 가치를 가진 정보를 얻을 수 있도록 세계를 해석해 준다. 그러나 인간의 뇌는 습관적인 사고방식을 중시하기 때문에 종종 인식을 왜곡시킨다. 나와 동료들은 그것을 '마인드버그(mindbugs)'라고 부른다.[1] '버그'라고 하면 흔히 오류를 뜻하지만 여기서는 마인드버그가 반드시 결함은 아니다. 정보를 최대한 효율적으로 처리하기 위해 진화된 특성이기 때문이다. 하지만 마인드버그는 우리가 계속 오류를 범하도록 유도한다. 자동으로 상대적인 비교를 통해 절대적인 크기를 판단하는 에빙하우스 착시도 마인드버그의 한 예다. 에빙하우스 착시는 우리 뇌가 끊임없는 비교를 통해 작동하며, 우리는 각각 왜곡된 현실의 관점에서 서로 비교하는 수많은 뇌들 사이에 있는 하나의 뇌로서 존재한다는 사실을 상기시켜준다. 만약 우리가 너무 자기중심적이어서 다른 관점을 채택하기 어렵다면 그런 비교 결과는 더욱 왜곡될 수밖에 없다. 그러나 애초에 우리가 자신의 마음을 잘못 알고 있으며, 우리를 행복하게 해주리라고 믿었던 결정이 처음부터 잘못된 것일 수도 있지 않을까? 이번 레슨에서는 행복에 관한 우리의 판단이 어떻게 왜곡될 수 있는지, 또 어떻게 하면 바로잡을 수 있는지 탐구해 보기로 한다.

비교하는 뇌

우리의 생각과 감정, 신념과 욕구는 전부 다 뇌의 신경세포들이 우리의 정신적인 삶을 형성하기 위해 일제히 발화(전기화학적 활동을 의미한다)하면서 생겨나는 결과물이다. 플라톤, 셰익스피어,

에밀리 브론테, 마리 퀴리 같은 천재들이 만들어낸 모든 연극과 시, 책, 노래, 미술 작품, 모든 뛰어난 아이디어 또는 펠레 같은 전설적인 축구 선수가 멋지게 성공시킨 골은 가장 먼저 뇌를 구성하는 신경세포 네트워크를 통해 전달되는 전기화학적 활동의 파동으로 시작되었다.

뉴런(neuron)으로 불리는 이 신경세포들은 뇌에서 사용되는 언어인 전기신호(신경 자극이라고도 한다)를 주고받으며 서로 소통한다. 놀라운 점은 '비교'가 모든 뉴런의 기본 기능이라는 사실이다. 우리 생각과 행동은 이와 같은 비교가 일정 수준에 도달해야 시작된다. 뉴런은 같은 네트워크에 연결된 다른 뉴런들이 충분한 신호를 보내야 작동하는 일종의 스위치로 볼 수 있다. 하나의 뉴런(친근하게 의인화해서 '로니'라고 불러보자)이 휴지기에 있을 때는 연결된 다른 뉴런들로부터 꾸준히 안정적인 신호를 받는다. 말하자면 '이봐, 로니. 우리 아직 여기 있어. 우린 이웃이야'라는 메시지를 받는 식이다. 이는 접촉을 유지하기 위한 소통이다. 이런 식으로 계속 상기시키지 않으면 뉴런들은 서로 연결이 끊어져 소멸하게 된다. 그러나 외부에서 일어나든 내부에서 일어나든 어떤 사건이 신경 반응을 촉발하면 서로 연결된 뉴런들이 곧바로 활성화된다. 그 사건에 관한 메시지가 도미노처럼 뉴런들을 통해 네트워크 전체로 계속 퍼져나가 결국 로니에게 이른다. 그러나 로니는 수신되는 정보가 어느 수준(임계점)에 도달하기 전에는 자신이 연결된 네트워크에 메시지를 전하지 않는다. 102쪽의 그림을 참고하라.

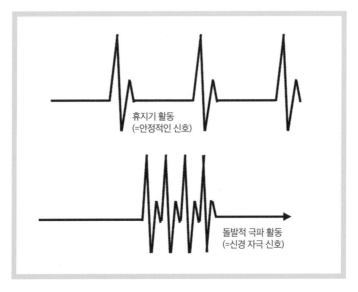

휴지기 활동
(=안정적인 신호)

돌발적 극파 활동
(=신경 자극 신호)

휴지기의 뉴런 활동(위)과 돌발 상황의 뉴런 활동(아래).

휴지기에 뉴런은 안정적인 신호를 꾸준히 수신한다. 그러나 특정 사건이 발생하면 그와 관련한 돌발적 극파(極波, spike) 활동을 수신하게 된다. 그러다가 수신하는 전기 자극이 임계점에 도달하면 뉴런은 자신이 연결된 네트워크로 자신의 신경 자극 신호를 내보낸다.

로니는 그런 반응을 보일 때 신경전달물질을 방출한다. 이 뇌 화학물질이 로니와 연결된 다른 뉴런들에게도 연쇄적인 화학반응을 일으킨다. 이를 통해 특정 사건에 관한 메시지가 감각, 인식, 행동, 생각, 느낌 등 우리의 정신적 삶 전체를 제어하는 뇌의 다양한 네트워크에 전달된다.

그러고 나서 로니는 다시 휴지기에 들어가 다음 사건이 발생

할 때까지 대기한다. 이처럼 외부나 내부에서 일어나는 변화를 인식해 그에 반응하는 것이 우리 뇌가 작동하는 근본적인 방식이다. 수신되는 신호가 이전과 같은가 다른가? 다르다면 무엇이 어떻게 다른가? 우리 뇌는 그런 식으로 비교하고 대조한다. 예를 들어 덤불 속에서 뭔가 바스락거리는 소리가 나거나 한밤중에 집에서 갑자기 무슨 소리가 나는 것을 신속하고 정확히 인식하는 것은 매우 중요하다. 덤불 속에 포식 동물이 숨어 있거나 집에 침입자가 있을 가능성이 있다는 경보이기 때문이다. 평소와 달리 즉각적인 대응이 필요한 상황이다. 그러나 덤불 속이나 집 안에서 나는 소리에 특별한 변화가 없다면 상황은 대개 위협적이지 않다.

비교가 뇌 구성 요소들의 기본적인 메커니즘이기 때문에 우리 신경계도 같은 방식으로 작동된다. 지금 먹는 음식의 맛은 조금 전에 무엇을 먹었느냐에 따라 달라진다. 통증도 바로 직전의 상황에 따라 강도가 더하거나 덜할 수 있다. 감각부터 인식까지, 생각부터 행동까지 우리는 상대적인 판단을 하기 위해 끊임없이 비교한다. 우리의 사회적인 지위에도 이 방식이 그대로 적용된다. 우리 뇌는 언제나 우리를 다른 사람들과 비교하도록 설계되어 있다. 지난 레슨에서 알아보았듯이 우리의 자아감은 어린 시절 전체에 걸쳐 형성되며 다른 사람들과의 상대적인 관계에 좌우된다. 우리는 다른 사람들에게 받아들여지기를 원하며, 사랑받고, 지위를 갖고 싶어 한다. 그 모든 것은 다른 사람들과 비교할 때 우리가 어떤지에 달려 있다. 이런 것이 삶에서 우리의 행동과 선택을 이끄는 보편적인 동기다. 그러나 우리가 하는 비교는 종종 잘못된 결론에 이른다. 불행은 거기서 시작된다. 왜 비교가 잘못되는지 지금부터 하나씩 짚어보자.

경험에 근거한 어림짐작

대니얼 카너먼과 그의 동료였던 심리학자 에이머스 트베르스키는 수십 년에 걸친 연구를 통해 우리가 외부 세계에 관해 추리할 때 우리 마음은 쉽고 빠른 어림짐작을 사용한다는 사실을 보여주었다. 경험에 따른 이런 어림짐작을 '휴리스틱(heuristics)'이라고 부른다.[2] 휴리스틱은 의사결정에 드는 시간과 노력을 줄여주며, 일반적으로 세계를 판단하는 데 그런대로 쓸 만한 추정 방법이다. 예를 들어 반려동물을 생각해 보라고 하면 우리 대다수는 개나 고양이를 상상한다. 당나귀나 돼지 또는 염소를 떠올리는 사람은 별로 많지 않고, 거미나 뱀을 상상하는 사람은 더욱 적을 것이다. 어떤 동물 종도 반려동물이 될 수는 있지만 뭐니 뭐니 해도 고양이와 개가 가장 흔한 반려동물이기 때문이다. 휴리스틱이 작동하기 때문에 반려동물 중에서 가장 대표적인 종을 떠올리는 것이다. 이 문제에서는 휴리스틱이 잘 들어맞는다. 그러나 때로는 완전히 빗나갈 수 있다. 예를 들어 다음 시나리오의 자초지종을 설명해 보라.

아버지와 아들이 교통사고를 당했다. 아버지는 사망했고, 아들은 중상을 입었다. 아버지는 사고 현장에서 사망한 것으로 확인되어 영안실로 옮겨졌다. 아들은 구급차에 실려 인근 병원으로 가서 즉시 응급 수술실로 향했다. 외과의사가 호출되었다. 그 의사가 도착해서 환자를 보고는 아연실색하며 이렇게 외쳤다. "아니, 내 아들이 잖아!"

이 시나리오를 읽는 사람 중 약 40%는 어떻게 사고로 돌아가신 아버지가 아들을 수술하러 올 수 있는지 어리둥절해한다.[3] 합리적인 설명은 그 의사가 아버지가 아니라 어머니라는 것이다. 외상을 전문으로 하는 외과의사 중에 여성도 있지만 우리가 주로 떠올리는 외과의사는 남성이다. 따라서 이 시나리오에서는 휴리스틱이 통하지 않는다.

마음 상태를 추정하기 위해 비교를 할 때 우리는 모든 종류의 휴리스틱을 다 동원하지만 잘못 짚기 쉽다. 흔히 우리는 이혼을 하면 인생을 망치고, 아기를 가지면 최고의 기쁨이라는 이야기를 듣는다. 그 이야기가 대다수 사람에게 옳을지 모르나 모두에게 그런 건 아니다. 어떤 사람에게는 이혼이 축복이며, 아기를 갖는 것이 반드시 좋은 일이 아니다. 하지만 그런 사람은 소수에 불과하다는 인식이 주를 이룬다. 이런 인식이 일반적 편향으로 이어져, 우리 대다수는 이혼이 실제보다 더 나쁘고 더 충격이 크다고 생각한다.

또 다른 마인드버그는 '가용성 편향(availability bias)'이다. 비교를 위해 가장 쉽게 떠오르는 생각을 그대로 취하는 경향을 말한다. 이 편향의 문제점은 무엇이든 마음속에 빨리 그릴 수 있거나 상상할 수 있다면 드문 사건을 과대평가하고 흔한 사건을 과소평가하게 된다는 것이다. 예를 들어 사람들은 벌보다는 상어를, 자동차보다는 비행기를 더 무서워한다. 사실은 상어나 비행기보다 벌과 자동차가 우리에게 훨씬 더 위험하다. 그러나 상어의 공격이나 비행기 추락은 발생 빈도가 아주 드문 데 비해 매우 충격적이고 언론에서 크게 다루기 때문에 우리 마음속에 더 쉽게 떠오른다. 카너먼의 저서《생각에 관한 생각》에 나오는 또 다른 사례를 생각해 보자.[4] 영어 단어 중에서 k로 시작하는 단어와 k가 세 번째 철자인 단어 중 어느 쪽이 더 많다고 생각하는가? 이 질문을 받으면 'kind, kiss, kid, kick' 같은 단어가 즉시 떠오른다. 그래서 대다수는 k로 시작하는 단어가 k가 세 번째 철자인 단어보다 훨씬 많다고 생각한다. 그러나 사실은 가장 많이 사용되는 단어 중에서 k가 세 번째 철자인 단어가 k로 시작하는 단어의 약 두 배에 이른다. 하지만 k로 시작하는 단어를 떠올리기가 더 쉬워서 대다수는 그 단어의 빈도를 과대평가하는 것이다.

우리의 비교에는 모든 종류의 편향이 영향을 미친다. 자신이 집중하는 것만 인식하는 '부주의 맹시(attentional blindness)', 자신의 신념을 확인해 주는 증거만 찾고 거기에 매달리는 '확증 편향(confirmation bias)', 발생한 결과를 보고 난 뒤 사전에 그렇게 예측했다고 여기는 '사후 확신 편향(hindsight bias)'이 대표적이다. 레슨 1에서 살펴봤듯이 우리는 자신의 정신적인 삶을 이런저런 요소로 구성된 이야기로 경험하며, 우리는 그 이야기가 일관성 있는 것을 좋아한다. 따라서 우리는 우리가 만들어내고자 하는 이야기에 맞도록 세부 사항을 취사선택하고 수정한다. 이야기 하는 관점에서 우리는 일부 세부 사항에만 집중하고 나머지는 무시하며, 기대에 의지하고, 이전 경험에 근거해 앞으로 일어날 일을 예측한다. 하지만 그런 경험은 왜곡되고 부정확하게 기억 되는 경우가 많다. 예를 들어 올림픽에서 메달을 딴 것처럼 인생 에서 가장 인상적이고 영향이 큰 일도 마인드버그와 휴리스틱 으로 인해 왜곡된다.

관중의 찬사

시상대에 올라 관중의 함성 속에서 조국의 국기가 올라가는 것 을 지켜보는 올림픽 메달리스트의 자부심을 상상해 보라. 세계 최대의 스포츠 대회에서 기량을 인정받음으로써 지난 세월 피 땀 흘리며 연습에 연습을 거듭한 노력이 마침내 보상을 받게 되 었으니 얼마나 자랑스럽고 감개무량할까? 그러나 시상식이 모 든 메달리스트에게 반드시 행복한 시간은 아니다. 1992년 바 르셀로나 올림픽의 메달리스트들을 대상으로 한 연구에서 특 히 준우승으로 은메달을 목에 건 선수들이 행복하지 않게 느낀 것으로 나타났다.[5] 연구팀은 녹화된 영상으로 메달리스트들이 자신의 메달 색을 확인하는 순간과 시상대에 올랐을 때의 몸짓 과 표정 등을 분석한 결과 금메달리스트와 동메달리스트는 활 짝 웃으며 행복한 모습을 보인 반면 은메달리스트는 대부분 떨떠름한 표정을 짓는다는 사실을 확인했다. 특히 메달을 기대하지 않았다가 동메달을 딴 선수와 금메달의 꿈을 꾸었지만 실패하고 은메달에 머문 선수를 비교할 때 그 차이가 확연했다. 은메달리스트는 금메달리스트를 비교 대상으로 삼았기 때문에 그에 못 미쳐 아쉬움이 큰 것이다. 그와 대조적으로 시상대에 오를 기대조차 하지 않았던 동메달리스트는 메달을 따지 못한 다른 모든 선수를 비교 대상으로 삼았기 때문에 그만큼 큰 기쁨에 젖은 것이었다. 에빙하우스 착시의 현실판이라고 할 수 있다.

그처럼 올림픽 메달 순위는 객관적인 평가를 따르나 그에 대한 선수들의 반응은 여전히 주관적이다. 그렇다면 이제 인생의 성공이나 연애처럼 객관적으로 측정하기가 훨씬 더 어려운 일을 두고 경쟁한다면 얼마나 많은 문제가 생길지 상상해 보라. 올림픽에서는 속도나 무게, 거리 같은 객관적인 측정 기준이 있으나 인생의 성공을 측정하는 잣대는 그보다 훨씬 더 주관적이다.

우리가 자신의 성공과 실패를 깊이 생각할 때 자신을 누구와 비교하는가? 상상이 가능한 모든 차원의 성공을 따져본다면 늘 우리보다 더 잘하는 듯이 보이는 사람들이 있게 마련이다. 우리는 우리와 가장 비슷한 사람들과 자신을 비교하는 경향이 있다. 그러나 그럴 때도 비교 대상을 까다롭게 고른다. 예를 들면 연애의 성공은 자신의 가장 친한 친구와 비교하고, 직장 생활의 성공은 상사와 비교한다. 우리는 다른 사람들의 삶을 정확히 알지 못하면서 짐작으로 추정한다. 문제는 비교 대상을 계속 고르다 보면 언제나 자신보다 더 잘하는 사람이 있다는 사실을 깨닫게 된다는 것이다. 우리가 객관적으로 성공했다고 여기는 사람들도 자신보다 더 성공한 사람이 있다고 생각할 수 있다. 과도하게 자기중심적인 관점의 문제가 바로 그것이다. 나의 사고에서 나를 중심에 두면 나는 다른 사람들 사이의 상대적인 비교를 무시하고 나 자신과 다른 사람의 비교에만 매달린다. 저명한 학자나 운동선수나 사업가나 배우 등 누구나 쉽게 떠올릴 수 있는 성공한 사람들과 나를 비교하면 나는 부족하기 그지없게 느낄 수밖에 없다. 여기서 우리가 인정하지 못하는 것은 그들도 그 자신들의 비교 대상에 비하면 부족하게 느낀다는 사실이다. 성공한 사람도 우리가 모르는 나름대로 많은 문제를 갖고 있다. 어느 누구의 삶도 완벽하지 않다. 우리는 자신을 다른 사람들과 비교할 때 업적이나 능력, 외모, 인기 등 극히 제한된 측면에서 그들이 우리보다 더 잘하는 점만 바라본다.

그렇다고 아예 비교하지 말라는 뜻은 아니다. 경쟁은 우리의 잠재력을 이끌어내는 중요한 동기유발 요소이기 때문에 그 긍정적인 효과가 크다. 1898년 미국의 심리학자이자 사이클링 애호가였던 노먼 트리플릿은 혼자서 자전거를 탈 때보다 다른 선수들과 경쟁할 때 기록이 더 좋다는 사실에 주목했다.[6] 그는 이런 경쟁 효과를 확인하기 위해 아이들을 대상으로 낚시 릴을 빨리 감을수록 물고기를 더 많이 잡는 게임을 고안했다. 사회심리학 최초의 실험 연구였다. 트리플릿은 그 실험에서 아이들이 혼자 게임을 할 때보다 다른 아이가 차례를 기다리며 지켜볼 때 더 빨리 릴을 감는다는 사실을 확인했다. '사회적 촉진(social facilitation)'으로 불리는 이 현상은 사람만이 아니라 동물의 왕국 전체에 적용된다. 동물들도 경쟁자가 있을 때 더 빨리 달리며, 더 빨리 먹고, 모든 면에서 평소보다 더 나은 성과를 낸다.

사회적 촉진은 자신이 능가하고야 말겠다고 마음먹은 목표로 구체적인 경쟁 상대를 내세움으로써 잠재력을 이끌어내 성과를 높인다. 그러나 경쟁자 없이 그냥 지켜보는 관중만 있는 상황도 기량이 향상되는 것으로 나타났다. 따라서 우리가 타인중심적 인 관점을 채택할 수 있다면 팀워크의 혜택을 볼 수 있다. 물론 홀로 성공했을 때보다 자신의 공로가 적게 인정될 수는 있지만 만약 실패했을 때 홀로 책임지지 않아도 되는 이점도 있다. 웬만 한 스포츠 코치라면 잘 알듯이 개인 플레이와 팀워크 사이의 역학은 이처럼 아주 복잡하다.

그러나 사회적 촉진의 혜택을 보려면 자신감이 필요하다. 스포츠의 경우 관중이 선수의 기량 발휘를 방해할 수 있기 때문이다. 이를 스포츠 심리학에서 '초킹(choking, 심리적 질식)' 현상이라고 부른다.[7] '수행 불안(performance anxiety)'이라는 극도의 긴장으로 실력 발휘가 되지 않는 상태를 말한다. 투쟁-도피 반응이 과도한 상황과 똑같다. 월드컵 축구 결승전 동점 상황에서 승부차기로 우승팀을 가려야 할 때를 생각해 보라. 실축을 방지하려면 뛰어난 스트라이커보다는 그 상황의 엄청난 압박감에도 무너지지 않는 뱃심 있는 선수를 내세워야 한다.

우리는 성공하고 잘 알려진 사람들과 자신을 비교하며 자책하는 경우가 많지만 다른 사람들과 자신을 비교할 때 자신의 개인적 속성을 좀 더 긍정적으로 보는 경향도 있다. 자신이 다른 사람들보다 훨씬 뛰어나다고 생각하지는 않아도 어느 정도는 그들보다 더 낫다고 본다. 이 역시 우리 내부에 남아 있는 어린 시절의 자기중심적인 관점이 작동하기 때문이다. 레슨 1에서 살펴봤듯이 유아는 정확한 비교에 필요한 경험과 정신적 기초가 부족해서 자신의 속성을 과장하는 경향을 보인다. 성인이 되면 그보다 겸허해지긴 하지만 대개는 여전히 어느 정도 자신의 중요성을 과대평가하며, 지능과 외모, 신뢰성, 도덕성에서 적어도 평균 이상은 된다고 생각한다. 이런 관점은 우리 중 다수가 갖는 긍정적 착각의 일부분으로 우리를 행복하게 해준다.[8] 통계적으로 모두가 평균 이상일 수는 없기에 그것은 착각일 수밖에 없다.

게다가 우리는 상황 판단에 있어서 자신은 객관적인데 다른 사람들이 편향적이라고 생각하는 경향이 있다. '당신들은 자신이 평균 이상이라고 생각하겠지만 나는 내가 그렇다는 사실을 확실히 안다'는 게 속마음이라는 뜻이다. 이런 식으로 우리는 자신의 취약한 자아를 방어한다. 그러나 희한하게도 우리가 자신을 끊임없이 과소평가하는 한 분야가 있다. 자신이 평균 이상의 능력이 있지만 다른 사람들이 그렇게 인정해 주지 않는다고 생각하는 것이다. 그 때문에 많은 사람이 억울하게 부당한 대우를 받는다고 느낀다. 2022년 미국인 근로자 2000명을 대상으로 실시된 조사에서 응답자의 63%는 직장에서 제대로 인정받지 못한다고 느꼈다. 또 59%는 자신을 인정해 주는 직장 상사나 고용주를 본 적이 없다고 답했다.[9] 이 역시 자기중심적 자아가 작동한 결과다. 우리는 자신의 처지를 사정이 더 좋지 않은 다른 사람들과 대비해서 객관적으로 보는 경우가 아주 드물다. 그보다는 다른 사람들의 성공을 깎아내리거나 자신의 억울함을 내세우는 경향을 보인다. 거기서 질투심과 부러움이 생긴다. 자기중심주의가 초래하는 결과다.

난 그만한 가치가 있는 사람이거든

부(富)는 질투심과 부러움이 잘 드러나는 분야다. 우리 대다수에게 돈은 매우 중요한 목표다. 그러나 놀랍게도 행복도를 결정하는 것은 가진 돈의 실제 금액이 아니라 상대적인 가치다. 1995년 하버드대학에서 흥미로운 조사를 하였다. 연구팀은 교직원과 학생 257명에게 가상으로 두 가지 일자리를 제시하며 그중 하나를 선택하도록 했다.[10] 일자리 A는 연봉이 5만 달러인데 그 동료들은 2만 5000달러만 받는다. 반면 일자리 B는 연봉이 10만 달러인데 동료들은 25만 달러를 받는다. 어느 쪽을 택하겠는가? 응답자의 56%는 일자리 A를 선택했다. 연봉이 일자리 B의 절반인데도 그쪽으로 기울었다. 압도적인 다수는 아니지만 그래도 응답자의 절반 남짓한 비율이 연봉의 절대적인 가치를 포기하고 상대적인 우위를 선택했다는 사실은 놀라운 현상이었다. 주택 구입에서도 똑같은 현상이 나타난다. 사람들은 다른 곳의 집보다 더 작아도 자기 구역에서 가장 크다면 그것으로 더 만족한다.

경제학자 로버트 프랭크는 이처럼 상대적 우위로 기울어지는 편향을 '알맞은 연못 고르기(choosing the right pond)'라고 불렀다. 사람들은 큰 연못의 작은 개구리가 되기보다 작은 연못의 큰 개구리가 되는 게 더 낫다고 생각한다는 뜻이다.[11] 이 전략의 문제점은 연못의 크기를 어떻게 추정하느냐에 있다. 우리는 자신이 다른 사람들에 비해 어떤지 정확히 알지 못한다. 대다수는 자신의 가치를 충분히 평가받지 못한다고 믿는다. 어느 소프트웨어 대기업의 직원 7만 1000명을 대상으로 한 조사에서 응답자의 64%는 그 업종의 평균 급여를 받고 있으면서도 보수를 제대로 받지 못한다고 생각했다.[12] 평균보다 더 높은 급여를 받는 직원 중에서도 보수가 좋다고 생각하는 비율은 21%에 불과했다. 현실과 인식의 이런 차이는 두 번째 문제로 이어졌다. 보수를 제대로 받지 못한다고 믿는 직원들은 그 직장에서 행복을 느끼지 못하고 다른 일자리를 찾을 가능성이 컸다. 흥미로운 점은 그들 모두가 받는 실제 급여가 공개될 경우 이런 불만족 대부분이 사라질 수 있다는 사실이다. 다른 사람들이 받는 급여를 우리가 너무나 크게 잘못 추정하기 때문이다. 이런 현상은 우리가 갖는 불만이 현실보다 상상에서 비롯되기 쉽다는 사실을 시사한다.

우리가 하는 비교가 행복의 기준이라면 우리 인식에서 상황이 상당히 중요한 역할을 한다고 가정해도 무리가 아닐 것이다. 그렇다면 '가진 자'와 '못 가진 자' 사이의 명백한 격차가 줄어들 때 우리는 더 행복할 수 있다고 예측할 수 있다. 실업이 정신 건강에 부정적인 영향을 미친다는 점은 여러 연구에서 입증되었다. 그러나 그 영향은 실업률이 높은 지역에 거주하느냐 그렇지 않으냐에 따라 달라진다. 영국의 지역별 행복 지수와 경제적 지위를 살펴보면 행복 지수가 가장 낮은 사람들은 고용률이 높은 지역에 거주하는 실업자들이다.[13] 주변 사람들이 다 잘 살면 자신이 부족하다고 느끼게 된다. 그러나 실업자가 대다수인 지역에서 실업자로 살아가면 행복 지수가 높아질 수 있다. 모두가 같은 상황이라면 자신이 다른 사람들보다 더 못하다고 느낄 필요가 없다.

그러나 놀라운 사실은 실업자가 다수인 지역에 거주하는 실업자들이 같은 지역에 거주하는 직장인들보다 행복 지수가 더 높은 경향을 보인다는 점이다. 왜 그럴까? 직관에 어긋나는 현상이지만 주변 모두가 실업자인데 자신만 직장을 갖고 있다면 별로 행복할 수 없다. 우리가 자아중심적이긴 하지만 상대적으로 다른 사람들보다 더 잘 살 때도 여전히 그 사회에 받아들여지고 싶어 하기 때문이다. 직장이 없는 사람들이 은퇴 나이에 이르면 객관적으로 생활 수준의 변화가 거의 없는데도 이전보다 더 행복하게 느낀다는 조사 결과도 있다.[14] 은퇴하면 실업자라는 사실이 더는 고용에 대한 사회적 규범에 얽매이지 않기 때문이다. 같은 나이의 사람들 대다수가 이제는 자신과 같은 처지라는 상황 인식이 만족도를 높인다는 뜻이다.

마당발

당신과 다른 사람 중에서 누가 사교 모임에 더 많이 나간다고 생각하는가? 대개는 자신이 다른 사람들만큼 모임에 자주 나가지 않는다고 답할 것이다. 자신이 얼마나 활발한 사교 생활을 하고 있는지 다른 사람들과 비교할 때 자아상에서 드러나는 또 다른 맹점이 이것이다. 우리 대다수는 다른 사람들과 비교할 때 상대적으로 외롭다고 느낀다. 이런 현상은 건강하지 못한 사회적 상황을 부를 수 있다. 영국 통계청에 따르면 2022년 조사에서 외로움을 느끼지 않는다고 응답한 사람은 전체의 20%에 불과했다.[15] 실제의 사회적 고립이 병에 걸릴 위험을 높이는 것은 분명하지만 단순히 외롭다고 느끼는 것도 마찬가지로 위험하다. 사회 연결망이 넓은 인기 있는 사람도 외로움을 느낄 수 있다. 그처럼 주관적으로 인지된 외로움도 실제와 마찬가지로 정신과 몸의 건강에 부정적인 영향을 미친다. 그러나 자신의 외로움에 대한 추정은 왜곡되기 쉽다. 자신을 다른 사람들과 비교할 때 비현실적으로 생각하기 때문이다. 한 연구에서 사람들에게 위의 사교 모임 참가 질문과 함께 외식 빈도, 친구 수, 사회 연결망의 폭, 가족과의 상호작용 등에 관한 추가 질문을 던졌다.[16] 평균적으로 응답자들은 자신이 다른 사람들보다 모임에 적게 참가하고, 친구도 적으며, 사회 연결망도 좁고, 외식도 적게 한다고 믿었다.

우리 대다수가 지능이 평균 이상이라고 생각하는 것이 논리에 맞지 않듯이 사회성에서도 대다수가 평균 이하가 될 수는 없다. 그렇다면 왜 이런 왜곡이 나타날까? 우리는 사회성 같은 모호한 개념을 두고 자신과 다른 사람들을 비교해 보라는 요청을 받으면 사회성이 가장 발달했다고 생각되는 사람들의 모습을 떠올린다. 마당발을 자랑하는 사교계 명사가 대표적이다. 그런 사람을 비교 대상으로 삼으면 우리 대다수는 상대적으로 사회성이 크게 떨어지는 사람으로 여겨진다. 이처럼 가장 먼저 떠오르는 비현실적인 모델과 우리 자신에 대한 평가를 연결하는 잘못된 비교를 두고 '앵커링(anchoring, 닻 내림)' 효과라고 부른다.

앵커링 효과는 잘 알려진 마인드버그로 초기에 제시된 물체나 이미지를 기억하고 그것을 기준으로 삼아 사고하는 편향을 가리킨다. 사람들은 무언가를 추정하거나 예측할 때 초깃값 또는 기준점을 정하고 거기서부터 수정해 나간다. 예를 들어 곱셈을 계산기를 사용하지 않고 암산으로 신속히 할 때는 시작하는 숫자가 추산치에 영향을 미친다. $8 \times 7 \times 6 \times 5 \times 4 \times 3 \times 2 \times 1 = ?$를 암산으로 해보라고 했을 때 사람들이 제시한 답의 평균값은 2,250이다. 그러나 다른 사람들에게 그 숫자를 역으로 나열해서 $1 \times 2 \times 3 \times 4 \times 5 \times 6 \times 7 \times 8 = ?$을 암산으로 해보라고 하면 답의 평균값이 512에 불과하다. 두 답 모두 아주 크게 틀렸다. 정답은 그보다 훨씬 큰 40,320이다. 숫자를 어떻게 나열하든 곱셈의 답은 똑같아야 하는데도 추산이 그렇게 차이가 나는 이유가 뭘까? 첫 문제에서는 사람들이 초깃값 8×7이라는 큰 수치에 심리적으로 앵커링을 하고 답을 추산하는 반면, 둘째 문제를 받은 이들은 작은 수치인 1×2에 앵커링을 하게 되므로 양자의 추정치 크기가 그처럼 차이가 나는 것이다.

레스토랑에서 와인을 고를 때 대다수가 목록에서 중반 가격대를 선택하는 이유도 앵커링 효과에서 찾을 수 있다. 사람들이 최종 선택하는 와인은 목록에서 가장 비싼 와인이 무엇인지에 좌우된다는 말이다. 또 쇼핑할 때 우리는 흔히 권장 소매가(RRP)보다 상당히 낮은 가격으로 표시된 상품을 선택한다. 소비자로서는 그게 더 이득이라고 생각하기 때문이다. 그러나 그 역시 앵커링 효과를 이용하는 상술이다. 예를 들어 RRP는 '권장가'일 뿐인데도 그보다 낮은 가격을 표시해 두면 소비자는 그 상품이 '정상가'보다 훨씬 싸다고 여긴다. 다른 한편으로 신차 구입처럼 흥정이 가능한 거래의 경우 판매자는 RRP보다 높은 가격을 표시해 둔다. 흥정으로 그 표시 가격 아래에서 합의가 이뤄지면 소비자는 싸게 샀다고 믿으며 기분이 좋아진다. 이처럼 비교에 근거한 우리의 해석은 주관적 편향에 좌우되며, 이런 현상이 우리의 행복도에 중대한 영향을 미친다.

우리의 사회성을 스스로 평가할 때 앵커링 효과가 비교를 왜곡시켜 자신의 사교 활동을 과소평가하도록 만든다면 '앵커(닻)'를 옮김으로써 평가를 바꿀 수 있지 않을까? 사교 모임에 관한 질문을 중심으로 한 연구의 후속편에서 바로 이 문제를 다뤘다. 연구팀은 참가자를 두 그룹으로 나눠 한 그룹에는 사교 활동이 특히 왕성한 사람들과 자신을 비교하도록 했고, 다른 그룹에는 사교 활동이 특히 저조한 사람들과 자신을 비교하도록 했다. 마당발인 파티광과 자신을 비교하도록 요청받은 사람들은 첫 연구에서와 마찬가지로 자신의 사회성을 과소평가했다. 그러나 사교 활동을 거의 하지 않는 사람들과 자신을 비교하도록 요청받은 사람들은 자신의 사교 활동을 과소평가하는 정도가 상당히 줄었다. 이런 결과는 비교 대상의 수준을 낮추도록 주문하지 않고 그냥 두면 우리가 올림픽의 은메달리스트처럼 자신보다 더 낫다고 생각하는 대상과 자신을 자동적으로 비교한다는 사실을 말해 준다. 그게 우리 대다수의 기본 성향이다. 실제는 어떨지 몰라도 아무튼 우리보다 더 잘한다고 생각되는 사람들을 떠올리면 우리 자신은 초라해질 수밖에 없다. 그러나 의식적인 훈련이 그런 성향을 바꿀 수 있다. 우리가 좀 더 타인중심적이 되도록 또는 적어도 우리보다 사회적 지위가 낮은 사람들을 인식하도록 훈련한다면, 우리는 관점을 넓혀 우리보다 불운한 사람들을 고려함으로써 좀 더 현실적으로 자신을 평가할 수 있다. 메달 색이 문제가 아니라 인생의 시상대에 오른 것 자체로 행복해하는 동메달리스트가 될 수 있다는 뜻이다.

이제 우리의 비교 성향과 앵커링이라는 마인드버그에 대한 이해를 바탕으로 행복을 증진하는 방법을 알아보자. 사실 우리가 잘 아는 방법이다. 우리는 뭔가 긍정적인 것을 발견하고 그 가치를 올바로 인식하면 감사하는 마음이 생긴다. 우리는 도움을 주는 사람들에게 감사한다. 또 삶에서 찾을 수 있는 매일의 즐거움이나 살아 있는 것 자체에도 감사한다. 고대 로마의 철학자 키케로는 "감사하는 마음은 최고의 미덕일 뿐 아니라 다른 모든 미덕의 원천"이라고 말했다. 감사는 우리 삶에서 부정적인 것보다 긍정적인 것에 초점을 맞춤으로써 우리의 행복 지수를 높여준다. 우리는 동료나 파트너, 배우자에게 감사할 수 있다. 다른 사람에게 감사하는 마음을 가질 때 사회적 유대가 강해질 뿐 아니라 자신의 성취와 자기 가치도 새롭게 인식하게 된다. 우리는 적절한 사회적 비교를 수긍하도록 만들어졌기 때문이다. 또 이런 감사의 마음은 다른 사람을 돕고 지지하도록 우리를 이끈다. 아울러 감사하는 마음을 가지면 질투심이나 부러움이 사라져, 우리의 사회적 비교가 더욱 긍정적으로 이루어진다. 우리는 감사에 관해 생각할 때 자신이 운 좋게 가진 것을 올바로 인정하게 되고, 그렇지 못한 사람들과 자신을 비교하게 된다. 비교의 기준을 낮추면 자신이 얼마나 운이 좋은지 깨닫게 되고 자신의 부족함에 집착하지 않게 된다. 마지막으로 감사의 마음은 어려움이 닥칠 때도 좋은 일들을 회상하며 잘 견디도록 해줄 뿐 아니라 '신경 적응'이라는 또 다른 마인드버그를 제어하는 데도 도움을 준다.

신경 적응

우리 뇌의 뉴런들은 똑같은 신호를 너무 오랫동안 계속 받으면 그 신호에 익숙해져 더는 반응을 하지 않게 된다. 이를 '신경 적응(neural adaptation)' 또는 '감각 적응(sensory adaptation)'이라고 부른다. 신경 적응에는 여러 가지 이유가 있다. 첫째, 신경 자극에는 에너지가 필요해서 반복되는 신호에 계속 반응하는 것은 물질대사의 경제성 측면에서 비효율적이다. 앞서 살펴봤지만 뇌는 대사적으로 늘 허기진 상태다. 성인의 뇌는 체중의 2%에 불과한데 우리가 매일 소모하는 에너지 전체의 20%를 사용한다. 둘째, 변화 없이 계속 반복되는 신호는 정보 가치가 떨어진다. 늘 그게 그 정보이기 때문이다. 셋째, 휴지기 상태로 자신을 재설정해야 변화를 쉽게 인식하고 새로운 신호를 감지할 수 있다.

적응 효과를 가장 잘 보여주는 사례는 감각적인 인식이다. 맑은 여름날 실외에 있다가 어두운 실내로 들어가면 처음에는 아무것도 보이지 않는다. 망막의 수용체가 실외의 밝은 빛에 적응한 상태에서 어두운 실내로 이동하면 훨씬 낮은 수준의 빛에 다시 적응해야 하기 때문이다. 그 후 다시 밝은 실외로 나가면 그동안 어두운 실내에 적응한 상태여서 다시 밝은 빛에 적응할 때까지 사물이 잘 보이지 않는다. 뇌의 신경세포도 마찬가지다. 우리는 모든 것에 적응한다. 똑같은 음악을 계속 들어도, 같은 이야기를 반복해서 들어도, 같은 음식을 매일 먹어도 우리는 거기에 적응한다. 우리의 뇌는 신속히 익숙해진다.

문제는 이런 적응 효과가 우리 행복에 부정적인 영향을 미친다는 사실을 중요하게 생각하지 않는다는 데 있다. 에너지 보충이 필요하다고 느끼면 대형 초콜릿 아이스크림 한 통을 사서 먹겠다고 마음먹을지 모른다. 가게에서 나오면서 얼마나 맛있을까 하는 생각에 침이 절로 나오면서 한 통을 다 비우겠다고 생각하다가도 막상 집에 와서 몇 순갈 떠먹고 나면 벌써 슬슬 질리기 시작한다. 모든 경험은 적응의 영향을 크게 받는다. 뇌는 한결같은 상태보다는 경험의 변화를 더 잘 인식하기 때문이다. 만약 새로운 경험에 적응하지 못한다면 어떨지 상상해 보라. 온갖 어지러운 정보가 쏟아져 들어와 뇌가 마비되고 말 것이다.

자신이 현재 경험하는 것에 집중해 보라. 발바닥에 가해지는 지면의 압력, 의자 등의 딱딱함부터 시작하라. 옷이 몸에 닿는 것을 느낄 수 있는가? 입안에서 혀가 가하는 압력은 어떤가? 외부의 온갖 소음을 전부 다 들을 수 있는가? 무슨 냄새를 맡을 수 있는가?

평상시 알아채지 못했던 모든 감각적 경험을 새삼스럽게 인식하게 되면 우리가 너무 익숙해져 완전히 적응한 것이 아주 많다는 사실이 확실해진다. 사실 그것들은 우리 뇌에 들어오는 감각적 메시지일 뿐이다. 거기에다 오늘의 모든 생각, 해야 할 일들, 주의를 기울여야 할 정신적 메시지들을 추가하면 우리 마음은 넘쳐나게 된다. 그 모든 것을 동시에 신경 쓰면 아무것도 할 수 없다. 우리는 일반적으로 적응과 주의 집중이라는 과정을 통해 그런 감각적, 정신적 정보 과잉에 대응한다. 여기서 주목해야 할 점은 우리가 집중하기로 선택하는 것이 우리 행복도를 결정한다는 사실이다.

어떤 사건이나 경험에서 최대한의 행복을 얻고자 한다면 그 사건이나 경험의 긍정적인 측면에 주의를 집중함으로써 그 긍정성을 증폭하라. 긍정심리학에서는 즐거운 경험을 최대한 만끽하기 위한 기법으로 '음미하기(savouring)'를 권장한다. 대개 우리는 삶에 휘둘려 시간에 쫓기면서 우리 뇌가 이미 적응한 익숙한 즐거움을 더는 인식하지 못해 거기서 혜택을 얻지 못한다. 음식이 좋은 예다. 식사의 즐거움을 회복하려면 먹는 경험을 진정으로 음미하는 시간을 가져야 한다. 그러기 위해서는 가능한 한

입안에 오래 두고 천천히 그리고 충분히 씹어 삼키면서 미각과 질감 같은 세밀한 부분에 집중해야 한다.

그러나 우리 뇌는 끊임없이 비교하고 적응하기 때문에 즐거움이라는 정서적 혜택에 곧바로 익숙해져 만족에 따른 지속적인 행복을 느끼기가 어렵다. 그것이 '쾌락의 쳇바퀴(hedonic treadmill)'로 이어진다.[17] 아무리 줄기차게 쾌락을 추구해도 결코 만족에 이를 수 없다는 뜻이다.

그러나 한 가지 위안은 이 쾌락의 쳇바퀴가 양면으로 작동한다는 사실이다. 이 용어를 처음 사용한 심리학자 필립 브릭먼이 이끈 연구에서 연구팀은 복권 당첨자들과 큰 사고로 하반신이 마비된 사람들의 행복도를 조사했다.[18] 결론은 그처럼 인생을 바꿔놓는 대형 사건들이라고 해도 그들의 장기적인 행복에 미치는 영향은 상대적으로 미미하다는 것이었다. 늘 복권을 사고, 끔찍한 사고를 두려워하는 우리 대다수에게는 충격적인 사실이 아닐 수 없다. 어쩌면 브릭먼이 복권 당첨의 효과를 과소평가했을지도 모른다(돈이 정말 아쉬운 사람이 복권에 당첨되면 분명히 행복에 겨워하지 않을까?). 그러나 그런 사건이 장기적인 행복에 미치는 영향은 일반적인 예상보다 작다는 주장은 분명히 옳다.[19] 또 영구적인 신체 마비가 주는 부정적인 충격도 우리 생각보다는 작다. 예를 들어 척수손상 환자 231명을 대상으로 한 조사에 따르면 대다수는 대부분의 시간 동안 행복하다고 응답했다. 행복하게 느끼는 적이 별로 없다거나 전혀 행복하지 않다고 응답한 환자는 10%에 머물렀다.[20] 또 다른 조사에서 만성장애 환자들은 삶의 질이 일반인들의 생각보다 상당히 높다고 응답했다.[21] 왜 그럴까?

빗나가는 예측

나의 동료인 사회심리학자 댄 길버트는 저서 《행복에 걸려 비틀거리다(Stumbling on Happiness)》에서 일반적으로 우리는 무엇이 우리를 행복하게 해주며(맛있는 음식, 좋은 일자리, 좋은 배우자 등), 무엇이 우리를 불행하게 만드는지(굶주림, 형편없는 일자리, 이혼 등) 잘 알지만 이런 것들이 얼마나 큰 행복이나 불행을 가져다줄지, 또 그런 느낌이 얼마나 지속될지 예측하는 면에서는 아주 형편없다고 지적했다.[22] 길버트는 이를 '정서 예측(affective forecasting)'이라고 불렀다. 미래에 어떻게 느낄지 부풀려 예측하는 경향을 가리킨다.[23] 먼저 사람들에게 만약 어떤 긍정적이거나 부정적인 상황 또는 사건이 닥치면 그 영향이 얼마나 클지 예상하며, 또 얼마나 이어질 것으로 예측하는지 질문하라. 또 그런 사건이나 상황을 실제로 겪은 사람을 찾아 그 영향이 얼마나 컸는지, 실제로 그 영향이 얼마나 이어졌는지 질문하라. 그런 다음 상황이나 사건의 성격에 상관없이 그 예측과 실제 경험에 대한 답변을 비교해 보라. 아마 대부분 상당한 차이가 날 것이다. 사람들은 사건이나 상황의 영향력과 지속성을 예측할 때 실제보다 과대평가한다. 특히 부정적인 사건일 경우 더욱 그렇다.

한 연구에서 학생들에게 중요한 시험을 치르기 2주 전 이렇게 물었다. "성적이 기대보다 낮았다고 상상해 보라. 점수를 확인한 뒤 일주일 동안 어떻게 느끼겠는가?"[24] 그다음 학생들은 기대한 점수를 받았을 때 어떻게 느낄지, 또 기대보다 높은 점수를 받았을 때는 어떻게 느낄지 예측하도록 했다. 당연하지만 일반적으로 학생들은 점수가 기대보다 낮게 나오면 불행할 것이고, 점수가 기대와 같거나 더 높으면 행복할 것으로 예상했다. 그러나 실제 시험을 치르고 점수를 받아 들고 난 뒤에는 점수가 기대와 일치하든 않든 상관없이 모든 학생이 똑같은 수준의 행복도에 도달했다.

아마도 학생들은 실패의 경험이 많지 않아서 좌절의 영향을 정확히 예측하지 못했을지 모른다. 그렇다면 시험에서 계속 실패하면 그 영향을 좀 더 정확히 예측할 수 있으리라고 생각할 수 있다. 예를 들어 운전면허 시험에서는 첫 시도에서 통과하는 사람이 절반도 안 된다. 따라서 여러 번 낙방하고 나면 다음 시험에서 또 떨어질 때 어떻게 느낄지 정확히 예측할 수 있지 않을까? 그러나 운전면허 시험에 계속 떨어지는 사람들을 대상으로 한 조사에서 시험 칠 때마다 어떻게 느낄지에 관한 그들의 예측에는 변함이 없는 것으로 나타났다.[25] 그들은 앞으로 또 낙방하면 크게 실망할 것이라고 내다봤지만 실제 불합격하고 난 다음에는 별로 실망하지 않았다. 이런 예상은 거듭되는 불합격에도 변하지 않았다. 한번 실패한 운전자나 네 번 이상 실패한 운전자나 똑같았다. 감정에 관한 한 우리는 경험으로부터 교훈을 잘 얻지 못한다는 뜻이다.

오늘날의 교육 시스템에서 가장 긴급한 문제 중 하나는 실패에 대한 두려움이다. 내가 가르치는 대학에서도 그런 현상을 자주 목격한다. 학생들은 시험을 망칠까 너무 불안하고 초조해 병이 나기도 한다. 나는 그들에게 결과가 어떻든 장기적으로 보면 생각만큼 그리 나쁘지 않을 것이라고 계속 일러주지만 그들의 불안증에는 아무런 도움이 되지 못한다. 더 심각한 문제는 학생들이 실패를 두려워할 뿐 아니라 더 높은 점수를 받으려고 안달한다는 사실이다. 그들은 평균 점수 이하는 완전한 실패라고 여긴다.

실패는 중요한 학습 경험이지만 그 가치를 제대로 인정받지 못하고 있다. 실패는 겸손을 가르쳐줄 뿐 아니라 절대 포기하지 않겠다는 결의를 다져주는 효과도 있다. 나는 실패의 중요성을 강조하기 위해 교실에서 이런 방법을 사용한다. 먼저 학생들에게 "창업을 하고 싶은 사람?"이라고 묻는다. 상당히 많은 손이 올라간다. 그 나이에는 대부분 자기 힘으로 부자가 되고 싶어 한다. 그러면 나는 창업을 하려면 벤처캐피탈 투자 유치가 필요한데, 신뢰할 만한 창업 제안으로 투자자들을 설득해야 한다고 설명한다. 그러면서 학생들에게 이렇게 묻는다. "여러분이 투자자라고 생각해 보라. 두 명이 창업 제안을 했다. 한 명은 이전에 다른 창업에 성공한 사람이고, 다른 한 명은 여러 번 창업에 실패한 사람이다. 두 사람 모두 상당히 설득력 있는 벤처사업 계획을 제시했다. 여러분은 누구에게 투자하겠는가?" 대다수는 창업에 실패한 적이 없는 사업가를 선호한다. 그러나 거의 모든 벤처기업은 창업 2년 안에 실패한다는 사실을 알고 나면 생각이 달라진다. 실패할 확률이 그토록 높다면 반드시 닥칠 어려움을 극복할 수 있는 투지와 경험을 가진 기업가에게 투자하는 게 옳기 때문이다. 이전에 다른 기업을 창업할 때 운이 좋아 성공한 사업가는 잠재적인 도전을 극복할 역량이 있는지 검증되지 않았다. 그와 달리 실패를 경험한 뒤 털고 일어나 다시 도전하는 사람은 불가피하게 닥칠 어려움을 극복하는 회복력을 가졌다고 볼 수 있다. 실제로 초기 창업에 실패한 벤처사업가들이 그다음 창업에서 성공한 사례가 많다.[26]

이처럼 우리는 실패에서 긍정적인 교훈을 얻을 수 있다. 다음 방식을 사용해 보라. 시험에서든 사업에서든 인간관계에서든 지금까지 살아오면서 실패한 일들을 적어보라. 우리는 모두 인생의 어느 시점에선가 어떤 일에선가 실패를 경험한다. 면접에서 지원자가 흔히 받는 질문 중 하나가 실패했을 때 어떠했는지 말해 보라는 것이다. 그런 사실이 지원자의 겸손함과 회복력과 배울 수 있는 능력에 관한 중요한 단서를 제공하기 때문이다. 그리고 그 실패에서 비롯된 좋은 점을 적어보라. 실패하지 않았다면 생각할 수 없었던 좋은 일들 말이다.

좌절에서 벗어나려면 새로운 기회를 찾아야 한다. 예를 들면 직종을 바꾸거나 새로운 동업자를 구하게 된다. 거기서 궁극적으로 더 좋은 결과를 얻을 수 있다. 이 연습은 누구든 실패해도 난관을 딛고 일어설 수 있으며 좌절의 상처도 시간이 흐르면 깨끗이 아문다는 사실을 가르쳐준다. 또한 세상이 결딴나고 있다고 생각되는 요즘 같은 시기에 특히 갖기 어려운 장기적인 관점도 제공한다.

초점주의

우리는 왜 미래를 예측하는 실력이 형편없을까? 거기에는 신경 적응이 한 가지 중요한 마인드버그로 작용한다. 하지만 잘 드러나지 않는 다른 마인드버그도 있다. 우리는 종종 그것을 인식하지 못한다. 마인드컨트롤(자신이나 타인의 생각과 행동, 감정을 원하는 방향으로 조절하는 일)을 사용해 설명해 보겠다. 아래 사진을 보며 카드 중 마음에 드는 한 장을 선택하라. 믿거나 말거나 여러분이 카드를 선택하기 전에 내가 여러분의 결정에 영향을 미칠 것이다. 어떤 카드를 고를 것인가? 잠시 시간을 갖고 생각해 보라. 카드를 선택했다면 그 카드를 기억한 뒤 이 글을 계속 읽어라.

위의 카드 중 임의로 한 장을 선택하라.

여러분은 카드를 자유롭게 선택했다고 생각하겠지만 사실은 내가 여러분의 결정을 조종했다. 이제 여러분이 고른 카드를 제거하겠다. 128쪽의 사진을 보라. 여러분이 선택한 카드가 사라졌을 것이다.

여러분이 선택한 카드가 마법처럼 사라졌다. 어떻게 그렇게 되었을까?
계속 읽어보시라.

내가 독심술사인가 아니면 스벵갈리(사람의 마음을 조종해 무슨 일이든 하게 만들 수 있다는 허구적인 인물)인가? 내가 실제로 그런 사람이라면 얼마나 좋을까? 카드를 다시 자세히 보면 여러분이 선택한 카드만이 아니라 원래의 카드 전부가 사라진 것을 알게 될 것이다.

이 간단한 눈속임에 그토록 많은 사람이 쉽게 넘어간다는 사실이 놀라울 따름이다. 마술은 심리와 주의집중 시스템의 한계를 이용한다. 우리는 무엇에 주의를 집중하면 다른 것들은 무시한다. 마술사와 소매치기는 교묘한 방법으로 우리 주의를 다른 곳으로 집중시킨 뒤 토끼를 숨기거나 우리 소지품을 훔친다. 우리가 아주 간단한 속임수에 넘어가 엉뚱한 곳에 주의를 집중한다는 사실은 주의력의 한계를 잘 드러낸다. 그러나 그런 속임수가 없더라도 우리는 일어나는 모든 일에 주의를 집중할 능력이 없다. 그래서 '초점주의(focalism)' 현상이 일어난다. 어느 한 가지에 주의를 집중함으로써 다른 것을 무시하고 잘못된 예측을 하는 경향을 가리킨다.

초점주의는 정서 예측을 낳는 한 가지 요인이다. 우리는 하나의 사건이 자신의 미래에 어떤 영향을 미칠지 예측할 때 그 사건 하나에만 초점을 맞춘다. 앞으로 그 영향을 줄여줄 가능성이 있는 다른 사건들은 고려하지 않는다.[27] 신체 마비를 상상할 때 우리는 정상적인 몸 기능에서 잃게 되는 모든 것에 주의를 집중하기 때문에 그 상실을 보상해 줄 수 있는 것은 아예 상상하지도 못한다.[28] 그래서 무조건 끔찍하다고 생각하는 것이다. 또 초점주의는 인생의 중대한 사건에서 비롯되는 예측하지 못한 결과도 무시하도록 유도한다. 복권 당첨 이야기로 돌아가 보자. 내가 구입한 복권이 당첨되면 당연히 금전 문제와 관련된 걱정거리가 상당히 줄어들 것이다. 그러나 갑자기 큰돈을 쥐게 되면 부정적인 효과도 나타날 수 있다.[29] 예를 들어 흡연이나 음주 같은 건강에 해로운 습관이 늘어나 행동이 달라질 수 있다. 잘 알려진 사건에서 19세의 영국인 복권 당첨자 마이클 캐럴은 970만 파운드(약 170억 원)라는 거액을 술과 마약, 성매매에 탕진했다. 그는 이혼당하고 무일푼 신세로 전락했다(그의 아내는 캐럴의 재산이 다 없어지고 나자 다시 그에게 돌아갔다). 복권 당첨은 주변 사람들도 바꿔놓을 수 있다. 네덜란드의 신차 복권 당첨자들을 대상으로 한 연구에 따르면 그들의 이웃 중에서도 새 차를 산 사람이 많았다. '존스네 따라하기(keeping-up-with-the-Joneses)' 효과다.[30] 주변 사람들에게 뒤지지 않으려고 그들을 따라 하는 현상이다. 사회적 지위를 두고 이웃과 경쟁하면 조화롭게 살며 행복을 추구하기란 불가능하다. 1988년 미국 펜실베이니아주 복권에 당첨된 윌리엄 포스트는 1620만 달러(약 222억 원)를 받았다. 그 직후 그의 친형제가 그 돈을 상속받으려고 살인청부업자를 고용해 그를 살해하려는 음모를 꾸몄다. 그 음모는 무산되었지만 포스트는 복권 당첨 18년 뒤 100만 달러의 부채를 남기고 사망했다. 갑작스러운 횡재가 가져온 비극적인 이야기는 이외에도 많다.[31]

우리는 삶의 단 한 면에만 초점을 맞춤으로써 행복에 기여하는 다른 것들을 고려하지 않고 있다. 예를 들어 학생들에게 먼저 "전반적인 자신의 삶에 얼마나 행복하게 느끼는가?"라고 물은 다음 "지난달에 약속이 몇 건이나 있었는가?"라고 질문하면 두 질문의 답 사이에는 아무런 관련이 없다.[32] 그러나 질문의 순서를 뒤집어 약속 건수에 관해 먼저 물으면 두 질문의 답은 밀접한 관련이 있다. 약속이 많았던 사람은 적었던 사람에 비해 더 행복하게 느낀다고 답한다. 응답자가 초점을 사람들 사이의 인기도에 맞추도록 함으로써 행복도에 대한 자가 평가에 영향을 미칠 수 있다는 뜻이다. 결혼 여부나 건강 상태에 먼저 초점을 맞추도록 유도할 때도 같은 현상이 나타난다. 사람들이 전반적으로 자신이 얼마나 행복한지 잘 모르기 때문에 삶의 어느 측면에 초점을 맞추느냐에 따라 행복도에 대한 자가 평가가 달라지는 것이다. 단 하나의 요인이 행복에 미치는 영향을 판단할 때는 그 요인의 중요성을 과대평가하기 쉽다.

도파민이 행복 호르몬이라고?

때때로 우리는 행복 추구에 너무 집중한 나머지 그 추구와 기대

자체가 동기유발 요소라는 사실을 간과한다. 실제로 보상에 대한 기대 자체에 쾌감을 가장 강하게 느끼는 사람이 많다. 특히 보상을 기다려야 할 때가 그렇다. 드물고 예측 불가인 간헐적 보상이 학습 효과를 높인다는 학습 이론이 이를 뒷받침한다.[33] 만약 우리가 언제나 원하는 것을 즉시 얻는다면 우리는 그에 아주 빨리 적응해 동기유발이 사라진다. 보상에 대한 기대가 갖는 힘은 대중적으로 흔히 '쾌락 호르몬' 또는 '행복 호르몬'으로 불리는 도파민이 떠받친다.

도파민은 쾌감을 생성하는 뇌의 보상 중추를 자극한다. 그러나 대중적인 믿음과 달리 도파민이 행복감의 기반이 되는 것은 아니다. 도파민은 보상 그 자체의 쾌락을 느끼는 과정보다 보상을 얻기 위한 동기부여 과정에서 더 큰 역할을 하기 때문이다. 흔히 사람들은 쇼핑하거나 소셜미디어에서 '좋아요'를 받는 것 같은 여러 활동에서 '도파민 중독'을 거론한다. 도파민이 마치 헤로인이나 코카인 같은 마약인 듯이 말이다. 하지만 도파민은 그렇게 작용하지 않는다. 이 오해는 1950년대의 동물 연구로 거슬러 올라간다.[34]

심리학자들은 쥐의 간뇌에 있는 특정 부위에 전기자극기를 삽입하고 스위치를 연결했다. 얼마 후 쥐들은 전기자극이 주는 쾌감에 완전히 중독되어 먹는 것도 포기하고 시간당 최대 2000번이나 스위치를 눌러댔다. 전기자극이 가해진 이 뇌 부위는 도파민이 작동하는 곳이었다. 도파민이 쾌락의 근원이라는 점을 시사하는 현상으로 보였다.[35] 그에 따라 뇌의 이 회로는 '쾌락 중추' 또는 '보상 중추'로 불리게 되었다. 사람에게서도 마찬가지 현상이 나타났다. 삶의 기쁨을 거의 경험하지 못하는 심한 우울증 환자는 도파민 수치가 낮았다.[36] 그래서 도파민은 '행복 호르몬' 또는 '쾌락 호르몬'이라는 별명을 얻었다.[37] 그러나 이후의 여러 연구에서 이런 가설이 문제가 있다는 사실이 밝혀졌다. 유전자 변형으로 실험 쥐에서 도파민 분비 기능을 없애도 쥐가 경험하는 쾌감은 달라지지 않았다.[38] 도파민 생산 세포를 제거해도 쥐들은 여전히 먹는 것에서 즐거움을 얻었다. 다만 그 쥐들은 먹거리를 적극적으로 추구하지는 않았다. 자연적 보상에 도파민이 반드시 필요하지는 않다는 뜻이다. 이처럼 쾌감이라는 보상 경험과 그 보상을 얻을 수 있는 활동을 하도록 동기를 부여하는 것 사이에 차이가 있다.

쥐를 대상으로 한 그런 실험도 윤리 문제가 대두되었는데 사람의 경우는 윤리적으로 논란이 훨씬 크다. 한 비윤리적인 연구에서 동성애 경향을 가진 정신질환 환자를 '치료'하기 위해 도파민으로 활성화되는 뇌의 보상 중추에 전극을 이식하자 환자는 전극에 연결된 스위치를 자꾸 눌렀다. 그러나 그 자극이 쾌감을 가져다주기보다는 스위치를 누르고 싶은 욕구를 만들어낸다는 결론에 이르렀다.[39]

도파민은 쾌락 자체보다 쾌락 추구와 더 관련 있다. 우리가 하는 무엇이 즐거운 일일 때 도파민이 분비된다. 도파민은 뇌에 그 활동이 즐거운 경험을 가져다준다는 사실을 상기시킨다. 그 결과 우리는 그 활동을 반복할 가능성이 커진다. 영국의 신경심리학자 본 벨은 쾌락과 쾌락 추구의 차이를 설명하며 도파민을 두고 '할 수 있었는데 아쉽다'라고 말하는 논평가에 견주었다.[40] 성공을 가리켜 보이는 동시에 성공에 약간 미치지 못했다는 사실을 지적하면서 지속적인 추구를 종용한다 뜻이다. 그런 이유로 도파민은 도박꾼이 돈을 잃을 때도 돈을 딸 때와 똑같이 작용한다.[41] 따라서 돈 잃는 것을 좋아하지 않는다면 도파민을 '쾌락 호르몬'이라고 부를 수 없지 않은가? 여러 면에서 도파민은 쾌락이나 행복보다는 '갈망(wanting)'과 더 관련이 깊다.

갈망은 구동력이 매우 강하다. 사람들에게 아무런 조건 없이 지금 당장 10달러를 받는 것과 3개월 뒤에 30달러를 받는 것 중에서 선택하라고 하면 대다수는 지금 바로 10달러를 받겠다고 말한다. 즉각적인 보상을 선호한다는 뜻이다. 심리학에서 말하는 '지연 디스카운팅(delay discounting)'이다. 나중의 큰 보상보다 지금의 작은 보상을 선호하는 현상, 즉 무엇을 즉시 갖지 못하고 기다려야 한다면 그 가치를 낮게 보는 것을 말한다. 대다수는 선택할 수 있다면 신속한 보상을 선호하며, 지연 시간이 길수록 그 미래의 보상을 원하는 마음이 줄어든다.[42] 만약 여러분이 어떤 물건을 가지면 행복하겠다고 생각하고 그것을 사고 싶다는 마음이 들면 이렇게 자문해 보라. '내가 진정으로 이것을 지금 당장 원하는가, 아니면 기다릴 수 있는가?' 욕망이 줄어드는지 확인하려면 구매 결정을 미루어보라. 예를 들어 스마트폰 타이머를 30분으로 맞추고 그 시간이 지나서 결정하라. 아니면 자신의 미래를 그려보라. 그 물건을 지금 당장 얼마나 좋아하는지 자문한 다음 다시 그 물건을 3개월이 지난 뒤 얼마나 좋아할지 상상해 보라. 두 가지 방법 모두 실제든 상상이든 자신의 갈망을 정확히 판단하는 데 필요한 충분한 시간을 제공한다.

종종 우리는 무엇인가를 좋아한다고 생각하고 그것을 가지면 행복할 것이라고 믿기 때문에 그 무엇인가를 얻고자 한다. 그러나 심리학자 댄 길버트와 그의 동료 티머시 윌슨은 우리가 원하는 것과 좋아하거나 즐기는 것이 종종 일치하지 않는다는 사실을 확인했다.[43] 예를 들어 우리는 휴일을 원하지만 휴일을 실제로 갖는 것이 예상보다 별로 즐겁지 않을 수 있다. 물론 휴일이 우리 기대를 뛰어넘어 큰 즐거움을 줄 수도 있다. 그러나 길버트와 윌슨은 무엇이 우리를 행복하게 해주리라고 잘못 예측하고 그것을 원하는 경우가 흔하다고 주장한다. 이 현상을 '희망 오류(miswanting)'라고 부른다.

희망 오류는 정서 예측 실패의 또 다른 예다. 때때로 우리는 단순한 착각으로 우리를 행복하게 해주지 않을 무엇인가를 잘못 원한다. 가장 뜻밖의 사례가 선택과 관련된 문제다. 우리는 선택지가 많을수록 우리 삶을 더 잘 제어할 수 있다고 생각한다. 그러나 선택지가 너무 많으면 그에 따른 스트레스 때문에 오히려 역효과가 난다. 잼이나 초콜릿을 사러 갔는데 30가지 중에서 하나를 골라야 한다면 6가지 중에서 골라야 할 때보다 어느 것도 사지 않고 그냥 가게를 나설 가능성이 크다. 직원들에게 파리 무료 여행을 제공하면 무척 행복해한다. 하와이 무료 여행을 제공해도 아주 좋아한다. 하지만 파리와 하와이 무료 여행 중 하나를 선택하라고 하면 어느 쪽을 선택하든 그들의 행복도는 줄어든다. 선택이 왜 그렇게 행복에 찬물을 끼얹을까?

선택은 비교를 강요함으로써 상대적인 단점을 인정하도록 하기 때문이다. 파리를 선택하는 사람들은 바다를 즐길 수 없음을, 하와이를 선택하는 사람들은 박물관이 없음을 아쉬워하며 불만이다. 심리학자 배리 슈워츠는 이를 '선택의 횡포(tyranny of choice)'라고 부른다.[44] 자유를 주기보다는 의사결정에 제약을 가하기 때문이다. 슈워츠는 선택지가 많을수록 불행도가 높아진다고 주장한다. 잘못된 결정을 내릴지 모른다고 조바심치면서 선택지 사이의 비교에 바짝 신경을 쓰다 보면 스트레스가 커지기 때문이다. 그에 따라 잘못된 선택에 대한 두려움이 커지고 최선의 선택을 할 수 있어야 한다는 기대치가 높아진다. 일단 선택을 하고 나면 곧바로 과연 잘한 선택인지 의문과 함께 후회가 시작된다.

슈워츠에 따르면 상대적으로 부유한 서구인들 사이에서 불행도가 계속 높아지는 이유 중 하나가 선택지가 지나치게 많다는 사실이다. 이 직관에 반하는 주장을 검증하기 위해 슈워츠와 동료들은 선택 행위와 관련된 여러 가지 문장(예를 들면 '친구에게 줄 선물을 고르는 데 애를 먹을 때가 많다' 또는 '내가 지금 직장에 만족해도 늘 더 나은 직장을 알아보려고 애쓴다' 등)을 사람들에게 제시했다.[45] 그다음 각자가 자신의 기준으로 각 문장에 1(전혀 동의하지 않는다)에서 7(전적으로 동의한다)까지 점수를 매기도록 했다. 슈워츠는 점수가 높은 사람들(다시 말해 끊임없이 비교하는 사람들)을 '극대화자

(maximisers)', 점수가 낮은 사람들(조건에 맞는 것을 찾자마자 비교를 중단하는 사람들)을 '적정 만족 추구자(satisficers, 만족자)'로 분류했다.

극대화자들은 올바른 선택을 하려고 라벨을 자세히 읽고 가격을 비교하는 등 상당한 노력과 에너지를 쏟았다. 반면 적정 만족 추구자들은 훨씬 신속하게 결정을 내렸다. '자신이 한 선택에서 행복을 느끼는가?'라는 질문에 극대화자들은 후회와 아쉬움으로 불행하다고 말할 가능성이 컸다. 극대화자들은 후회를 더 잘하며, 적정 만족 추구자에 비해 삶의 만족도가 낮고 비관적이며 우울한 경향을 보인다. 후회가 만족보다 우리 마음을 더 무겁게 짓누르기 때문이다. 이 문제에 관해서는 다음 레슨에서 자세히 알아보겠다.

부정적인 극대화자 사고방식을 줄이는 최선의 길은 애초에 선택의 기회를 제한하는 것이다. 자신이 중요하게 생각하는 조건이 무엇인지 확인한 뒤 그에 따라 비교 대상을 줄여나가는 방법이다. 예를 들어 다섯 가지만 서로 비교해서 최악부터 최선까지 순위를 정하라. 더 이상의 비교 대상을 찾지 말고 최선에 해당하는 것을 선택하라. 그 후 후회가 된다면 자신이 선택한 최선을 차선과 비교하지 말고 최악과 비교하라. 그래야 자신이 한 선택의 장점이 돋보인다.

이처럼 비교하는 뇌로 무장한 우리는 자신의 상대적인 입지를 개선하기 위해 긍정적인 목표와 미래를 향해 끊임없이 달린다. 우리가 원하는 것, 우리가 추구하는 것, 우리가 얻으려는 제어권, 우리가 하는 선택은 전부 다 행복 증진을 목표로 한다. 그러나 이 각각이 서로 다른 마인드버그에 의해 방해받는다. 그중에서도 가장 심각한 마인드버그는 부정성 편향(negativity bias)이라고 말할 수 있다. 긍정적 경험보다 부정적 경험에 치중하는 현상을 말한다. 이런 부정성 편향의 효과가 다음 레슨의 주제다.

● **지금까지 살아오면서 특히 감사하게 느끼는 것 세 가지를 적어보라**

감사할 것에 관해 깊이 생각하면 모두가 행운아는 아니라는 현실을 새삼스럽게 깨닫게 된다. 그러면 우리는 불행의 근원이 되는 상향식 비교보다 행복 지수를 높여주는 하향식 비교로 마음을 돌리게 된다.

● **신경 적응 효과에 따른 행복도 저하를 막기 위해 '음미하기'를 연습하라**

충분한 시간을 갖고 한 가지 활동이 제공하는 즐거움에 초점을 맞춰보라.

식사를 한다면 음식의 풍미와 질감을 천천히 즐기라.

어떤 방식으로 즐거움을 얻든지 그 즐거움의 감각적 측면에 주의를 집중하라.

● **인생에서 실패한 적이 있음을 인정하라**

하지만 인정하는 것에 그치지 말고 그 좌절을 어떻게 극복했는지, 또 그 실패를 통해 예상치 않게 얻은 긍정적인 것들이 무엇인지 되새겨보라.

실패한 일 세 가지와 거기서 뜻밖으로 얻은 것들(예를 들면 새로운 직장, 새로운 연인이나 배우자 등 긍정적인 결과)을 적어보라.

● **원하는 것이 반드시 좋아하는 것은 아니라는 사실을 명심하라**

갈망과 선호는 별개 문제다. 무엇을 하고 싶은 충동을 느낄 때 그런 충동을 인식하려고 노력하라.

비싼 물건을 구입하는 것 같은 중요한 선택을 해야 할 때 성급하게 결정하지 말고 시간 여유를 두고 선택하거나 자신이 내린 결정에 관해 나중에 어떻게 느낄지 상상해 보라.

결정을 후회하지 않으려면 자신이 처한 상황을 충분히 고려하라. 그러면 만약 선택이 잘못되었다 해도 충동적으로 결정했다는 비난은 받지 않는다.

Lesson 4

좀 더 낙관적으로
생각하라

세계의 미래는 어두운데 우리의 개인적인 미래는 밝다는 생각은 참으로 희한하다.

어떻게 그 두 가지 상반되는 믿음을 동시에 가질 수 있을까?

또 우리 대다수가 장기적인 미래에 관해 낙관적으로 생각한다면

왜 우리 행복 지수는 해가 갈수록 낮아질까?

어떻게 우리는 자신의 미래에 관해서는 낙관적이지만

현재 상황은 불행하게 느낄 수 있을까?

우리는 특히 미래를 생각할 때 비현실적이 되기 쉽다. 세계 전체에 대해서는 비관적으로, 개인에 관해서는 낙관적으로 현실과 동떨어지게 미래 상황을 과장한다는 뜻이다. 글로벌 여론조사 업체 유거브(YouGov)의 2016년 조사에 따르면 미국과 영국 응답자의 65-70%는 모든 면을 고려할 때 세계가 점점 더 나빠지고 있다고 생각했다. 더 나아진다고 답변한 비율은 4-6%에 불과했다.[1] 그러나 현실은 그 반대다. 과학적인 데이터는 삶의 거의 모든 측면에서 현재 상황이 과거보다 훨씬 낫다는 사실을 보여준다. 개인소득, 생활수준, 기대수명은 전부 근래 들어 크게 높아졌다. 개인을 대상으로 하는 폭력도 줄어들었고, 전쟁도 과거보다 더 적게 일어난다.[2]

이처럼 세계 전체가 나아가는 방향에 대해서는 비관주의가 팽배하나 개인적인 미래에 관한 한 대다수는 좀 더 낙관적이다. 2005년 실시된 연구에서 참여자들에게 다음과 같은 질문을 했다.[3] "발판이 10개인 사다리가 있는데 맨 아래가 '0'이고 맨 위가 '10'이라고 가정해 보자. 맨 위는 최상의 삶, 맨 아래는 최악의 삶을 나타낸다. 지금부터 5년 뒤 여러분은 어느 발판에 있으리라고 생각하는가?" 전 세계 142개국의 15만 명 이상에 이르는 표본을 대상으로 이 질문을 했을 때 가장 많은 답변은 '7'이었다. 전체 표본의 평균은 '6.7'이었고, 오직 짐바브웨만이 국가 평균이 '5' 아래였다. 5년 뒤 자신의 미래를 예측할 때 세계의 거의 모든 사람이 낙관적인 경향을 보이는 게 분명하다.

이처럼 개인의 장기적인 미래를 상상할 때는 낙관론이 지배적이다. 그러나 신경과학자 탈리 샤롯에 따르면 우리는 삶의 일부 분야에서 지나치게 낙관적인 생각을 가질 수 있다.[4] 예를 들어 결혼과 '그 후 오래오래 행복하게 산다'는 기대에 관해 생각해 보자. 현재 영국과 미국에서 맺어지는 결혼 중 40-50%는 이혼으로 막을 내린다는 사실을 통계가 명확히 보여주는데도 결혼하려는 당사자 자신들은 스스로 예외라고 생각한다. 결혼해도 이혼할 확률이 아주 높다는 사실을 누구보다 더 잘 알아야 마땅한 이혼 전문 변호사들도 자신은 절대 이혼하지 않는다고 생각하며 결혼한다.[5] 아일랜드의 시인이자 소설가였던 오스카 와일드는 결혼의 현실을 이렇게 꼬집었다. "결혼이란 지능에 대한 상상의 승리다. 재혼은 경험에 대한 희망의 승리다." 그런 낙관주의 편향은 우리가 건강 위험 신호를 무시하고, 프로젝트 완성에 드는 비용과 시간을 과소평가하며, 자신은 도둑맞거나 교통사고를 당할 일이 없다고 생각하는 이유도 설명해 준다. 사람들 대다수는 그런 미래의 사건이 자신에게 일어날 가능성이 희박하다고 느낀다.

사람들이 자신의 미래가 지금보다 나으리라고 기대하는 것은 그리 놀라운 일이 아니다. 사실 우리는 더 나은 미래를 꿈꿀 필요가 있다. 더 행복해질 수 있다는 희망이 있어야 모든 일에 최선을 다할 수 있기 때문이다. 결혼한 뒤 얼마 후 반드시 이혼하리라고 믿는다면 누가 결혼하겠는가? 취업이나 승진이 불가능하다고 믿는다면 직장을 찾거나 성과를 올리려고 노력하지 않을 것이다. 하지만 세계의 미래는 어두운데 우리의 개인적인 미래는 밝다는 생각은 참으로 희한하다. 어떻게 그 두 가지 상반되는 믿음을 동시에 가질 수 있을까? 또 우리 대다수가 장기적인 미래에 관해 낙관적으로 생각한다면 왜 우리 행복 지수는 해가 갈수록 낮아질까? 어떻게 우리는 자신의 미래에 관해서는 낙관적이지만 현재 상황은 불행하게 느낄 수 있을까?

그 답은 우리가 시간 범위, 상황에 따라 낙관적일 수도, 비관적일 수도 있다는 것이다. 실제로 낙관주의와 비관주의는 성격을 구성하는 두 가지 별개 요소로 보는 게 옳을 듯하다. 또한 우리의 낙관주의와 비관주의 수준은 정해진 것이 아니라 계속 변할 수 있다. 당면한 상황이나 맥락에 따라 달리 경험할 수 있다는 뜻이다. 누군가를 비관주의자나 낙관주의자 둘 중 하나로 단정할 수 없는 것도 이 때문이다. 사람은 그보다 훨씬 더 복잡 미묘한 존재다. 삶의 일부 측면에서는 상황이 더 나아지리라고 생각하지만 다른 측면에서는 더 나빠질 것으로 내다본다면 전체적으로는 불행하다고 느낄 수 있다. 특히 지난 레슨에서 세밀하게 다뤘듯이 우리가 비현실적인 비교에 매달릴 때 그런 현상은 두드러진다.

이번 레슨에서는 세계와 우리 자신, 그리고 다른 사람들을 좀 더 긍정적으로 이해함으로써 행복 지수를 높이는 데 초점을 맞추기로 한다. 긍정적인 관점에는 실질적인 혜택이 따른다. 낙관론자들은 더 행복할 뿐 아니라 더 건강하고, 사랑을 더 많이 받으며, 더 오래 산다. 많은 연구 결과가 무엇보다 낙관적인 생각이 건강에 유익한 요인이라는 사실을 거듭 확인했다.[6] 긍정적인 마음이 어떻게 건강한 몸과 연결될까? 지금부터 그 메커니즘을 살펴보자.

낙관론은 더 밝은 미래를 기대하는 것을 말한다. 더 나은 미래를 꿈꾸려면 현재 상황을 좀 더 긍정적으로 생각할 수 있는 우리 능력을 방해하는 요인이 무엇인지, 또 우리 미래 전망을 어떻게 바꿀 수 있는지 알아야 한다. 세계를 매우 부정적으로 보면서 언제나 자신의 삶에 관해서는 밝은 면만 보기는 어렵다. 그러나《행복의 과학》이 전하는 좋은 소식은 세계에 대한 비관적인 생각을 얼마든지 바꿀 수 있다는 것이다. 그처럼 관점을 전환하려면 우리가 세계와 우리 자신, 그리고 다른 사람들을 생각할 때 어떤 정보에 주목하며, 또 우리가 그 정보를 처리할 때 어떻게 편향되는지 올바로 알아야 한다. 그런 편향을 이해하고 나면 더 나은 미래를 꿈꾸고 현 상황을 좀 더 긍정적으로 바라보는 기법을 배울 수 있다.

나쁜 것이 좋은 것보다 더 강하다

좀 더 낙관적인 사람이 되기 위해 넘어야 할 첫 번째 도전은 우리가 받아들이는 정보의 본질과 그 정보를 우리가 처리하는 방식을 이해하는 것이다. 사람을 포함해 대다수 동물은 환경에서 나타나는 부정적인 신호에 주의를 집중하고 과잉 반응하는 경향을 진화시켰다.[7] 여기에는 과거와 현재, 그리고 미래의 정보도 포함된다.

현재에 있어서 우리는 부정적인 소리와 말, 음성과 얼굴에 더 빨리 반응한다. 아래 그림에서 예외적인 얼굴을 찾아보라.

주변 얼굴들과 어울리지 않는 얼굴을 골라보라. (Adapted from Fox et al., 2000)

이 그림에서 실제로는 예외적인 얼굴이 하나가 아니라 둘이다. 하지만 많은 사람 얼굴을 동시에 볼 때 우리는 일반적으로 행복한 얼굴보다는 성난 얼굴을 더 빨리 발견한다.[8] 목소리의 경우도 마찬가지다. 누군가 우리에게 소리를 지르면 우리 뇌는 행복하거나 중립적인 목소리를 들을 때보다 훨씬 더 빨리 더 강렬하게 반응한다.[9] 이런 경향은 어린 시절부터 시작된다. 유아들은 긍정적인 목소리보다 화난 목소리에 더 강하게 반응한다. 특히 부모의 목소리를 들을 때 그렇다.[10] 부정적인 신호를 접하면 우리는 하던 일을 중단하고 긴장한다. 여차하면 피해야 하기 때문이다. 그런 신호는 흔히 투쟁-도피 반응이 나타나기 바로 전에 찾아오는 경직(얼어붙음) 반응을 촉발한다. 반면 긍정적인 신호는 어떤 것이든 그처럼 강한 반응을 부르지 않는다.

특히 세상에 관해 알아야 할 것이 많은 어린아이는 부정적인 신호에 민감해야 한다. 아이들은 생소한 환경에 부닥치면 어떻게 반응해야 할지 판단하기 위해 다른 사람들을 살핀다. 그럴 때 그들은 부정적인 메시지를 가장 쉽게 이해한다.[11] 예를 들어 한 살짜리 아기가 이전에 본 적 없는 장난감을 다른 사람으로부터 선물로 받으면 그 아이는 어머니의 반응부터 살핀다. 어머니가 그 장난감을 보며 못마땅한 표정을 지으며 "징그러워"라고 말하면 아이가 그것을 가지고 놀 가능성은 거의 없다. 그렇다면 어머니가 좋은 표정을 지으며 "재미있겠는데"라고 말하면 어떨까? 그래도 아이가 반드시 좋아하며 가지고 놀지는 않는다. 다시 말해 긍정적인 효과는 부정적인 효과보다 약하다는 뜻이다.[12] 성인들 경우도 마찬가지다. 우리는 다른 사람들의 부정적인 반응에 더 민감하다. 특히 불확실한 상황에 놓일 때가 그렇다.[13]

부정성의 영향력이 그토록 큰 것은 우리가 좋은 경험보다 실패와 좌절을 훨씬 더 잘 기억하기 때문이다. 우리의 뇌 깊은 곳에는 가장 오래된 뇌 시스템 중 하나인 변연계가 자리 잡고 있다. 동기부여, 감정, 학습, 기억에 관여하는 부위다. 변연계에는 아몬드처럼 생긴 편도체가 포함된다. 편도체는 특히 부정적인 경험과 관련이 있으며, 그 경험을 기억으로 강화하는 역할을 한다. 레슨 2에서 살펴봤듯이 9·11 테러는 '섬광 기억(flashbulb memory)'을 불러왔다. 정서적인 각성을 일으키는 놀라운 사건에 대해 생생하면서도 비교적 오래 계속되는 기억을 말한다. 테러 목격자들의 기억이 그처럼 뇌에 더 강하게 각인된 것은 그 신호가 장기 기억에 저장될 때 편도체가 그것을 증폭시켰기 때문이다. 당시를 회상할 때 테러 공격으로 무너져내린 뉴욕 맨해튼 남부의 세계무역센터 트윈타워 가까이에 거주한 주민은 그보다 좀 더 먼 맨해튼 중부에 거주한 주민보다 편도체 활동이 더 강하게 나타났다.[14] 이런 부정성 편향이 기억에서 작동하는 것은 과거의 비극적 경험에서 교훈을 얻어 앞으로 그런 일이 다시 일어날 때를 대비할 수 있도록 하기 위해서다.

부정적인 쪽으로 편향되는 것은 기억만이 아니다. 미래를 예측할 때도 우리는 일어날지 모르는 부정적인 일들에 신경을 쓴다. 특히 신호가 모호할 때가 그렇다. 위협이 다가오는지 모르고 있다가 당하는 것보다 허위 경보라도 난리를 치는 것이 훨씬 안전하다. 따라서 위험할지 모른다는 신호는 대수롭지 않게 무시되기보다 실제 위험이 닥친다는 메시지로 해석될 소지가 더 크다.

기억과 예측에서 나타나는 이런 부정성 편향 덕분에 우리 조상들은 가차 없는 진화의 과정에서 살아남을 수 있었던 게 분명하다. 위협을 기억하고 예측하는 쪽으로 주의를 기울일수록 생존 가능성은 더 커진다. 덤불 속에서 바스락거리는 소리를 들었다면 그냥 바람 소리라고 무시하기보다 사자가 있다고 생각하는 게 더 나았다. 진화는 언제나 가장 잘 적응하는 쪽을 선택한다. 부정성 편향이 오늘날 우리에게까지 이어져 내려온 이유다.

그동안 세계는 크게 변했다. 오래전 수렵과 채취로 생활하던 우리 조상이 거닐었던 넓은 아프리카 대초원에는 덤불 속에 '실제' 위험이 도사리고 있었다. 그에 반해 상대적으로 안전하고 편리한 현대사회에서는 곳곳에 '상상'의 위험이 숨어 있다. 레슨 2에서 다뤘듯이 오늘날 우리에게 무엇보다 중요한 것은 집단에 받아들여지고 집단 내부에서 인정받으며 다른 구성원들과 더불어 잘 살아가는 것이다. 따라서 위협의 본질이 우리 조상 시절과는 완전히 달라졌다. 정부와 규례가 우리 삶을 지배한다. 그에 따라 우리는 법, 그리고 법 위반에 따르는 처벌에 따라 통제를 받는다. 우리는 시간 대부분을 우리를 지배하는 규정을 따르며 살아간다. 규정에 정해진 대로 세금과 공과금을 내고 대출금을 갚으려면 각자에게 돈이 필요하다. 돈이 없으면 다른 사람들에게 의존할 수밖에 없다. 우리가 빈곤을 혐오하며 피하려는 것은 당연히 돈이 없으면 의식주를 독자적으로 해결하기 어려워진다는 점도 작용하나, 빈곤이 불러오는 불확실성과 불안정성에 따른 만성 스트레스가 크기 때문이기도 하다. 사회에서 우리

위치는 지위와 부, 안정성에 의해 결정된다. 지위와 부, 안정성이 불확실하면 우리는 끊임없는 걱정에 시달린다. 개인적인 어려움도 있다. 공개 석상에서 발언해야 하거나, 취업 면접을 보거나, 입학시험을 치르거나, 완벽해야 한다는 비현실적인 기대치의 압박을 받을 때 우리는 큰 스트레스를 받는다. 물론 그런 것이 생명을 위협하지는 않지만 마치 질식시키려는 듯이 우리를 압도할 수 있다. 과거의 신체적 위협에 대응하기 위해 진화한 바로 그 메커니즘이 현대 생활에서도 그대로 작동하기 때문이다.

어떤 사람은 너무 민감해 다른 사람들에 비해 더 부정적으로 반응한다. 사소한 일에도 늘 긴장하게 되면 이런 과잉 반응이 만성적인 불안 상태로 이어져 정신 건강에 피해를 준다. 그러나 이런 과잉 반응이 부정성 편향의 결과임을 인식할 수 있다면 자신이 느끼는 불안이 과거 수렵-채취 시대의 유산이라는 사실을 더 잘 이해할 수 있다. 그런 불안에 자주 시달린다면 먼저 신체 반응을 조절하기 위해 레슨 2에서 소개한 박스 호흡법을 사용하라. 그다음 마음의 반응을 조절하기 위해 레슨 1에서 권장한 거리 두기 기법을 사용하라. '지금 나는 불안해하는 사람이 아니라 불안한 상황을 경험하고 있는 사람이다'라고 혼잣말을 함으로써 불안과 거리를 두라. 거기에다 '나는 불안해하는 사람이 아니라 우리 먼 조상의 생존을 보장해 준 감정을 경험하고 있는 사람이다'라는 말을 추가하면 더 좋다. 이처럼 불안과 거리를 두고, 느끼는 불안을 합리화하면 상황을 더 잘 관리할 수 있다.

부정성 편향이 우리의 행복을 저해할 가능성은 있으나 만성적 불안으로 나아가지 않도록 적절히 조절하면서 잘 활용하면 오히려 우리에게 유용할 수도 있다. 부정적인 정보에 주의를 기울이면 우리가 피해야 할 위협적인 상황을 미리 인식할 수 있다. 해로운 인간관계든, 실업이든, 질병이든 우리를 불행하게 만드는 모든 상황이 거기에 포함된다. 통증이 그렇듯이 불행도 우리의 현재 위치를 다시금 생각하고 필요한 조정을 하도록 자극하는 경보가 될 수 있다. 그런 경보는 반드시 필요하며, 또 유익하다.

그러나 다른 한편으로 우리는 부정성에 필요 이상으로 큰 비중을 두는 경향이 있다는 사실도 유념해야 한다. 레슨 3에서 살펴봤듯이 우리의 부정확한 정서 예측은 중요한 사건이 가져오는 정서적인 결과가 그 영향력과 지속 시간에 있어서 실제보다 훨씬 강하고 길 것으로 예상하도록 만든다.[15] 문제는 이런 예측이 긍정적인 사건보다 부정적인 사건에서 훨씬 더 뚜렷하게 나타난다는 데 있다. 예를 들어 우리는 직장의 승진에서 비롯되는 긍정적인 감정은 당연히 실제보다 강할 것으로 예측하지만 그에 비하면 정리해고에 따른 부정적인 감정은 그보다 훨씬 더 오래가고 강할 것으로 생각한다. 연애의 실패, 직장 생활의 어려움, 정치적인 패배, 괴로운 소식, 개인적인 좌절 등에서 나타나는 감정에도 같은 예측이 적용된다.

하지만 이 역시 근거 없는 편향이다. 부정적인 사건도 우리가 상상하는 것만큼 나쁘지 않은 경우가 많다. 그에 비해 긍정적인 사건은 우리 기대보다 약간 더 나을 뿐이다. 왜 이런 비대칭적 현상이 나타날까? 그 이유는 이렇다. 앞으로 일어날 사건의 부정적인 결과를 과대평가하면 바짝 신경을 써서 잘못되는 길을 더 잘 피할 수 있다. 따라서 긍정적인 결과를 과대평가했다가 잘못된 길로 빠져드는 것보다 더 유익하다. 심리학자 로이 바우마이스터는 이렇게 말했다. "생존하려면 삶은 매일매일 승리해야 한다. 반면 죽음은 단 한 번만 승리하면 된다."[16] 이처럼 우리는 위험을 최대한 피하려고 최악의 상황을 경계하고 두려워한다. 그와 대조적으로 지나치게 낙관적인 사람들은 그런 미래의 위험이 자신에게 닥쳐오리라고 아예 믿지 않는다. 이런 경향은 무모함으로 이어질 수 있다. 따라서 우리는 낙관론과 비관론 사이에서 균형을 잡아야 한다. 하지만 이 균형을 어떻게 현명하게 잡을 수 있을까?

피가 철철 흐르는 기사라야 눈길을 끈다

입수한 정보를 근거로 결정을 내릴 때 장애물 중 하나는 정보의 성격이다. 우선 우리는 무엇인가가 달라질 때는 곧바로 알아채나 변화 없는 상태로 머무를 때는 신경 쓰지 않는다. 한결같은 상태는 정보 가치가 떨어져 우리의 주의를 요구하지 않는다. 쇼펜하우어는 이렇게 말했다. "우리는 고통이 있다는 것은 느끼지만 고통이 없다는 것은 느끼지 않는다."[17] 우리는 갈구는 느끼나 만족은 느끼지 않는다. 부정적인 신호는 정상에서 벗어났음을 의미하므로 우리의 주의를 요구한다. 반면 긍정적인 신호는 대개 반응을 필요로 하지 않는다. 우리가 긍정적인 상태를 알아채는 것은 주로 그것이 부정적인 상태와 대조를 이루기 때문이다. 우리는 자신의 기분에 특별히 주의를 기울이지 않으면 기분이 좋은지 모른다. 그와 달리 기분이 나쁠 때는 즉시 그렇다는 사실을 안다. 우리는 행복보다 불행을 더 잘 인식한다. 따라서 그런 불균형을 바로잡기 위해서는 감사의 편지를 쓰거나 시간을 갖고 긍정적인 순간을 음미함으로써 삶에서 좋은 것들을 계속 상기할 필요가 있다.

언론도 부정적 변화에 초점을 맞춘다. 우크라이나와 러시아 사이에 전쟁이 일어났다는 소식은 뉴스 가치가 있다. 그러나 유럽 나머지 지역에 평화가 지속된다는 이야기는 뉴스 가치가 없다. 지난 80년 동안 평화가 이어졌기 때문이다. 우리는 충격적인 사건 소식에만 신경을 쓸 뿐 대형 사건 없이 평온하다는 소식은 무시한다. 우리는 뚜렷한 퇴보나 악화는 바로 알아채지만 사소한 진전이나 개선은 잘 인지하지 못한다. 이를 두고 언론계에서는 "피가 철철 흐르는 기사라야 톱기사가 될 수 있다(If it bleeds, it leads)"고 말한다. 자극적이고 선정적인 기사라야 읽히고 눈길을 끈다는 뜻이다. 문제는 언론에서 우리 눈길을 끄는 부정적인 뉴스만 계속 쏟아내면 우리의 불행 지수가 높아진다는 사실이다.[18] 언론은 부정적인 측면을 강조함으로써 세계가 더욱 위험해지고 있다는 인상을 부추긴다. 이 레슨 서두에서 소개한 비관적인 세계관도 언론의 이런 경향과 어느 정도 관련이 있다.

언론이 세계를 그토록 어둡게 그려낸다고 비난하기 쉽지만 사실 언론은 대중의 취향을 반영할 뿐이다. 우리는 뉴스 소비자로서 부정적인 기사를 원한다. 특히 우리는 위협을 느낄 때 부정적인 측면에 초점을 맞춘다. 코로나19 팬데믹이 기승을 부릴 때 '둠스크롤링(doomscrolling)'이라는 신조어가 등장했다. 스마트폰을 통해 가장 암울한 뉴스만을 강박적으로 확인하는 행위를 가리킨다. 팬데믹 동안 주류 언론과 소셜미디어 모두에서 뉴스 소비가 크게 늘었을 뿐 아니라 대부분이 부정적인 기사였다. 그에 따라 부정적인 성향의 사람들 사이에서 불행 지수가 높아졌다.[19]

언론이 뉴스 소비를 부추기기 위해 사용하는 또 다른 전략은 강한 정서적 반응을 일으키는 선정적인 제목을 사용하는 것이다. "유대교 의식에 따라 '잔인하게' 도축된 소의 고기가 대중이 즐기는 햄버거에 사용된다"는 제목이 그 예다.[20] 거리에서 일어난 교통사고처럼 우리는 그런 기사를 그냥 지나칠 수 없다. 감정이 부정적일수록 반응은 더 뜨겁다.

여기서 얻을 수 있는 교훈은 앞으로 뉴스를 접할 때 이런 편향을 기억해야 한다는 것이다. 실제 상황은 전반적인 인상만큼 나쁘지 않다. 따뜻하고 흐뭇한 감정을 일으키는 뉴스를 적어도 한 건은 찾아보라. 부정적인 기사를 무시할 수는 없겠지만 최대한 균형을 잡으려고 노력하는 자세가 중요하다. 모든 기사를 좀 더 비판적이고 회의적인 시각으로 파악하라. 언론을 무조건 공정하다고 생각해선 안 된다. 기자들은 독자를 끌어들이기 위해 언제나 감정적인 측면을 부각하려고 한다. 충격적이고 선정적인 제목을 경계하라. 눈길을 끌려는 전술일 가능성이 크다.

타인 판단하기

우리 삶은 변화가 가능하며, 또 변화가 반드시 필요한 분야는 다른 사람들을 판단하는 방식이다. 부정성 편향이 우리 견해를 왜곡시키는 경우가 허다하기 때문이다. 과도한 자기중심주의에서 벗어남으로써 행복을 찾고자 한다면 그런 왜곡이 어떻게 일어나는지 이해하는 것이 중요하다. 어떤 사람이 누구를 처음 만나면 상대방이 어떤 사람인지 알아보려고 서로 탐색하는 과정을 거친다. 그럴 때 우리는 첫인상을 무엇보다 중요하게 생각한다. 첫인상이 달라지는 경우는 거의 없다. 특히 그 인상이 부정적일 때가 그렇다. 첫인상을 형성하는 데는 1초도 안 걸린다. 대개 10분의 1초 안에 다른 사람에 대한 반영구적인 인상을 형성한다. 그 0.1초 동안 얼굴을 힐끗 보는 것만으로 매력, 호감도, 신뢰도, 공격성, 능숙도 등의 속성을 단편적으로 파악한다.[21] 좀 더 오래 쳐다본다고 해도 평가는 거의 달라지지 않는다. 이런 번개 같은 처리 속도는 무의식적 또는 '암묵적 처리(implicit processing)'를 시사한다. 암묵적 처리는 대부분 의식과 무관하게 작동하기 때문에 변화시키기가 어렵다. 우리의 첫인상은 확증 편향에 의해 강화된다. 그 인상을 뒷받침하는 정보만 제공하기 때문이다. 나중에 첫인상이 잘못되었음을 말해 주는 긍정적인 정보를 얻는다고 해도 이미 굳어진 부정적인 견해를 수정하기는 어렵다. 그와 달리 첫인상이 좋아도 그 사람과 관련된 부정적인 정보를 얻는다면 우리는 비교적 쉽고 신속하게 그에 관한 견해를 부정적으로 바꾼다.[22]

다른 사람에 대한 더 많은 정보를 얻으려고 시간을 들인다 해도 우리는 좋은 점보다는 나쁜 점에 훨씬 더 큰 비중을 둔다. 예를 들어 우리는 5달러를 기부하는 사람을 아주 좋은 사람이라고 생각하지는 않지만 5달러를 훔치는 사람은 아주 나쁜 사람으로 분류하기 쉽다.[23] 일단 누군가를 나쁜 사람으로 분류하면 그 인상을 바꾸기는 쉽지 않다. 2016년 실시된 한 연구에서 시카고의 심리학자들은 참여자들에게 바버라라는 한 직장인에 관한 이야기를 들려주었다. 바버라는 때로는 좋은 일을 하고 때로는 좋지 않은 일을 하는 평범한 사람이라는 내용이었다.[24] 얼마 후 그들은 같은 참여자들을 두 그룹으로 나눠 바버라의 행동에 변화가 있었다고 전했다. 한 그룹에게는 바버라가 좋은 행동만 계속하기 시작했다고 말했고, 다른 그룹에게는 바버라가 나쁜 행동만 계속하기 시작했다고 말했다. 그런 다음 바버라에 대한 참여자들의 견해가 바뀌는 데 얼마나 시간이 걸리는지 조사했다. 평균적으로 바버라가 더 나쁜 사람으로 변했다고 생각을 바꾸는 데는 4주가 걸렸다. 반면 바버라가 더 좋은 사람으로 변했다고 생각을 바꾸는 데는 최소한 6주가 걸렸다. 우리가 긍정적인 평가보다 부정적인 평가를 더 쉽게 받아들인다는 뜻이다.

이런 부정성 편향은 우리가 다른 사람을 용서하는 데도 영향을 미친다. 우리는 특히 부당한 취급을 받을 때 자신을 그렇게 취급한 사람을 용서하고 잊기가 매우 어렵다. 결혼 생활 전문 컨설턴트인 존 고트먼은 한 가지 잘못한 일을 만회하려면 최소한 다섯 가지는 잘해야 하며, 그렇게 할 수 없다면 파경에 이르기 쉽다고 추정한다.[25] 고트먼은 수많은 부부를 상담하고 연구한 끝에 결혼 생활에서는 잘한 일이 아니라 잘못한 일로 그 결말을 예측할 수 있다는 사실을 확인했다. 결혼 생활을 하다 보면 말이나 행동에서 잘못하는 경우가 많다. 부주의하게 말을 내뱉거나 기념일을 잊어버리는 일이 그 예다. 물론 잘못한 일의 성격이나 그 잘못을 만회하려는 행동에 따라 달라질 수 있다. 그러나 일반적으로 볼 때 부정적인 측면에 대한 과대평가 효과가 너무나 크기 때문에 좋은 관계를 형성하는 데는 오랜 시간이 걸리지만 결딴내는 데는 한순간이면 족하다.

우리가 다른 사람들을 판단할 때 그토록 경직되는 이유가 무엇이며, 어떻게 하면 좀 더 공정하게 생각할 수 있을까? 우리는 자연적으로, 그리고 본능적으로 사람들, 특히 우리가 잘 모르는 사람들을 정형화된 틀에 맞춰 분류한다. 시간을 들여 그들에 관해 더 많은 정보를 얻기보다 지름길과 편견에 의존한다. 다른 사람들을 나쁘다고 성급하게 잘못 판단하는 것은 우리의 부정성 편향에서 비롯된다. 더구나 우리는 외부 환경이나 우연히 닥친 운의 역할은 완전히 무시하고 그들의 강점과 약점을 정체성의 기본 구성 요소로 본다. 예를 들어 우리는 도로에서 과속 운전하는 사람을 보면 무모함과 부주의함이 그의 본성이라고 생각하고 그를 나쁜 운전자로 판단할 가능성이 크다. 그러나 다른 사람이 우리를 보고 과속한다고 지적하면 우리는 "약속 시간에 늦었기 때문에 어쩔 수 없다"는 식으로 상황을 핑계 삼아 우리 행동을 정당화한다. 우리는 다른 사람의 그런 변명은 좀처럼 인정하지 않는다. 우리는 무례하게 구는 사람을 보면 그가 예의를 모르는 사람이라고 판단한다. 그러나 우리가 무례하게 행동할 때는 평소에는 그러지 않는데 지금은 그럴 만한 이유가 있다고 정당화한다. 이처럼 자신의 행위는 상황으로 정당화하면서 다른 사람의 행위를 해석할 때는 개인의 본성 탓으로 돌리는 경향을 '기본적 귀인 오류(fundamental attribution error)'라고 부른다.[26]

우리가 기본적인 귀인 오류의 덫에 빠지는 것은 무슨 환경이나 상황이 그런 결과를 가져왔는지 모르기 때문이다. 또한 우리는 어떤 결과를 가져온 원인이 보이지 않거나 알 수 없을 때 불안하게 느낀다. 예를 들어 거리에서 노숙자를 보면 그 사람이 잘못해서 그런 신세가 되었다고 생각한다. 그렇게 생각하는 게 편하기 때문이다. 그렇지 않고 어떤 피치 못할 상황의 피해자일지 모른다고 생각하면 그런 상황이 언제든지 자신에게도 닥칠 수 있어서 불안해진다. 우리도 얼마든지 노숙자가 될 수 있다는 생각이 두려움을 준다. 우리는 행운과 불운의 개념을 불편하게 생각한다. 그보다는 일어나는 모든 일에는 그만한 이유가 있다는 식의 '응보' 개념을 선호한다.[27] 마땅히 받아야 할 벌을 받은 것으로 생각하는 것이 편하기 때문이다. 그래서 우리는 빈털터리가 된 사람들이 자신의 본성 때문에 그런 어려움을 당하는 것은 당연하다고 생각한다. 그와 달리 우리 자신의 실패에 대해서는 우리가 통제할 수 없는 외부적인 상황을 탓하고, 우리 자신의 성공은 우리 자신의 능력으로 이루었다고 뿌듯해하며 자랑한다.

어떻게 하면 이처럼 편파적인 판단에서 벗어나 좀 더 공정하게 생각할 수 있을까? 우선 다른 사람에 관해 판단을 내리기 전에 시간을 두고 그에 관해 더 많은 정보를 얻어야 한다. 성급하게 단정해선 안 된다. 자기 자신이 올바르게 행동하지 못했을 때를 돌이키며 왜 그랬는지 그 이유를 생각해 보라. 그러면 다른 사람이 좋지 않게 행동한 이유를 더 잘 이해할 수 있을 것이다. 겉보기로 판단해선 안 된다. 옷차림과 외모는 진면목을 가린다. 자신의 편견과 그 편견을 확증하려는 경향을 인지하라. 기회가 있다면 다른 사람의 말을 경청하면서 그를 더 잘 알기 위해 노력하라. 아울러 다른 사람도 우리를 평가하며 우리에 대해 잘못된 인상을 가질 수 있다는 사실도 명심하라. 어려운 형편에 놓인 사람을 만나면 그의 입장이 되어보라. 그의 어려운 형편에 거리를 두기는 너무나 쉽다. 또 우리는 응보적인 사고를 하는 경향이 강하기 때문에 그를 잘못 판단할 수 있다. 그가 순전히 자기 탓으로 불우하게 된 게 아닐 수 있다. 따라서 다른 여러 관점을 고려하는 것이 좀 덜 자기중심적이면서 좀 더 타인중심적이 되는 첫걸음이다. 상상으로라도 다른 사람의 입장이 되어보면 좀 덜 비판적이면서 좀 더 관대해질 수 있다. 또 레슨 2에서 살펴봤듯이 다른 사람에게 친절한 사람은 자신에게도 친절하다.

학습된 무력감

긍정적인 결과는 자신의 공으로 돌리고 부정적인 결과는 다른 사람이나 외부 환경 탓으로 돌리는 이런 편향은 대부분 자기중심적인 관점에서 세계를 봄으로써 발생한다. 우리는 스스로 자기 운명의 주인이 되고 싶어 한다. 다른 무엇에 의존해야 한다면 심리적으로 매우 불안해진다. 불확실성에 대처하려면 스스로 상황을 통제할 수 있다고 생각해야 한다. 좋지 않은 상황이 닥쳐도 자신의 힘으로는 어찌할 수 없다고 믿으면 자신이 무력하게 느껴지면서 스트레스가 증폭된다.[28]

내 일은 내가 알아서 할 수 있다고 생각만 해도 힘이 절로 생긴다. 상황을 변화시킬 수 있다는 믿음만으로도 회복력을 얻기에 충분하다. 예를 들어 한 연구에서 참여자들이 사례비를 받고 통증을 유발하는 충격 실험에 응했을 때 그들이 언제든 스스로 실험을 중단시킬 수 있다고 믿으면 견딜 수 있는 통증 수준이 더 높아지는 것으로 나타났다.[29] 통증은 경고 신호지만 우리가 그 결과를 결정할 수 있다고 생각하면 어느 정도까지는 무시할 수 있다. 우리 스스로 통제할 수 있다고 믿으면 뇌가 불확실성의 의미를 덜 위협적으로 해석하기 때문이다.[30] 불확실한 상황에서는 무슨 일이 어떻게 일어날지 예측할 수 없어서 스트레스가 매우 커진다. 그러나 상황을 자신이 통제할 수 있다고 믿으면 언제든지 실험을 중단시킬 수 있다는 생각에 불안감이 줄어들어 통증 수준이 어느 정도까지 높아져도 견딜 수 있다. 그와 달리 언제든 실험을 중단시킬 수 있는 통제권을 상실하거나 그런 믿음이 없다면 끔찍한 상황이 언제 끝날지 모르기 때문에 스트레스가 커지며, 또 그런 불확실성은 절망으로 이어진다.

자신의 삶을 제어할 능력이 없으면 무력감이나 절망감을 경험하게 된다. 긍정심리학의 선구자 중 한 명인 마틴 셀리그먼은 1960년대에 여러 차례의 동물 실험을 통해 그런 사실을 입증했다. 그는 개들에게 자신의 환경을 통제할 수 없는 경험을 하게 함으로써 '학습된 무력감(learned helplessness)' 상태를 유도했다.[31] 셀리그먼은 전등과 약한 전기 충격을 연관시키도록 개들을 학습시켰다. 전등이 켜지면 충격을 피할 수 있는 길이 없었다. 개들이 그 연관성을 학습하고 나면 새로운 환경에서 전등이 켜지는 결과를 피하는 방법을 더 빨리 학습할 수 있는지 확인하기 위해서였다. 개들은 전등과 전기 충격의 연관성을 학습한 뒤 새로운 우리로 옮겨졌다. 그 우리는 중앙에 가로질러 세워진 낮은 벽에 의해 두 공간으로 나뉘었다. 한쪽은 전원에 연결되어 있었고 다른 쪽은 전원과 단절되어 있었다. 처음엔 개들을 전원이 연결된 쪽으로 넣었다. 벽을 뛰어넘어 전원이 연결되지 않은 안전한 다른 쪽으로 이동하면 전기 충격을 피할 수 있었다.

당시 지배적인 이론은 전등이 켜지는 것이 전기 충격이 가해지는 신호라는 사실을 경험으로 학습한 동물은 그런 경험이 없는 동물보다 더 빨리 벽을 뛰어넘어 안전한 쪽으로 이동할 것으로 예측했다. 그러나 셀리그먼이 얻은 결론은 그와 정반대였다. 피할 수 없는 전기 충격에 학습된 개들은 새로운 환경에서 전등이 켜져도 벽을 뛰어넘을 생각도 않고 그냥 바닥에 누워 운명을 받아들였다. 반면에 그런 경험이 없는 개들은 벽을 뛰어넘으면 안전하다는 사실을 신속히 알아냈다. 왜 그럴까? 피할 수 없는 전기 충격을 충분히 경험한 개들은 학습된 무력감에 빠졌기 때문이다. 그 개들은 전기 충격을 피하려고 애써봐야 소용없다는 사실을 이미 경험을 통해 학습했고, 그 경험이 새로운 환경에 적응하는 능력을 손상한 것이다.

셀리그먼은 이런 동물 실험의 중요성을 즉시 깨달았다. 그는 사람을 대상으로 한 연구를 통해 똑같은 현상을 발견한 뒤 학습된 무력감이 우리의 낙담과 우울증도 설명해 줄 수 있다는 결론에 도달했다. 셀리그먼에 따르면 어린 시절 빈곤이나 가족 와해 등 자신이 통제할 수 없는 부정적 사건을 경험할 경우 학습된 무력감으로 인해 성인기에 들어섰을 때 삶의 모든 측면에서 그 영향이 나타날 수 있다.

그러나 셀리그먼이 이 이론을 옥스퍼드대학에서 발표했을 때 정신의학자 존 티즈데일은 통제 불가능한 역경을 경험했다고 반드시 우울증에 걸리는 것은 아니라고 반박했다. 그의 지적이 옳았다. 우리 모두가 학습된 무력감에 빠지지는 않는다. 어떤 사람은 좀 더 낙관적이다. 셀리그먼은 그 지적에 따라 실험 데이터를 재검토한 결과 동물과 사람의 3분의 1 정도가 학습된 무력감을 보이지 않는다는 사실을 확인할 수 있었다. 그에 따라 셀리그먼은 다음과 같은 의문의 답을 찾아 나섰다.[32] 과연 어떤 부류가 학습된 무력감을 떨칠 수 있으며 무엇이 그런 차이를 만들어낼까? 거기서 우리가 얻을 교훈이 있을까? 학습으로 무력감이 생긴다면 마찬가지로 학습으로 낙관주의자가 될 수도 있을까?

학습된 낙관주의

이 책의 서두에서 우리는 이런 질문을 던졌다. 무엇이 사람의 성향을 좀 더 긍정적으로, 또는 좀 더 부정적으로 만들까? 선천적(유전적) 요인일까, 아니면 후천적(환경적) 요인일까? 이 질문에 답하려면 우리는 다시 일란성 쌍둥이와 이란성 쌍둥이에 관한 연구로 돌아가 낙관적으로 또는 비관적으로 기우는 우리의 성향을 결정하는 문제에서 유전자가 어느 정도 영향을 미치는지 살펴봐야 한다. 흔히 우리는 낙관주의와 비관주의를 같은 스펙트럼의 양극단으로 생각하지만 실제는 각각 서로 다른 유전적 영향력 아래 있을 가능성이 크다. 사람들이 삶의 서로 다른 부분을 각각 별도로 구획화하는 방식과 맞아떨어진다.[33] 예를 들어 직장과 관련된 미래 문제에서는 낙관적일 수 있으나 개인의 인간관계에서는 비관적일 수 있다. 쌍둥이 연구에 따르면 낙관주의의 유전율은 약 24%, 비관주의의 유전율은 29%다. 선천적 요인인 유전자의 영향이 분명히 있으나 낙관주의와 비관주의 양쪽 모두에서 후천적 요인인 환경이 유전자보다 훨씬 큰 역할을 한다는 뜻이다.[34] 특히 어린 시절의 가정환경이 낙관주의 성향에 큰 영향을 미친다. 예를 들어 많은 사람을 대상으로 그들의 어린 시절부터 성인기까지 쭉 살펴본 종단연구에서 출생 때 부모의 사회경제적 지위가 높을수록 21년 뒤 낙관주의 수준이 더 높게 나타났다.[35] 특히 부모의 양육 방식이 자녀의 낙관주의 성향에 결정적인 역할을 한 것으로 밝혀졌다.[36] 이처럼 낙관주의에는 주변 상황과 학습된 무력감, 부모의 스타일, 성향의 상호작용이 영향을 미칠 여지가 유전적 요인보다 더 크다.

그렇다면 낙관주의 성향을 보이는 사람들이 어려서 배운 것은 무엇일까? 낙관주의는 과거나 현재의 문제를 두고 고민하지 않고 미래를 바라보고 새로 시작하는 것을 말한다. 에픽테토스를 비롯한 스토아학파 철학자들은 행복에 관한 한 중요한 것은 우리에게 일어나는 일이 아니라 그 일에 대한 우리의 반응이라고 믿었다. 마틴 셀리그먼과 그의 동료들은 바로 그런 사실에 착안했다. 일어난 일에 대한 반응이 그토록 중요하다면 그 반응을 긍정적으로 이끌 방법만 찾으면 좀 더 낙관적이고 행복해질 수 있지 않을까? 무엇이 낙관론자들을 좀 더 긍정적으로 반응하게 만들까?

셀리그먼과 동료들이 발견한 것 중 하나는 낙관주의자들의 경우 좌절 등 삶에 중요한 영향을 미치는 부정적인 경험을 이해하는 방식에서 비관주의자와 다르다는 사실이었다. 구체적으로 셀리그먼은 낙관론자와 비관론자가 확실한 차이를 보이는 세 가지 특징적인 사고 유형을 확인했다.[37] 전문용어로 이를 '귀인 양식(attributional style)'이라고 부른다. 첫 번째 귀인 양식은 '일반화(pervasiveness)'다. 한 상황의 특성을 다른 상황에도 그대로 적용하는 것을 말한다. 예를 들어 취업 면접에서 탈락했다고 치자. 비관주의자는 '난 내가 하는 모든 일에서 실패자야'라고 생각하는 반면에 낙관주의자는 그 상황을 일반화하지 않고 '이번 일은 실망이지만 내 인생에는 잘되고 있는 일도 많아'라며 털어버린다. 두 번째 귀인 양식은 '영속화(permanence)'다. 비관주의자는 '난 취업은 틀렸어'라며 자신이 경험하는 좌절이 영구하다고 생각하나 낙관주의자는 '다음엔 더 잘할 수 있어'라며 실패를 일시적 좌절로 간주한다. 마지막 귀인 양식은 '개인화 (personalization)'다. 비관주의자는 '취업 면접에서 떨어진 것은 순전히 내 잘못이야'라며 실패의 책임을 자기 내적인 원인으로 돌리는데 낙관주의자는 '나의 가치를 그들이 알아보지 못했어. 그건 내 잘못이 아니야. 날 채용하지 않은 건 그들의 큰 실수야' 라며 자신의 실패를 다른 사람의 잘못 때문으로 돌린다.

셀리그먼은 귀인 양식에 관한 정보를 사용해 낙관주의 를 학습할 수 있는 일종의 기록 연습인 'ABCDE' 프로그램 을 개발했다.[38] A는 Adversity(역경), B는 Belief(신념), C는 Consequence(결과), D는 Dispute(반박), E는 Energization(활력 얻기)을 의미한다. 이 프로그램의 목표는 좌절 경험을 좀 더 낙관적으로 인식할 수 있도록 훈련하는 것이다. ABC가 이 연습의 첫 부분이다. 자신이 겪는 어려움이 어떤 성격인지, 또 어떤 일이 일어났다고 자신이 믿는지, 또 그 결과는 어떤지 노트에 기록한다. 요점은 관련된 정보를 최대한 많이, 상세히 적는 것이다. 취업 면접의 예로 돌아가보자. 거기서 ABC는 취업에 실패했는데(A: 역경) 그건 면접에서 자신이 잘못했기 때문이며(B: 신념), 그로써 이제는 영영 취업을 못 한다(C: 결과)고 생각하는 것이 될 수 있다. 이 정보를 기록한 다음 DE 부분으로 옮겨가 공세로 전환해 신념과 결과를 반박하거나 적어도 좀 덜 부정적인 해석을 대안으로 찾는다.

먼저 D(반박) 단계부터 시작하라. 최선의 반박은 좀 더 낙관적인 귀인 양식을 채택하는 것이다. 다시 말해 일반화와 영속화와 개인화의 수준을 대폭 낮춰 ABC의 증거를 재해석한다는 뜻이다. 한 가지 방법은 거리를 두고 자신을 투시하는 것이다. 만약 이번 좌절이 일시적일 뿐이며 다른 잘 되는 일도 많다는 사실을 인식하지 못하고 실패의 책임을 내면화한다면 과도하게 자기중심적인 자아가 문제다. 낙관주의자는 개인적인 실패에 부닥치면 주의를 다른 곳으로 돌리든지 다른 일에 착수함으로써 그런 좌절을 무시하거나 축소하는 반면 비관주의자는 자신 삶의 모든 측면으로 부정성을 확산시킨다. 좀 더 타인중심적인 관점을 채택하면 그런 비관주의자의 부정적인 귀인 양식을 피할 수 있다.

낙관적인 귀인 양식으로 잘 훈련하면 어떤 좌절이든 반박하거나 일축하거나 축소함으로써 좀 더 긍정적으로 인식할 수 있다. 자신으로부터 한 걸음 물러나 거리를 두고 법정에서 의뢰인인 자신을 변론하는 변호사라고 상상하라. 아무리 암울한 상황이라고 해도 모든 것이 반드시 비관적이지는 않다. 예를 들어 취업 면접에서 떨어졌다면 그게 자신의 잘못이라는 믿음을 반박하라. 면접은 잘 봤는데 내부 지원자가 있었거나 면접관들의 안목이 부족했기 때문에 떨어졌다고 자신을 설득하라. 자신의 잘못 때문이라는 생각은 버려라. 면접을 볼 기회조차 얻지 못한 수백 명의 지원자를 상상하며 자신이 면접장에 들어간 것 자체만으로도 대단하다고 자축하라.

마지막으로 자신이 겪은 좌절을 좀 더 긍정적으로 재해석하고 나면 ABCDE 프로그램의 마지막인 E(활력 얻기)의 단계로 들어가야 한다. 좌절에 대한 자신의 대처에 긍지를 가져라. 부정적인 생각이나 비관주의를 얼마든지 스스로 통제할 수 있다는 사실을 명심하라. 학습한 낙관주의에서 활력을 얻어 긍정적인 미래를 기대하라. 그 일자리는 원래 자신에게 맞지 않았기 때문에 면접에서 떨어진 게 차라리 잘된 일이며 이제 자유롭게 더 나은 일자리를 찾을 수 있다고 생각하라.

좀 더 낙관적인 관점을 가질 수 있는 다른 방법은 현재 상상하는 것보다 훨씬 더 나은 미래를 생각하도록 자신에게 강요하는 것이다. 자신의 최선의 미래상을 생각하라. 매일 10분씩 할애해서 그 생각을 기록하라. 모든 것이 기대했던 것보다 더 낫다고 상상하라. 삶의 중요한 측면을 한 주에 하나씩 선택해서 최선의 방향을 찾아라.

배우자: 최고의 배우자를 상상하라. 누가 그 대상이 될까? 어떤 사람일까?

가족: 누릴 수 있는 최고의 가족생활을 상상하라. 얼마나 즐거운 생활일까?

직장: 이상적인 일자리를 찾았다고 상상하라. 어떤 일자리가 가장 좋을까? 무엇이 가장 큰 보람을 줄까?

친구: 얼마나 많은 친구를 갖고 싶으며, 그들과 무엇을 함께하고 싶은가? 가장 이상적인 사교생활이란 어떤 것일까?

어떤 측면에서든 자신에게 가장 좋은 미래 모습을 상상하라. 상상력을 최대한 동원해 가능한 한 창의적으로 미래상을 그려보라. 그럴 때 절대 자신의 생각을 억누르지 말라. 여러 연구에

따르면 자신에게 최상의 미래를 상상하도록 강요할 때 우리는 더욱 낙관적으로 바뀔 수 있다.[39]

낙관주의와 건강

이번 레슨의 앞부분에서도 언급했지만 낙관주의자가 비관주의자보다 건강하고 오래 산다. 모든 대규모 역학조사 결과는 가장 비관적인 사람이 가장 낙관적인 사람보다 건강에 문제가 많고 평균적으로 8-10년 일찍 사망한다는 사실을 일관되게 보여준다.[40] 비관주의자들은 주요 사망 원인인 심혈관 질환, 호흡기 문제, 암에 더 쉽게 걸린다. 그런 현상의 한 가지 주요 기여 요인은 만성 스트레스다. 여러 연구에서 만성 스트레스는 질병과 염증을 막기 위해 작동하는 면역체계와 염증반응체계에 부정적인 영향을 미친다는 사실이 확인되었다. 또 우리는 레슨 2에서 투쟁-도피 반응이 스트레스를 일으키는 메커니즘이 될 수 있다는 사실을 살펴봤다. 인지되는 위협과 미래가 불확실할 때 스트레스는 커진다. 그러나 낙관주의자는 미래를 좀 더 긍정적으로 바라보기 때문에 주변의 도움을 적극적으로 수용함으로써 더 건강한 생활 방식을 채택할 수 있다.

여기서 낙관주의와 '희망'을 별개로 구별하는 게 중요하다. 희망이란 우리의 통제를 거의 벗어나는 일이 어떻게든 이뤄지기를 바라는 정서 상태를 말한다.[41] 낙관주의는 그보다 한 걸음 더 나아간다. 비관주의자들은 실패했다며 쉽게 포기하는 일을 낙관주의자들은 결과가 더 나을 것이라고 확실히 믿고 더 열심히 더 오래 더 끈질기게 한다. 그에 따라 건강한 생활 방식을 채택하고, 건강 권고 사항을 잘 지켜 질병의 진행을 막을 수 있다.[42] 낙관주의의 두 번째 이점은 마음 상태다. 낙관주의자들은 꿋꿋하고 강인하다. 그들은 스트레스 요인을 극복하려고 끊임없이 노력한다. 그런 줄기찬 노력은 신체의 생리적 한계를 시험할 정도로 힘들지만 결국은 문제를 해결할 가능성이 크다. 그와 달리 비관주의자들은 쉽게 포기한다. 포기한다고 해서 스트레스 요인이 해결되는 것도 아니다. 문제가 그대로 남아 있다는 사실을 인지할 수밖에 없기 때문이다.[43] 그에 따라 만성 스트레스가 생겨 우리 면역 기능이 손상된다. 세 번째는 사회적 지원이나 외로움과 관련된 문제다. 낙관주의자들은 비관주의자들보다 인기가 있고 다정한 사람으로 여겨진다. 그들은 사회 연결망의 범위도 더 넓고, 사회적 지지도 더 많이 받는다.[44] 또 그들은 은퇴 후에도 외로움과 고립이 건강에 미칠 수 있는 부정적인 영향을 훨씬 적게 받는다.[45]

전반적으로 낙관주의자들은 건강 문제에 부닥쳤을 때 쉽게 포기하지 않는다. 그들은 건강 문제를 위협이라기보다 일종의 도전으로 여기고 더 나은 미래를 위해 건강한 생활 방식을 적극적으로 채택할 가능성이 높다. 그들에겐 목적이 있고 그 목적을 달성할 자신감도 있다. 그것이 질병과 싸울 수 있는 능력을 강화해 준다.

그러나 한 가지 주의할 점이 있다. 낙관주의는 건강한 마음 상태로 목표를 달성하는 원동력이 될 수 있지만 비현실적인 낙관주의는 무모할 수 있다. 만약 실패를 대수롭지 않은 일시적인 문제로 여기고 전혀 자신의 잘못이 아니라고 확고히 믿게 되면 실패의 경험에서 얻을 수 있는 소중한 교훈을 놓치게 된다. 실수에서 교훈을 얻지 못하면 같은 오류를 반복할 가능성이 크다. 예를 들어 건강 위험이 자신에게는 적용되지 않는다고 생각하면 건강에 해로운 생활 방식을 고칠 이유가 없어진다. 따라서 좀 더 낙관적인 사람이 되는 것은 바람직하지만 현실적 여건을 고려하면서 지나치게 긍정적인 사고방식은 누그러뜨릴 필요가 있다.

나는 긍정적인 전망에 합리적인 예지와 계획을 융합하는 방식을 권장한다. 이 방식에서 효과가 검증된 한 가지 기법이 '정신적 대조(mental contrasting)'다. 동기부여와 계획, 실행, 이 세 가지를 위한 연습들을 모두 합한 기법이다.[46] '대조'라고 불리는 것은 앞에 놓인 장애물과 대비해 이상적인 결과를 정신적으로 그려낸다는 뜻이다. 먼저 목표를 이루기 위해 노력하려면 그 목표가 성취 가능하다고 상상해야 한다. 스포츠 심리학자들이 말하듯이 자신이 목표를 달성하는 모습을 머릿속으로 그려보면 더 열심히 노력할 의욕이 솟구칠 수 있다. 목표가 구체적일수록 효과가 더 크다. 목표를 향한 진전이 이뤄졌는지 확인하기가 더 쉽기 때문이다. 그러나 단지 목표 달성을 바라는 것, 다시 말해 단순한 희망만으로는 충분치 않다. 심리학자 가브리엘 외팅겐에 따르면 희망적 사고는 타성을 낳는다.[47] 그저 바라기만 할 뿐 웬만하면 변화를 꾀하지 않으려는 심리 상태이기 때문이다. 따라서 목표 달성을 가로막는 장애물이 무엇이며, 그 장애물을 어떻게 극복할지도 생각해야 한다.

외팅겐은 목표 달성을 위해 정신적 대조를 사용하는 WOOP 프로그램을 개발했다.[48] WOOP는 Wish(소원), Outcome(결과), Obstacles(장애물), Plan(계획)의 머리글자를 합친 용어다. 간절히 소원하는 것을 정한 후, 그 결과를 떠올리고, 장애물이 무엇인지 생각한 다음, 그것을 극복하는 계획을 세워 실천에 옮기는 4단계를 말한다. 먼저 자신이 원하는 것을 최대한 구체적으로 정하라. 예를 들면 '난 살을 빼고 싶다'가 아니라 '체중 5kg을 줄이겠다'는 식으로 목표를 세우라. 구체적인 목표를 세우면 얼마나 진전이 있는지 정확히 파악할 수 있어서 실감이 나고 달성 가능성도 커진다. 그다음 5kg을 감량한 결과를 상상하라. 체중계 위에 올라서서 줄어든 수치를 확인할 때의 뿌듯함을 머릿속에 그려보라. 소원(W)과 결과(O)는 체중 감량을 위해 생활 방식을 바꾸기로 결심하는 데 필수적이다. 하지만 그것만으로는 부족하다. 효과적으로 실천할 수 있는 전략이 필요하다. 장애물(O)이 무엇일까? 예를 들면 '신선한 식재료를 사서 직접 조리할 시간이 없다. 가공된 식품을 사는 게 더 쉽고 편하다' 같은 생각이 장애물이 될 수 있다. 그런 장애물을 충분히 고려한 다음 그 장애물을 제거할 수 있는 계획을 세우고 실천하라. '케이크를 사지 말자. 유혹할 만한 것은 보이지 않게 치우자. 신선한 과일과 채소를 더 많이 먹자. 간단하면서도 영양가 높은 음식의 조리법을 배우자' 등이 그 예가 될 수 있다.

WOOP 같은 정신적 대조 프로그램을 따르면 단순히 변화를 원할 때보다 성공할 가능성이 훨씬 크다. 신선한 과일과 채소를 더 많이 먹고 싶어 하는 독일 여성 1만여 명을 대상으로 한 연구 결과를 보자. 연구팀은 그 여성들을 두 그룹으로 나눠 한 그룹에는 건강한 식단으로 바꾸면 어떤 점이 좋은지 교육했고, 나머지 한 그룹에는 거기에 더해 WOOP 프로그램도 가르쳤다.[49] WOOP 그룹은 신선한 과일과 채소를 더 많이 먹으면 그 결과가 어떨지 상상하고, 장애물이 무엇인지도 생각하도록 교육받았다. 신선한 식재료를 정기적으로 공급받기가 어려운가? 아니면 일주일에 한 번 야식으로 피자를 즐기는가? 그다음 장애물을 극복할 수 있는 구체적인 계획까지 세웠다. 예를 들면 이런 식이었다. '정기 배달 서비스를 하는 신선식품 전문업체를 이용하고 피자 야식은 주 1회에서 첫 두 달 동안은 2주에 1회로, 그다음에는 한 달에 1회로 줄이겠다.' 다른 한 그룹은 그런 계획 없이 늘 하던 대로 일상생활을 지속했다.

처음에는 두 그룹 모두 신선한 과일과 채소를 먹으려고 노력하는 면에서 차이가 없었다. 그러나 4개월이 지나자 달라지기 시작했다. 평소대로 일상생활을 하는 그룹은 WOOP 그룹보다 신선식품을 적게 먹었다. 2년이 지나자 그들은 과거의 식습관으로 되돌아갔다. 반면 WOOP 그룹은 대체적으로 더 건강한 식습관을 유지했다. 낙관적인 것은 물론 좋은 일이다. 그러나 더 건강하게 살기 위해서는 그처럼 실제적인 행동이 반드시 따라야 한다.

이번 레슨에서 우리는 삶의 서로 다른 측면이 미래에 대해 서로 다른 기대를 낳으며, 우리가 낙관적인 동시에 비관적으로도 생각하는 양면적인 성향을 갖고 있으나 학습을 통해 좀 더 긍정적인 사람이 될 수 있다는 사실을 살펴봤다. 긍정적인 사고의 혜택과 부정적인 편향의 문제점도 검토했다. 긍정적인 사고와 부정적인 사고는 둘 다 필요하다. 다만 극단으로 치우치지 말아야 한다. 경고 신호에 주의를 기울이는 것은 유익하지만 부정성이 우리 생각을 지배하도록 허용해서는 안 된다. 우리의 건강과 행복을 위해서는 낙관주의자가 되는 것이 바람직하지만 무모함을 피하려면 합리적인 수준에서 신중을 기해야 한다. 자신의 귀인 양식을 인식하고 좀 덜 자기중심적으로 사고하면 좀 더 낙관적인 사람이 될 수 있다. 다른 방법도 있다. 자신의 더 나은 미래를 생각하고 거기에 도달하는 데 필요한 행동을 계획하고 실천에 옮기는 것이다. 다음 레슨에서는 행복해지는 과정에 방해가 되는 주요 장애물을 살펴보기로 한다. 우리가 어떤 일에 적극 참여하지 않거나 주의를 집중하지 않을 때 마음이 초점을 잃고 부정성 편향이 생각을 지배하면서 우리 마음에 그런 장애물이 생긴다. 그러나 이번 레슨에서 배운 전략을 활용하면 자신의 주의력을 효과적으로 제어할 수 있으리라고 믿는다.

● **자신의 가장 멋진 미래를 상상하라**

현 상황에서 거리를 두고 5년 뒤 자신의 이상적인 상황을 상상해 보라.

그 삶이 어떨지 생각나는 대로 적어보라.

● **뉴스는 부정적인 경향을 띤다는 사실을 기억하라**

평소에 접하는 뉴스의 양을 제한하라.

스마트폰으로 소셜미디어나 뉴스 앱에 접속하는 시간을 확인하고 최대한 줄이려고 노력하라.

우리의 관심은 부정적인 뉴스에 자동으로 이끌린다는 사실을 명심하라.

● **인내심을 갖고 용서하려고 노력하라**

가까운 사람을 잘못 대하면 그 여파를 극복하기가 얼마나 힘들지 생각해 보라.

좋지 않은 일을 겪었을 때 상대방이 비합리적이며 부당하다고 생각하기보다 그를 이해하고 관계를 회복하기 위해 애쓰라.

더 잘 용서하고 화해하려고 노력하라.

● **학습된 낙관주의를 실천하라**

인생의 중요한 일에서 좌절을 겪는다면 상황을 좀 더 긍정적으로 인식할 수 있도록 ABCDE 프로그램을 활용하라.

● **효과적인 목표 달성을 위해 WOOP 정신적 대조 프로그램을 적극 활용하라**

미래에 대한 긍정적인 계획을 세우고, 현실 여건을 감안한 실용적인 조치로 균형을 맞춰 목표 달성을 위해 매진하라.

Lesson 5

주의력을
제어하라

"마음은 우리가 목표로 하는 곳에서 벗어나 떠돌아다닐 뿐 아니라

우리가 금지하는 곳으로도 흘러간다."

불쑥불쑥 떠오르는 부정적인 생각은 우리의 집중력을 무너뜨리고

우리를 어두운 곳으로 끌어당긴다.

그 생각은 우리가 무시하려고 애쓸수록 우리를 더욱 강하게 끌어당긴다.

어떻게 해야 이 마음이란 반항아를 길들일 수 있을까?

매일 밤 우리가 꾸는 꿈에서는 여러 생각과 이미지가 변화무쌍하게 난무하는 무의식의 세계가 펼쳐진다. 스쳐가는 하나의 생각이 아무런 이유나 논리 없이 또 다른 생각을 일으킨다. 그래서 꿈은 현실을 벗어나는 환상으로, 그토록 멋질 수도 있고 무서울 수도 있으며 때로는 어이없을 수도 있다. 그러나 꿈에도 한 가지 변치 않는 게 있다. 반드시 자기 자신이 등장한다는 사실이다. 간밤에 꾼 꿈이 기억나지 않을 때가 많지만 만약 기억한다면 단언컨대 자기 자신이 그 꿈속에 있었을 것이다. 즐거운 꿈이든 사나운 꿈이든 완전히 터무니없는 판타지든 상관없이 그 한밤의 드라마에 자기 자신이 주인공으로 나온다. 어쩌면 당연하다고 생각될 수 있지만 우리가 자신이 포함되지 않는 꿈을 꾸지 않는다는 사실은 주목할 가치가 있다. 꿈이 다른 사람들이나 사건들을 지켜보는 것일지라도 그 관찰자는 반드시 우리 자신이다. 그렇지 않은 꿈은 상상할 수 없다.

그처럼 우리 꿈을 완전히 점령하는 자기중심적인 자아는 우리의 깨어 있는 정신적인 삶에도 대부분 존재한다. 낮에 깨어 있는 동안에도 우리는 상당한 시간을 '꿈'을 꾸며 보낸다. 특히 주어진 일에 전적으로 몰두하지 않을 때가 그렇다. 이 꿈은 밤에 현란하게 펼쳐지는, 생생하면서도 혼란스러운 시각적 이미지 쇼가 아니라 '마음 배회(mind-wandering)'에 가깝다. 마음 배회란 주어진 일에 집중하지 못하고 생각이 과거와 미래로 떠돌아다니는 상태로, 우리가 흔히 말하는 잡생각, 딴생각을 가리킨다. 이런 마음 배회는 즐거운 회상이나 미래의 소망과 관련되는 경우도 일부 있으나 대부분 스스로 해결할 수 없다고 느껴지는 걱정거리와 부정적인 생각으로 우리를 이끈다.

이번 레슨에서는 마음이 배회하도록 그냥 두면 우리 자신이나 우리 자신의 문제에 과도하게 집착하게 되는 현상에 관해 자세히 알아보기로 한다. 정신을 바짝 차려야 하는 과제를 수행할 때는 우리의 인식이 집중되지만 조금만 정신이 산만해지면 우리는 곧바로 자신의 내부로 주의의 초점을 돌리고 지난 일을 되새긴다. 그처럼 주어진 일에 몰두하지 않을 때 우리 마음은 상상의 세계로 빠져들어 이곳저곳을 배회하게 된다.

일반적으로 우리는 미래를 상상하며 많은 시간을 보낸다. 불안하고 불행할 때는 해결되지 않은 문제를 두고 끊임없이 걱정한다. 그런 걱정이 내면의 독백으로 나타나기도 한다. 삶이 문제가 많고 다른 사람에 비해 자신이 많이 부족하다는 소리가 마음속에서 끊임없이 들린다. 또 과거를 되새기거나 앞으로 생길지 모르는 문제를 걱정한다. 그러면서 모든 사소한 문제를 크게 부풀려, 행복을 추구하려는 노력을 스스로 가로막는다. 우리가 불행할 때면 어김없이 우리 생각이 내면으로 향해 자신의 부족함을 두고 자책한다. 레슨 4에서 살펴봤듯이 우리는 개인적인 먼 미래는 낙관할 수 있지만 해결해야 할 문제에 당면하면 부정적이기 쉽다.

아무리 집중하려고 애써도 우리 마음은 배회한다. 흔히 우리는 생각을 마치 차례로 꼬리를 물고 질서정연하게 이어지는 열차처럼 이야기하지만, 철학자 윌리엄 제임스가 지적했듯이 의식의 주관적인 경험은 그보다 훨씬 더 유동적이다.[1] 파도처럼 밀려오고 밀려갔다가 다른 곳으로 이동하거나 짜증 난 아기처럼 씰룩거리고 꼼지락거리는 것이 의식의 역동적인 성격이다. 또 눈은 이 글을 읽고 있으면서도 마음은 딴 곳을 배회할 수 있다. 우리는 우리의 주의력을 사로잡으려고 경쟁하는 모든 것과 끊임없는 전투를 치른다. 우리 주의를 끄는 것이 없는 단조로운 상황에서는 마음의 배회가 없으리라고 생각하겠지만 사실은 그렇지 않다.[2] 경험해 봐서 잘 알 것이다. 지루해지면 우리 마음은 배회한다. 그럴 때는 의식의 흐름 속에 부정적인 생각이 쉽게 끼어들어 우리의 행복을 방해한다.

마음 배회는 왜 그토록 자주 일어나며, 그 목적은 무엇일까? 왜 우리 생각은 이리저리 떠돌아다닐까? 뇌 활동에는 에너지가 많이 필요하다. 대사 비용이 높다는 뜻이다. 따라서 특별한 목적이 없다면 마음 배회는 진화 과정에서 자연히 도태되었을 것이다. 위의 질문에 대한 답은 우리 마음이 과거와 현재, 미래의 시나리오에서 우리가 자신을 상상하는 방식에 있다. 그런 상상은 뇌의 특정 회로가 활성화됨으로써 이뤄지며, 그 회로는 우리 자신에 관해, 또 우리가 마주하는 문제들에 관해 생각할 수 있는 플랫폼을 제공한다. 우리는 일단 문제를 파악하면 그 문제에 집중함으로써 해결하려고 한다. 거기서 우리의 걱정과 불행이 비롯된다. 흔히 우리는 삶이 결코 순조롭지 않다고 생각하는 경향이 있다. 레슨 4에서 살펴봤듯이 여러 가지 부정성 편향이 작동하기 때문이다. 따라서 그대로 두면 우리는 부정적인 생각에 완전히 매몰될 위험이 크다. 이제 이번 레슨에서는 왜 그런 현상이 생기는지, 떠도는 우리 마음이 부정적인 생각으로 빗나가 걱정에 휩싸일 때 어떻게 진정시킬 수 있는지 알아보기로 한다. 아울러 우리가 좀 더 평온하고 행복하게 느낄 수 있도록 자기중심적인 자아를 과도한 걱정으로부터 떼어놓을 수 있는 기법도 함께 연습해 보겠다.

시간 여행자

대다수 성인은 어떤 일에 집중하고 있지 않을 때면 마음이 현재 순간에 머물러 있기가 상당히 어렵다. 지루해지면 자신도 모르게 마음이 이리저리 배회하기 때문이다.[3] 아이들도 지루하면 그럴 때가 있지만 성인과 달리 아이들은 과거나 미래로 정신적인 시간 여행을 하는 경우는 드물다. 아이들은 현재 진행되는 상황에서 다른 상황으로 쉽게 한눈을 팔 뿐이다. 실제로 대다수 어린

아이는 과거나 미래에 관해 생각하기가 상당히 어렵다.[4] 세 살 짜리 아이에게 '어제' 무엇을 했으며 '내일' 무엇을 할 것인지 물으면 3분의 2는 대답을 하지 못한다.[5] 대여섯 살이 되면 과거와 미래에 관해 생각할 수는 있으나 자발적으로는 불가능하며, 성인이 힌트를 줘야 가능하다.[6] 한 연구에서 6-7세 어린이들과 9-10세 어린이들, 청소년, 성인들에게 그림을 그리고 있다가 컴퓨터에서 신호음이 울리면 그때 떠오르는 생각을 이야기하고 그것이 과거와 현재, 미래 중 언제의 일인지 말해 보라고 했다. 신호음이 울린 횟수의 약 3분의 1에서 모두가 잡다한 생각을 떠올렸는데 성인들만이 대부분 미래에 관해 생각한다고 말했다.[7]

어린아이들이 미래에 관해 생각하기가 어려운 것은 미래를 상상할 정도의 경험과 지식이 충분하지 않기 때문이다. 그러나 아이들도 어른이 되는 꿈을 가질 수 있다. 특히 성인들이 누리는 자유에 관해 좀 더 알게 되면 그렇다. 아이들은 성인으로서 누리는 특권을 갖고 싶을 때 흔히 "나도 어른이 되면…"이라고 말한다. 그러나 성인이 되는 게 반드시 좋은 일은 아니다. 1988년 개봉된 판타지 영화 〈빅(Big)〉이 그런 교훈을 준다. 톰 행크스가 연기한 주인공 조시 배스킨은 12세 아이로 늘 어른이 되고 싶어한다. 그는 축제에 가서 소원 성취 기계에 어른이 되게 해달라고 소원을 빈다. 놀랍게도 그는 실제로 하룻밤 사이에 30세 청년으로 변한다. 하지만 좋을 줄만 알았던 어른 생활이 불안과 걱정만 잔뜩 안긴다는 사실을 깨닫고는 다시 아이로 돌아가고 싶어한다.

나이가 들수록 우리는 과거와 미래에 관한 생각을 더 많이 한다. 우리는 내일 더 행복해지기 위해 오늘 더 열심히 노력한다. 고대 그리스 철학자 아리스토텔레스가 지적했듯이 인간은 쾌락을 추구하고 고통을 회피하고자 하는 '쾌락 원칙(hedonic principle)'에 따라 최종 목표인 행복을 추구하기 위해 활동하고 생각한다. 공부, 시험, 훈련, 일자리, 인간관계는 전부 미래를 위한 대비라고 해도 과언이 아니다. 그러나 우리의 정신적인 삶은 반드시 그처럼 미래지향적이지 않다. 먼 과거 수렵 채취 시대의 인류는 장기적인 대비나 계획이 거의 없이 그날그날의 생존에 전념했다. 다른 동물 떼와 함께 이동하며 철이 되면 이전에 잘 익은 과일을 따 먹었던 곳으로 되돌아갔다. 변화하는 자연의 지배를 받으며 다른 생각을 할 겨를도 없이 하루하루를 빠듯이 살아갔다. 그러다가 약 1만 2000년 전 농사짓는 방법이 개발되면서 인류는 자연과 계절을 제어할 수 있게 되었다. 자연 패턴을 인위적으로 바꿔 그 혜택을 누릴 수 있게 되었지만 그러기 위해서는 정착을 해야 할 뿐 아니라 장기적인 계획도 세워야 했다. 가축을 기르고 작물을 재배하며 공동체를 이루기 시작했다. 생존하려면 장기적인 계획이 필수적이었다. 천막을 걷어 새로운 사냥터로 옮겨 다니던 과거와 달리 견고한 기초 위에 집을 짓고 마을을 건설해야 했다. 작물과 가축을 기르며 돌봐야 했다. 파종과 수확에도 계획이 필요했다. 축사도 짓고 유지하고 보수해야 했다. 농사를 잘 지으려면 늘 미래를 염두에 둬야 했다.

뇌가 예측의 원동력으로 진화했기 때문에 계획을 세우는 것은 얼마든지 가능했다. 우리는 과거 경험과 현재 상태에 관한 정보를 바탕으로 미래를 예측한다. 그 경험과 정보에 따라 우리는 미래의 역경을 피하거나 그에 대비하면서 원하는 결과를 얻을 가능성을 높일 수 있다. 그러나 실제로 결과를 기다리는 것은 스트레스다. 불확실성이 크고 정확한 예측이 불가능하기 때문이다. 어쩔 수 없이 불확실한 결과를 기다려야 할 때 우리는 제어력을 잃고 투쟁-도피 반응에 대비해 바짝 긴장하게 된다. 그런 상태는 건강에 해로운 영향을 미친다. 그러나 불확실한 상황에 대비한 행동 계획을 미리 마련한다면 미래에 대한 절망이나 두려움, 걱정 대신 적절한 대처를 통해 어려움을 극복할 자신감이 생기게 된다.

지금은 과거처럼 직접적인 생존을 위해 농사를 지어야 하는 사람이 많지 않지만 우리는 여전히 미래에 대한 걱정이 많다. 일자리, 생활비, 기후변화, 노숙자, 금리 변동, 정리해고, 질병, 각종 청구서, 갈등, 인간관계를 둘러싼 불안이 우리 마음에서 우려를 불러일으키면 통제력을 되찾기 위한 대처 전략이 절실히 필요해진다. 그럴 때면 미래를 생각하지 않고 순간순간을 살아가는 자기중심적인 아이로 돌아가고 싶은 마음이 굴뚝같아진다.

부질없는 생각

현대 이전의 세상에서는 대다수 사람에게 일상생활 자체가 매우 고된 일이었다. 산업화 이전만 해도 사람들은 자신과 가족을 돌보는 일에 깨어 있는 시간 대부분을 할애했다. 지금과 같은 편의시설과 서비스가 없었기 때문이다. 사냥하고, 채취하고, 작물을 가꾸고, 밭을 갈고, 씨를 뿌리고, 빨래하고, 해진 옷을 꿰매고, 가축을 돌보고, 집을 보수 유지하는 데 아이들까지 모두가 매달려야 했다. 식사를 준비하고 집안일을 챙기다 보면 여가 생활을 할 시간이 거의 없었다. 한마디로 모두가 생존에 급급했다. 밤에는 아무것도 할 수 없어 삶 자체가 해가 뜨고 지는 것을 중심으로 돌아갔다. 해가 지면 잠자리에 들고 해가 뜨면 일어나 하루 일을 시작했다.

기술이 발달하면서 장시간의 고된 육체노동이 점차 수월해지기 시작했다. 속속 발명되고 개발된 바퀴, 쟁기, 비료, 상업 등이 농업혁명을 가능케 했다. 기계가 우리 삶을 더욱 편안하게 이끌었다. 농업 생산성이 높아졌고, 자본주의 도입으로 경제가 자급자족에 머물지 않고 부단한 노력을 통한 부의 끊임없는 창출로 이어졌다. 일꾼들이 공장으로 일터를 옮겨 오랜 시간 일하며 산업혁명의 불을 댕겼다. 그러다가 19세기에 이르자 노동력을 절감하는 기술적 진보 덕분에 일반 근로자들의 자유 시간이 크게 늘면서 '여가 혁명'이 일어났다.[8] 인공조명이 발달하면서 해가 져도 잠자리에 바로 들지 않고 여가 활동을 할 수 있는 시간이 길어졌다. 서구에서는 주당 평균 근로시간이 1870년 60-70시간에서 현재 30-40시간으로 줄었다. 공휴일도 150년 전보다 훨씬 많아졌다.[9]

지금 우리는 소득을 위해 일하는 시간 외에는 자질구레한 집안일을 하거나 음식을 조리하거나 식사를 하거나 여행을 하거나 여가 활동을 즐긴다. 실제로 일하는 시간보다 그런 시간이 더 길다. 게다가 디지털 기술이 발전하면서 우리가 마음대로 사용할 수 있는 시간이 더 많아졌다. 그런데도 대다수는 매일 너무 바쁘다는 타령이다. 지인들에게 안부를 물으면 "바쁘게 지내죠"라는 얘기를 자주 듣는다. 그렇다. 우리는 바쁘게 지낸다. 하지만 그렇다고 반드시 생산적인 것은 아니다. 심리학자 매트 킬링스워스와 댄 길버트는 이런 현상과 관련해 매우 흥미로운 연구를 했다. 그들은 무작위로 연락한 1만 5000여 명에게 스마트폰 앱으로 여러 차례 다음과 같은 질문을 했다.[10]

지금 무엇을 하고 있나요?
지금 하는 일 외에 다른 것을 생각하고 있나요?
지금 기분이 어떤가요? 아주 나쁘다부터 아주 좋다까지
평가해 보세요.

그 외에 현재의 생각이 즐거운지, 보통인지, 부정적인지도 물었다.

응답자의 거의 절반은 자신이 하는 일과는 다른 것을 생각하고 있었다. 마음 배회는 샤워나 양치 등 몸치장 활동 중에 가장 흔히 나타났다(약 65%가 그렇게 답했다). 그러나 일에 집중해야 할 시간에 마음 배회를 경험한 경우도 50%에 이르렀다. 마음 배회가 가장 적은 활동은 성관계였다. 응답자의 10%만이 성관계 중에도 다른 생각을 한다고 말했다(사실 그 정도도 높은 편이라고 할 수 있지 않을까?). 하지만 이런 의문이 들지 않을 수 없다. 성관계 도중이나 직후에 누가 이런 조사에 응할까?

다른 여러 연구 결과도 깨어 있는 시간 중 많은 부분을 마음 배회가 차지한다는 것을 보여주었다.[11] 사람들은 마음이 배회할 때 부정적인 주제(26.5%)나 중립적인 주제(31%)보다 긍정적인 주제(42.5%)로 옮겨가는 경우가 더 많았다. 그러나 긍정적인 주제를 생각할 때에도 마음 배회가 없을 때에 비하면 별로 행복하게 느끼지는 않았다. 그와 대조적으로 부정적이거나 중립적인 주제를 생각할 때는 마음 배회가 없을 때 비해 훨씬 더 불행하게 느꼈다. 이런 결과에 따라 킬링스워스와 길버트는 "배회하는 마음은 불행한 마음"이라고 결론지었다. 이 연구는 레슨 4에서 살펴봤듯이 주어진 일에 집중하지 않을 때 나타나는 부정성 편향을 뒷받침한다. 그렇다면 우리가 불행을 느낄 때 더 나은 무엇을 찾으려고 우리 마음이 배회하는 것일지 모른다. 이 해석은 참여자를 연구실에 불러 부정적인 기분을 유도했을 때 마음 배회가 더 많이 발생했다는 다른 연구 결과와도 일치한다.[12] 그러나 연구실이 아니라 실생활에서는 그 반대인 경우가 많다. 킬링스워스와 길버트는 무작위 표본 연구를 통해 마음 배회와 행복/불행의 느낌이 연속적으로 일어나는 경우를 분석하면서 마음 배회가 불행한 느낌을 뒤따르기보다 앞설 가능성이 크다는 사실을 발견했다. 먼저 마음이 배회하기 시작하면 그 여파로 불행해진다는 뜻이다.

마음 배회가 시작되면 우리 뇌에서 '기본 모드 신경망(default

mode network: DMN)'이라는 신경회로가 활성화된다.[13] DMN은 인지 활동이 없을 때, 흔히 말하듯 '멍때릴 때' 활성화되는 뇌의 영역으로 알려져 있다. DMN은 뇌 촬영 기술이 도입되면서 특정 과제를 수행할 때 뇌의 어떤 부분이 더 많이 활성화되는지를 확인하는 과정에서 우연히 발견되었다. 연구자들은 참여자들에게 특정 뇌 기능과 연결된 것으로 믿어지는 다양한 과제를 수행하도록 요청했다. 참여자가 과제에 집중할 때 특정 뇌 부위로 유입되는 혈류가 증가하는지 알아보기 위해서였다. 연구자들은 참여자의 과제 수행 중과 휴식 중 뇌의 활동을 비교함으로써 혈류의 변화를 측정했다. 참여자들은 휴식 중에는 아무런 생각도 하지 말라는 당부를 받았다. 그런데 그 과정에서 특이한 사항이 발견되었다. 아무런 생각을 하지 말라고 한 휴식 도중에도 뇌가 비활성화되지 않고 내측 전전두피질, 후방 대상피질, 각회를 포함한 뇌 부위가 활발하게 작동했다. 연구자들은 이 회로를 뇌가 휴식하는 상태에서 기본적으로 작동하는 신경망이라는 뜻으로 기본 모드 신경망, 즉 DMN으로 불렀다.

DMN, 그중에서도 특히 내측 전전두피질은 '나 자신'의 신경 표상을 저장하는 곳이다. 자신에 관해 생각하거나 자신의 과거 기억을 소환할 때 내측 전전두피질이 활성화된다.[14] 주목할 점은 이 부위는 우리 자신에 대해 생각할 때만이 아니라 다른 사람들에 대해 생각할 때도 활성화된다는 사실이다.[15] 그렇다면 마음이 배회할 때 우리는 우리 자신에 대해, 또 우리와 다른 사람들과의 관계에 대해 생각한다는 뜻이다. 그런 생각이 불행으로 이어지는 경향이 있다. 레슨 3에서 살펴봤듯이 그런 경향이 나타나는 것은 자신을 다른 사람들과 비교하고 돋보이려고 서로 경쟁하기 때문일 가능성이 크다.

그처럼 DMN은 행복과 관련된 문제에서 중요한 역할을 하므로 그동안 연구가 많이 진행되었다. 그런 연구들은 심한 우울증에 시달리는 사람의 경우 DMN에서 자신의 삶을 지나치게 부정적으로 반추하는 것과 관련된 신경회로가 활성화하는 것을 보여준다.[16] 그런 사람은 일어나지도 않을 일을 늘 걱정하며 살아간다. 그런 사실은 "내 인생은 수많은 비극으로 가득 차 있는데 그 대부분은 일어나지 않은 비극"이라는 마크 트웨인의 위트 넘치는 명언 속에 잘 포착되어 있다. 또 외롭게 지내는 사람들의 경우 DMN의 구조와 기능이 변해 다른 사람들에 대한 인식마저 왜곡할 수 있다.[17] 이처럼 우리는 DMN의 과도한 활성화를 통해 우리 자신을 비참하게 만든다. 그러나 배회하는 마음이 부정적인 쪽으로 치우치지 않게 제어할 방법이 있다.

대자연을 즐겨라

매일 수많은 사람이 산책하거나 산행을 즐기거나 국공립 공원을 방문한다. 그만큼 우리는 자연 속을 거닐며 시간 보내기를 좋아한다. 인류는 진화 역사의 유산으로 자연에 대한 애착이 강하다. 이를 '자연친화 가설(biophilia hypothesis)'이라고 한다.[18] '생명애'나 '녹색 갈증'도 같은 뜻이다.

거의 모든 사람은 자연환경 속에 있기를 좋아한다. 아프리카 대초원에서 진화한 인류의 뇌는 콘크리트, 강철, 유리로 이루어진 현대식 건축 세계와 맞지 않기 때문이다. 2만 명을 대상으로 한 무작위 표본 연구(앞에서 소개한 스마트폰 앱 사용 설문조사와 같은 기법을 사용했다)에서 심리학자들은 그들이 얼마나 행복한지 조사한 다음 그들의 응답을 GPS 위치와 연결했다. 그 결과 사람들은 도시환경에 있을 때보다 완전 녹색의 자연환경이나 교외 지역의 야외에 있을 때 훨씬 더 행복한 것으로 나타났다.[19] 자연 속에 있으면 자연과의 유대감도 강해진다. 레슨 6에서 살펴보겠지만 그런 유대감은 우리의 정신 건강에 크게 영향을 미친다.[20] 49건의 연구를 종합 분석한 자료에 따르면 자연환경은 우리의 우울한 기분을 줄여줄 뿐 아니라 그와 똑같은 정도로 즐거운 기분을 고양해 줄 수 있다.[21] 자연이 정신 건강에 그토록 이로운 이유가 무엇일까?[22]

자연 속에 있으면 뇌의 두 가지 연결된 메커니즘에 특정한 변화가 생긴다. 하나는 스트레스에 대한 반응, 다른 하나는 마음배회와 관련 있다. 이미 살펴본 바와 같이 스트레스는 생리적인 위협 반응 시스템을 활성화해 심박수와 혈압을 올리고 스트레스 호르몬 코르티솔을 분비시킨다. 그러나 숲 같은 자연환경 속에 있을 때는 그런 반응이 줄어든다.[23] 도시환경과 비교할 때 자연 속에서는 스트레스의 피해를 회복하는 능력이 강화된다. 부교감신경계를 활성화함으로써 두려움과 관련된 투쟁-도피 반응을 억제할 수 있기 때문이다.[24] 위협이 있다는 사실을 명확하게 인식하지 못해도 두려움은 편도체를 활성화한다.[25] 그러면 우리는 암시적인 불길한 느낌을 가지며, 잠재적 위험을 경계하면서 계속 신경을 곤두세우게 된다. 대도시에 살면 이런 경계심이 커진다. 그 상태가 이어지면 우리가 위험에 대처하는 방식도 달라진다. 한 유명한 연구에서 뇌 영상 전문가들은 독일의 참여자들을 세 그룹(도시 거주자, 도시와 시골 두 곳 모두의 거주 경험자, 시골 거주자)으로 나눠 산술 문제를 풀게 하고 틀리면 시험관의 혹독한 비판을 받도록 함으로써 스트레스가 많은 상황을 연출했다.[26] 뇌 촬영 결과 대도시 거주자들만이 다른 그룹에 비해 편도체 활동이 늘어난 것을 확인할 수 있었다. 반면 시골에서 자랐고 지금은 도시에 사는 사람들은 편도체와 부정적 감정, 스트레스에 대한 반응을 제어하는 신경회로가 활성화되는 것을 보여주었다. 어린 시절의 시골 경험이 회복력을 제공했다는 뜻이다. 그러나 도시 거주자들도 노력하면 회복력을 되찾을 수 있다. 베를린 시민들을 대상으로 한 연구에서 1시간 정도만 숲속에서 걸어도 편도체 활동을 줄일 수 있었다.[27] 성인 약 2만 명을 대상으로 한 다른 연구는 자연 공간에서 일주일에 두 시간(한 번에 두 시간을 다 채우든 매일 조금씩 나눠서 두 시간을 채우든 마찬가지였다)을 보내면 건강과 행복도가 의미 있을 정도로 개선된다(참여자 자신의 평가)는 사실을 보여주었다.[28] 두 시간보다 더 길게 자연 속에 있어도 추가적인 혜택은 거의 없었다. 그러나 유의할 점이 있다. 자연 속을 걸어도 본인에게 자발적인 의욕이나 즐거움이 없다면 혜택도 미미하다. 시골에 가기 싫어하는 사람을 억지로 보내면 효과가 없을 뿐 아니라 잘못하면 역효과가 날 수 있다.[29]

자연 속에서 걸으면 편도체가 비활성화되는 동시에 행복과 관련된 두 번째 신경 메커니즘인 DMN의 내측 전전두피질도 비활성화되는 것으로 나타났다.[30] 내측 전전두피질은 도시를 걸을 때도 어느 정도 비활성화되지만 자연 속에서 걸을 때 그 효과가 더 강하며, 마음 배회가 적을 때도 같은 현상이 나타난다.[31] 자연 환경은 주의 집중력을 회복해 준다. 한 연구에서 참여자들이 자연 속에서 일정 시간 지낸 뒤 뇌 전두엽의 실행 기능을 활용해야 하는 과제를 수행할 때 성과가 더 높았다.[32] 도시 거주자의 마음은 도시 속에 있으면 배회할 수밖에 없다. 도시환경에 너무 익숙하기 때문이다. 같은 길로 매일 출퇴근하면 마음이 배회하기 때문에 직장을 오가면서 특별한 일이 아니면 주변에서 무슨 일이 있었는지 잘 기억할 수 없다. 특히 승용차로 같은 도로를 오가면 그런 현상이 더 심하다. 운전하는 시간의 최대 70% 정도는 잡생각 때문에 주변을 인식하지 않는다는 조사 결과가 있다.[33] 익숙한 환경에서 같은 일을 오래 반복하면 마음 배회가 심해져 주의가 산만해질 가능성이 크다.

도시의 거리를 걸으면서 마음이 떠돈다고 느끼면 주변을 좀 더 의식하려고 노력하라. 자연이 아닌 도시에서도 그렇게 하면 부정적인 생각을 억제하는 데 도움이 된다. 일종의 마음챙김이다. 익숙해진 환경의 특정 측면을 선택해 그곳에 의식적으로 주의를 집중하는 수련이다. 걸으면서 자신의 발이 놓이는 곳을 살피는 것도 한 가지 방법이지만 나는 아래를 보기보다는 눈을 들어 주변을 살피며 이전에 그냥 지나쳤던 건물의 독특한 모습에 주목하는 방법을 권장한다. 아니면 이어폰으로 스마트폰 음악 듣기를 잠시 중단하고 이동하는 동안 도시의 소리가 어떻게 바뀌는지 귀 기울이며 느껴보라. 가능하면 평소와 다른 길로 출퇴근하려고 노력하고, 이전에 가지 않았던 곳을 가보라. 우리가 여행을 즐기는 이유 중 한 가지는 새로운 풍광과 문화를 구경하고 생소한 소리를 듣는 것이다. 그러나 우리 동네나 가까운 곳에서도 주의만 기울인다면 얼마든지 새로운 경험을 할 수 있다.

주의력 스포트라이트

우리가 주어진 일에 집중하지 않을 때 우리 마음은 배회한다. 우리 뇌가 내부와 외부에서 얻는 정보 가운데 한정된 양만 처리할 수 있기 때문이다. 물론 자발적인 노력으로도 어느 정도 우리의 주의력을 제어할 수 있다. 예를 들어 소음이 심한 곳에서 누군가가 하는 말을 들으려고 할 때 우리는 다른 소리를 무시하려고 애씀으로써 그의 말에 집중한다. 그러나 일반적으로 우리의 주의력은 193쪽의 그림처럼 빛줄기를 한곳에 모으거나 널리 퍼뜨리는 스포트라이트와 같다.

빛줄기가 한곳에 모이면 해상도가 높아져 세부적으로 자세히 집중해서 볼 수 있다. 빛줄기가 널리 퍼지면 해상도는 떨어지나 더 넓은 범위를 볼 수 있다. 물론 빛줄기 밖에 있는 것은 보이지 않는다. 그러나 주의가 확산되면 산만해지기 쉽다. 주의력 스포트라이트는 하나밖에 없다. 우리는 한 번에 하나 이상에 똑같이 주의를 기울일 수 있다고 생각하기 쉽다. 하지만 흔히 멀티태스

주의력은 스포트라이트처럼 우리의 주의를 한곳으로 모으거나
주변으로 널리 흩을 수 있다.

킹으로 불리는 다중 작업이 실제로는 불가능하다. 다만 스포트
라이트를 빨리 옮길 수 있어서 멀티태스킹이 가능하다고 생각
하는 것일 뿐이다.

　우리 각자가 경험하는 의식의 흐름 대부분은 우리 스스로 제
어할 수 있다. 자신이 생각의 방향을 정한다는 뜻이다. 이런 식
이다. '그것 참 흥미로운 아이디어야. 그 아이디어를 좀 더 깊이
생각해 봐야겠어.' 그러나 때로는 우리의 주의를 요구하는 상황
때문에 너무 힘들게 느끼고 당황할 수 있다. 나도 예전에 붐비는
술집에서 처음 아르바이트할 때 각자가 자기 마실 것을 빨리 달
라고 외치는 고객들을 대하면서 엄청난 스트레스를 받은 기억
이 있다. 시간이 흐르면서 요령이 생겨 신속히 대처할 수 있었지
만 나는 지금도 식당이나 술집에서 초보 종업원의 당황한 모습

을 보면 연민을 느낀다.

힘든 상황에 빠지면 주의력 스포트라이트의 빛줄기가 다양한 요구에 초점을 맞추려고 이리저리 급히 옮겨 다닌다. 그러다가 제어력을 잃으면 마치 우리 마음이 외부 요인에 의해 납치당한 듯이 느낄 수 있다. 스스로 생각을 추스르거나 제어할 수 없는 극심한 스트레스가 엄습한다. 선택지가 많아 신중한 고려가 필요한 복잡한 상황에서는 이런 느낌이 불안과 초조로 이어진다. 예를 들어 낯선 도시에 가서 운전할 때는 수많은 표지판과 신호등, 다양한 경로를 고려하고 선택해야 해서 잘 아는 도시를 운전할 때보다 스트레스가 훨씬 더 심하다. 레슨 3에서 다룬 '선택의 횡포'가 여기서도 나타난다. 선택지가 너무 많으면 행복한 게 아니라 결정을 내리지 못해 망설이면서 더욱 불행해질 뿐이다.

그 외에도 자동적으로 주의가 산만해지도록 만들거나 잡생각을 일으켜 문제 해결을 방해하는 상황도 있다. 주의를 기울여야 할 일이 많은 바쁜 날은 건설적으로 사고하기 위해서는 잡생각을 무시하려고 의식적으로 노력해야 한다. 그러나 문제가 있다. 그런 노력이 '역설적 사고 억제(ironic thought suppression)'라는 반동 효과를 부를 수 있다.[34] 역설적이라고 말하는 것은 부정적인 생각이나 과거사에 대한 되새김을 피하려고 할수록 그 생각이 더 크게 떠오르기 때문이다. 생각을 억누르는 데 가까스로 성공했다고 해도 나중에 더 강하게 돌아온다. 더구나 전혀 예상치 않은 순간에 닥칠 수 있다.

역설적 사고 억제가 어떤 효과를 불러오는지 알아보려면 다음과 같이 해보라. 먼저 1분 동안 자기 마음속에 무엇이 들어 있는지 살피라. 주의력 스포트라이트를 내면으로 돌려 자신의 생각을 점검하는 '내관(introspection, 자기성찰)'의 과정이다. 그러나 시작하기 전에 한 가지 규칙이 있다는 사실을 알아야 한다. 어떤 생각을 해도 좋으나 예외가 있다. 흰 북극곰은 생각하지 말아야 한다. 그 점을 명심하고 시작해 보라.

어떤가? 흰 북극곰을 생각하지 말라는 이야기를 듣자마자 계속 흰 북극곰이 마음에 떠오르지 않는가? 연구 결과가 보여주듯이 대다수 사람이 그렇다.[35]

우리는 원치 않는 생각을 무시하려고 애쓰지만 계속 떠올라 고통스러울 때가 많다. 밤에 잠자리에 들었지만 잠이 오지 않으면 우리는 이리저리 뒤척이며 우리를 깨어 있게 만드는 생각을 무시하려고 애쓴다. 심리학자 댄 웨그너는 원치 않는 생각을 제어하려고 애쓰면 애쓸수록 역설적으로 그 생각이 강해진다고 설명했다. 떠올리기 싫은 생각을 억제하려는 노력 자체가 그 생각의 표상을 마음에서 강화한다는 뜻이다. 왜 그럴까? 그 생각이 주의력 스포트라이트 아래 떨어지기 때문이다. 우리는 그 생각을 무시하려고 자기의식의 흐름을 면밀히 감시하면서 그 생각이 끼어드는지 살핀다. 하지만 그렇게 함으로써 오히려 그 생각을 의식 속으로 다시 끌어들인다.

웨그너의 견해에 따르면 마음 배회라는 표현은 부정확하다. 마음 배회라고 하면 마음속을 안일하게 거니는 모습이 연상되지만 사실 그 과정은 끊임없는 전투이기 때문이다. 웨그너는 이렇게 말했다. "마음은 우리가 목표로 하는 곳에서 벗어나 떠돌아다닐 뿐 아니라 우리가 금지하는 곳으로도 흘러간다."[36] 불쑥불쑥 떠오르는 부정적인 생각은 우리의 집중력을 무너뜨리고 우리를 어두운 곳으로 끌어당긴다. 그 생각은 우리가 무시하려고 애쓸수록 우리를 더욱 강하게 끌어당긴다. 어떻게 해야 이 마음이란 반항아를 길들일 수 있을까?

마음챙김 명상

이제부터는 자기 성찰을 좋은 방향으로 활용할 수 있는지 알아보자. 원치 않는 부정적인 생각에 시달린다면 명상이 대안이 될 수 있다. 명상은 심리적 스트레스 완화 효과 덕분에 정신 건강과 행복 증진 프로그램의 주된 요소로 자리 잡았다.[37] 명상에는 여러 종류가 있지만 전부 다 자기 성찰과 마인드컨트롤을 바탕으로 한다. 자기 성찰은 주의를 내부로 돌려 마음속에 든 것에 초점을 맞추는 자기 점검을 가리킨다. 또 여기서 말하는 마인드컨트롤은 다른 사람의 생각을 조종하는 게 아니라 자신의 주의력 스포트라이트를 조절한다는 의미다. 마인드컨트롤의 한 가지 방법은 자기 생각의 주제와는 다른 곳에 주의를 집중하려고 의식적으로 노력하는 것이다. 신체의 느낌, 자신의 호흡, 또는 멀리서 들리는 소리 같은 감각적 경험이 그 예다. 일부 명상은 마음의 주의력을 집중하도록 염불을 외는 것 같이 만트라(진언: 정신을 통일하고 깨달음을 얻기 위해서 외우는 주문)를 암송한다. 주의력 스포트라이트는 단 하나밖에 없으므로 동시에 두 가지 생각에 초점을 맞출 수 없다. 따라서 우리가 주의력 스포트라이트의 지향점을 제어할 수 있다면 불청객처럼 찾아오는 부정적인 생각이 우리 마음을 납치하지 못하도록 막을 수 있을 것이다.

주의력 스포트라이트의 지향점 조절과 명상의 마음 진정 효과를 혼합한 기법이 '마음챙김 명상'이다. 마음챙김 명상은 주의력 스포트라이트를 조절해 현재 순간에 집중하도록 해준다. 앞서 살펴봤듯이 우리는 자연 속을 거닐면서 이전에 눈에 들어오지 않았던 것들에 초점을 맞춤으로써 마음 배회에서 벗어날 수 있다. 여기에다 명상을 더하면 '현재 여기'라는 순간에 주의를 집중하면서 긴장 완화와 심호흡으로 마음의 평온을 얻을 수 있다. 불쑥불쑥 찾아오는 생각의 부정적인 면을 고려하면 마음챙김 명상이 마인드컨트롤의 가장 손쉬운 방법일 수 있다. 물론 지도자의 인도와 상당한 훈련이 필요하다. 주로 다음과 같은 지시를 따라 하면 된다. "눈을 감고 호흡에 집중하라. … 이제 주의력 스포트라이트를 몸의 각 부위로 이동시키라. 먼저 발바닥에서 시작해 전신 스캔을 하듯이 스포트라이트를 서서히 몸의 윗부분으로 옮기라. … 원치 않는 생각이 떠오르면 생각하지 않으려고 애쓰지 말라. … 그 생각을 인식하고 인정하라. … 그 생각을 판단하거나 깊이 따지지 말고 그냥 인식하라. … 그 생각이 구름이라고 상상하고 그 생각이 구름처럼 흘러가는 모습을 마음속으로 그리라. … 그 생각이 먼 허공으로 사라지는 것을 바라보라. … 이제 다시 호흡에 집중하라." 이런 명상의 목표는 생각에 초점을 맞추지 않고 주의를 호흡이나 다른 감각적 경험으로 서서히 되돌리는 것이다.

특히 이런 명상이 지도자의 인도를 따를 때 효과가 큰 것은 외부의 지시를 따르면 자신의 고유한 정신적인 관점에서 벗어나기가 더 쉽기 때문이다. 연구에 따르면 주의력 스포트라이트의 이동은 스스로 애쓰기보다 외부의 지시에 따를 때 더 효과적이다.[38] 부정적인 생각이 가진 제어권을 이런 외부의 지시가 빼앗을 수 있다. 또한 우리 스스로 부정적인 생각을 억제하려고 하면 그 생각이 역설적인 사고 억제 효과를 내지만 외부의 지시에 따라 생각을 인식하고 인정한 다음 무시할 때는 그런 역설적 효과를 막을 수 있다. 위에서 예로 든 연구에서 흰 북극곰을 생각하지 않으려고 무척 애썼던 사람들은 연구가 끝난 뒤에도 흰 북극곰 생각에 몰입한 것으로 나타났다.[39] 그 생각은 마치 용수철처럼 세게 누를수록 더 강하게 튀어 오른다.

근년 들어 명상의 건강상 혜택에 일반인들만이 아니라 학계도 관심을 보이면서 스마트폰으로 사용할 수 있는 헤드스페이스(Headspace) 같은 명상 앱이 큰 인기를 끄는데, 유저가 7000만 명이나 된다. 정신부터 신체 건강까지 다양한 측면에서 명상의 장기적 혜택을 주장하는 연구가 많이 쏟아진다. 그러나 그런 연구 중 다수는 결함이 있거나 편향적이다. 명상은 널리 알려진 터라 맹검(盲檢) 연구(편향의 작용 등 참여자에게 영향을 미칠 수 있는 정보를 실험이나 연구가 완료될 때까지 알려주지 않는 실험 방법)가 불가능해서 엄격한 임상 평가가 어렵다. 비맹검 연구의 문제점은 참여자가 혜택을 과대평가할 수 있다는 것이다. 이미 알고 있는 정보 때문에 혜택이 클 것으로 기대하기 때문이다. 전문용어로 '플라세보 효과(placebo effect, 위약 효과)'다. 어떤 방법이 좋다고 믿으면 실제로 그렇게 되는 경향을 가리킨다.

그러나 명상의 주요 효과인 긴장 완화나 호흡 조절, 생각 조절의 즉시적인 혜택은 분명히 있다. 그런 혜택은 실시간 측정이 가능하다. 레슨 2에서 살펴봤듯이 박스 호흡법 같은 호흡 조절은 부교감신경계를 활성화함으로써 투쟁-도피 반응을 억제한다 (이 반응을 억제하지 않으면 만성 스트레스를 비롯한 여러 부작용이 발생한다). 그 효과는 호흡계, 심혈관계, 심폐계, 자율신경계의 정신생리적 변화를 통해 측정할 수 있다.[40] 명상의 결과로 뇌 활동의 장기적인 변화를 보여주는 연구들도 있다. 그런 결과는 플라세보 효과가 아니어서 무시할 수 없다. 특히 자신과 타인의 신경 표상이나 마음 배회와 관련된 DMN(기본 모드 신경망)의 활동도 명상으로 진정시킬 수 있다. 가장 인상적인 결과 중 하나는 1만 시간 이상 수련한 노련한 명상가와 명상 초보자를 비교한 연구에서 나왔다.[41] 그 연구 참여자들의 뇌 영상을 보면 노련한 명상가들은 초보자와 비교할 때 DMN 활동의 전반적인 감소와 함께 주의 산만과 마음 배회도 적었다. DMN의 활성화가 억제되면서 마음을 더 잘 조절할 수 있다는 뜻이다.

'몰입'을 추구하라

마음이 배회하면서 잡다한 부정적인 생각에 시달리는 상황을 걱정하는 사람이 많다. 당연하지만 먼저 명심할 점은 마음이 배회할 때 반드시 나쁜 생각만 하지는 않는다는 사실이다. 실제로 대부분은 우리 마음이 긍정적인 생각으로 흘러간다. 그러나 앞서 지적했듯이 긍정적인 생각으로 마음이 배회해도 주어진 일에 집중할 때보다 행복도가 더 높아지지는 않는다. 주의력 스포트라이트가 넓어졌다가 좁아지기를 반복하면서 마음은 우울함부터 기쁨까지 감정의 스펙트럼을 오가지만 대부분은 중립지대에 머문다. 때로는 즐겁고 생산적인 상상의 나래를 펼치기도 한다. 특히 우리가 자기 마음을 직접 제어할 수 있을 때가 그렇다.[42] 그럴 때는 현재 하는 일에서 흥미 있는 다른 주제로 주의력을 의도적으로 돌린다. 이스라엘의 신경과학자 모셰 바르는 그런 마음 배회를 통해 우리가 갖는 다양한 생각들 사이의 연관성을 찾을 수 있다고 믿는다.[43] 우리가 밤에 꿈을 꿀 때 일어나는 정신적인 정리정돈과 비슷하다. 물론 꿈보다는 훨씬 현실적이다. 이런 연관성 탐구는 새로운 통찰을 얻는다거나 어떤 아이디어를 개발할 때 생산적일 수 있다. 상황이 어떻게 발전할지 마음속으로 미리 그려볼 수 있기 때문이다. 긍정적인 마음 배회를 이룰 수 있는 가장 좋은 방법은 우리가 가진 재능을 활용하는 창의적인 활동을 하는 것이다. 음악가나 화가, 작가는 새로운 아이디어를 찾거나 하나의 아이디어에서 다른 아이디어를 연상할 때 긍정적인 마음 배회를 경험할 수 있다.

일상생활에서는 우리가 생각과 느낌과 활동 사이의 균형을 잡을 필요가 있을 때 긍정적인 경험을 찾으려 한다. 생각과 느낌과 활동은 일치하지 않을 때가 적지 않다. 예를 들어 일하기를 원하지만 지금 자신이 하는 일을 즐기지 않을 수 있다. 그럴 때는 동기 유발도 잘 안 되고 생산성을 올리기도 무척 어렵다. 반면 마음을 집중할 수 있고 즐거움을 느낄 수 있는 일을 찾는다면 '몰입(flow)'의 상태로 들어갈 수 있다.[44] 여기서 말하는 몰입은 심리학자 미하이 칙센트미하이가 제시한 개념으로, 활동과 생각과 느낌이 일치하는 순간 물 흐르듯이 자연스럽고 편안해지는 상태를 가리킨다. 한마디로 특정 상황에서 활동하면서 집중하거나 푹 빠진 상태를 경험하는 것이다.

재능과 집중력을 요구하고 만족감을 줄 수 있는 활동이 몰입의 개념을 가장 잘 보여주는 사례다. 운동선수, 예술가, 음악가 등은 모두 각자의 활동을 즐길 때 시간이 가는 줄도 모르고, 외부의 압력도 느끼지 않으며, 자기중심적인 자아 인식도 사라지는 듯한 몰입의 고요한 순간을 경험한다. 최고의 능력(기술) 발휘를 요구하나 거기에 압도되지 않는 활동(과제)이라야 한다. 202쪽의 그림이 잘 보여주듯이 과제의 부담감과 기술 수준은 몰입과 비례 관계에 있다. 과제의 높은 부담감이 기술 수준과 일치할 때 몰입 현상이 나타난다.

과제의 부담감과 기술 수준이 조화되지 않으면 다른 감정이 생긴다. 예를 들어 어떤 과제가 기술도 거의 필요하지 않고 부담감도 없다면 감정 상태가 '무관심'으로 나타난다. 과제가 무척 어려운데 기술이 받쳐주지 않는다면 '불안' 상태가 된다. 기술 수준은 높은데 과제가 아주 쉽다면 '느긋함'이 찾아온다. 이 느긋함은 몰입과는 전혀 다르다.

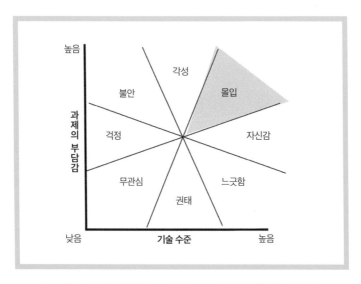

기술 수준과 과제의 부담감 사이의 관계에 따라 심리적인 반응이 달라진다.
기술 수준과 과제의 부담감이 둘 다 높을 때 최적의 '몰입' 상태에 도달할 수 있다.
(Adapted from Csikszentmihalyi, 1990)

한편으로 몰입은 과제의 부담감과 기술 수준이 둘 다 낮지만
그 둘 사이의 관계가 최적일 때도 경험할 수 있다. 스키를 예로
들어보자. 스키는 초보자부터 전문가까지 기술 수준이 다르고
코스의 난이도도 다양하지만 대다수가 몰입을 경험한다. 스키
어는 경사가 완만한 슬로프부터 급경사 슬로프까지 다양한 코
스 중에서 선택할 수 있다. 노련한 스키어라면 최상급 난도 코스
를 원한다. 자신의 기술 수준과 일치하기 때문이다. 반면 초보자
는 같은 이유로 가장 쉬운 코스를 선택한다. 이처럼 난도와 기술
수준을 일치시키면 초보자도 전문가도 몰입을 경험할 수 있다.

내면의 목소리

이처럼 최적의 부담감이라는 개념은 몰입과 긍정적인 마음 상태에 중요한 역할을 한다. 하지만 그 개념은 20세기 초 러시아의 심리학자 레프 비고츠키가 제시한 '근접발달 영역(zone of proximal development)'이라는 개념과 매우 유사하다.[45] 비고츠키에 따르면 어린아이가 발달하기 위해서는 부모가 아이의 능력을 시험하는 도전 과제를 제공해야 하지만 아이가 압도되지 않도록 안전장치를 마련해 줘야 한다. 바로 그 영역이 최적의 균형을 나타낸다. 어린아이는 그런 방식을 통해 점차 자신감을 키워갈 수 있다. 그것은 우리가 살아가면서 계속 배워야 하는 인생 교훈이다. 자신의 한계 가까이 밀어붙이면 진전을 이룰 수 있고 성취감과 그에 따른 행복을 맛볼 수 있다. 그러나 전혀 노력하지 않는다거나 능력의 한계를 넘어서는 데까지 밀어붙이면 성장할 수 없다.

비고츠키는 어린아이가 부모나 돌보는 사람들이 제공하는 사회적 교류와 지원을 자기중심적이고 사적인 언어로 내면화하는 방식도 고찰했다. 그에 따르면 아이는 체계화된 놀이나 교습을 통해 어른들의 조언과 격려를 흉내 내는 방법을 배운다. 아이는 혼자서 인형을 가지고 놀 때 인형과 대화도 하고 그 상황을 생중계하듯 혼잣말로 계속 읊조린다("이불을 덮어주고 침대를 흔들어줘야지").[46] 그런 중얼거림을 엿들으면 아주 재미있다. 아이는 자신의 행동을 생각하며 그에 대한 평가를 인형에게 전한다("아주 잘했어 애야.", "아이구 이 바보야!").

어린아이는 두세 살이 되면 혼잣말을 중얼거리기 시작한다. 그러다가 좀 더 크면 그런 혼잣말(사적 언어)이 생각의 패턴을 이끌면서 좀 더 과제 중심적으로 된다. 아이가 과제를 받았을 때 혼잣말을 중얼거리며 어떻게 할지 계획하면 문제를 더 잘 해결할 수 있다는 연구 결과가 그런 해석을 뒷받침한다. 그러다가 5-7세가 되면 그런 '사적 언어'를 '내적 언어'로 내면화하는 방법을 깨친다.

이런 내면의 목소리가 내면의 대화로 발전한다. 우리가 성인으로서 계속 경험하는 이 내면의 대화는 마음속에서 자신과 나누는 의식적인 대화 가운데 대부분을 차지한다. 이 내면의 목소리를 입 밖으로 내면 행동 계획을 실행에 옮기는 데 도움이 될 수도 있다. 고령인 나의 어머니는 어떤 실용적인 문제를 해결하려고 할 때 아직도 그 방법을 사용하신다. 최근 어머니가 저녁 준비를 하시는 모습을 지켜봤을 때 어머니는 자신의 다양한 행동을 혼잣말로 실황중계를 하셨다. "자, 그럼 이제 이게 어떻게 되었는지 한번 볼까? 그래, 소금을 좀 더 쳐야겠어. 그런데 소금을 어디에 뒀지?"

이처럼 내면의 목소리는 문제 해결에서 소중한 도구가 될 수 있으나 한편으로 우리에게 도움보다 방해가 됨으로써 불행의 근원이 될 수도 있다. 심리학자 이선 크로스는 내면의 목소리가 갖는 이런 부정적인 측면을 '채터(chatter, 재잘거림)'라고 부른다. 채터는 되새김(반추), 최악의 상황 상상하기, 자기 패배적인 생각 등으로 나타나며 많은 정신적 노력과 주의력을 빼앗아 간다.[47]

때로는 그런 내면의 목소리가 자신을 의심하거나 비판함('넌 부족해', '넌 못생겼어')으로써 우리의 정신 건강과 행복에 찬물을 끼얹을 수 있다. 또 '넌 실패할 수밖에 없어'라는 경고로, 일을 시작하기도 전에 의욕을 꺾기도 한다. 이처럼 자기 내면의 목소리는 최악의 자기 비판자가 될 수도 있다.

우리는 모두 이런 내면의 목소리를 갖고 있다. 사람의 마음에서 불가피한 측면이다. 따라서 내면의 목소리를 무시하려고 애쓰기보다 우리 생각을 제어하는 도구로 사용함으로써 그 힘을 행복 증진에 이용하는 편이 더 낫다. 그렇다면 그 비판적인 목소리를 어떻게 격려와 지지의 목소리로 바꿀 수 있을까? '거리 두기' 연습을 통하면 가능하다.

심리적 거리 두기

일반적으로 우리는 당면 문제를 과대평가한다. 부정성 편향이 그 부분적인 이유이지만 내면의 비판적 목소리에 귀를 기울이고 비판을 되새김질하려는 우리 성향도 거기에 영향을 미친다. 우리는 자기중심적인 마음 때문에 당면 문제에 집중하면서 그 문제의 심각성을 증폭시킨다. 눈앞에 닥친 문제가 마치 감정의 블랙홀인 듯 우리는 그 중심으로 빨려들어 간다. 그런 위험을 피하려면 우리 자신과 문제 사이에 어느 정도 거리를 둘 필요가 있다. 이제 우리가 좀 더 타인중심적이 되도록 이끄는 긍정심리학적 방법으로 심리적 거리 두기를 설명해 보겠다.

지금 여러분을 괴롭히는 문제를 떠올려보라. 가정적이거나 허구적인 게 아닌 실질적 문제라야 한다. 억눌려 있어서 현재로선 의식에 들어 있지 않을 수도 있다. 하지만 내면 깊이 들어가서 여러분을 불행하게 만드는 그 무엇을 찾아보라. 분명히 찾을 수 있을 것이다. 주의력 스포트라이트를 내면으로 돌려 자기 마음속을 자세히 스캔해 보라. 거기서 그 문제를 찾아 그것이 바로 지금 어떻게 느껴지는지 생각해 보라. 예를 들어 나는 나 자신에게 이렇게 말할 수 있다.

나는 이 책을 아무도 읽지 않을까 걱정이다. 내가 쓴 책 내용이 독자들에게 만족스러울지 확신이 서지 않기 때문이다. 내가 이 책을 쓰느라 많은 시간과 노력을 들였기 때문에 지금 나는 속상하다.

이제 여러분 차례다. 공공장소에 있다면 소리 내지 않고 내면의 목소리를 사용해 걱정거리를 자신에게 말해 보라. 혼자 있다면 큰 소리를 내어 말하는 게 좋다.

나는 [무엇을] 걱정한다. [무슨 이유] 때문이다. 그래서 나는 속상하다.

그다음 그 말에 대한 자신의 감정적 반응을 살펴보라. 어떻게 느껴지는가? 기분이 별로 좋지 않을 것이다. 내가 여러분에게 문제를 끄집어내어 상기하게 하고, 그 문제에 초점을 맞추게 하며, 그에 대한 불행함을 표현하게 하고, 또 그에 대한 느낌을 살펴보게 하기 때문이다. 이제 그 문제가 여러분 생각의 중심에 자리하고 있을 것이다. "너무하네요"라고 여러분은 내게 말할지 모른다. 하지만 걱정하지 마시라. 해결할 방법이 있다.

이제 다시 한번 같은 말을 자신에게 하라. 하지만 이번에는 '나'라는 1인칭 대명사 대신 자기 이름을 사용해 3인칭으로 말해 보라. 나의 경우를 다시 예로 들어보겠다.

브루스는 자기 책을 아무도 읽지 않을까 걱정이다. 그가 쓴 책 내용이 독자들에게 만족스러울지 확신이 서지 않기 때문이다. 그가 이 책을 쓰느라 많은 시간과 노력을 들였기 때문에 지금 그는 속상하다.

이제 여러분 차례다. 여러분의 이름을 사용해서 여러분의 문제를 3인칭으로 말해 보라.

1인칭으로 말했을 때와 비교해 보라. 어떤 느낌인가? 걱정하는 실제 문제가 있다면 지금처럼 그대로 따라 해보면 훨씬 마음이 편해질 것이다. 나는 학생들과 내 강의를 듣는 청중에게 자주 이 연습을 시켜본다. 열 명 중 아홉 명은 자신의 문제를 마치 다른 사람의 문제인 것처럼 자신의 이름을 사용해 3인칭으로 표현할 때 1인칭으로 했을 때보다 훨씬 덜 불편하게 느낀다. '심리적 거리 두기(psychological distancing)' 현상을 바탕으로 한 기법이다.[48]

이처럼 3인칭 관점에서 미해결 문제를 생각하면 부정적인 감정의 충격이 약해지는 이유가 뭘까? 자신을 3인칭으로 지칭하면 자연스럽게 관점이 자기중심적에서 좀 더 타인중심적으로 이동하면서 자신과 자신의 문제 사이에 심리적 거리가 생기기 때문이다.[49] 왕족은 예외이지만 우리 같은 일반인은 자신을 가리켜 말할 때 3인칭으로 이름을 내세워 말하지 않으며, 다른 사람을 지칭할 때만 이름을 사용한다. 따라서 '브루스'가 '브루스'에게 말할 때 그는 자신과 일정한 거리를 두고 자신에 관해 생각하게 된다.

자신을 제삼자인 듯이 이름으로 부르며 심리적 거리 두기를 하는 것은 힘든 문제로 괴로워하는 친구를 위로할 때와 비슷하다. 우리는 친한 친구의 고민에 대해 안타깝게 생각하지만 마치 내 문제인 것처럼 걱정하지는 않는다. 그와 같은 심리적 거리 두기가 뇌의 자아 개념 표현 방식에 영향을 준다는 연구 결과가 있다. '채터' 가설을 세운 심리학자 크로스는 연구 참여자들에게 개인적인 사건에 관한 부정적인 기억을 회상할 때 내면의 목소리를 사용해 1인칭으로 말하거나 또는 자기 이름을 사용해 말하게 하면서 뇌 영상으로 혈류량을 비교했다.[50] 그 결과 자신의 이름을 사용한 참여자들은 1인칭 대명사 '나'를 사용한 참여자들보다 내측 전전두피질 부분의 활동이 적었다. 다시 말해 비(非) 1인칭 언어를 사용함으로써 자아 개념과 관련된 뇌 부위에서 자아의 표상이 누그러뜨려졌다는 뜻이다.

심리적 거리 두기를 사용하는 다른 방법은 정신적인 시간 여행을 통해 과거와 미래의 자아 관점에서 상황을 고려하는 것이다. 현재 어떤 문제로 고민하는 중이라면 먼저 1년 또는 5년 전에 자신이 어떠했는지 돌이켜보라. 아마도 그때의 문제는 이미 사라지고 없을 것이다. 과거의 어려움을 그 후 어떻게 극복했는지 생각해 보라. 그와 같이 지금 당면한 문제도 결국은 해결될 것이라고 자신을 안심시키라.

그런 다음 미래로 정신적인 시간 여행을 하라. 지금 당면한 문제가 앞으로 1년이나 5년 뒤 얼마나 중요할지 상상해 보라. 자신을 미래로 옮기면 시간의 심리적 거리가 생긴다. 우리는 경험을 통해 '세월이 약'이라는 사실을 안다. 우리는 이 기법을 통해 장기적인 관점을 가질 수 있다. 장기적인 관점은 언제나 좀 더 긍정적이다.

상황에 대한 전체적인 큰 그림을 볼 수 있으려면 과거나 미래로 자신을 투사하는 능력이 필수적이다. 만약 우리가 마음 배회나 그와 관련된 부정적인 되새김의 위험, 또는 비판적이고 자조적인 내면의 목소리에 굴복하면 우리는 과도하게 자기중심적인 자아에 매몰되어 자기 연민이나 부정적인 평가에 빠져 허우적대며 불행한 삶으로 치달을 가능성이 크다. 자신과 당면 문제 사이의 거리를 띄울수록 그 문제에 더 잘 대처할 수 있다.

전체적으로 큰 그림을 보는 또 다른 방법은 다른 사람들과 우리의 관계를 강화하는 것이다. 인간관계 강화는 진화의 산물로 우리가 발달시킨 사회적 유대감 추구와 일치한다. 인간관계가 우리 생각과 행동에 직접적인 영향을 미치는 현상에 관해서는 다음 레슨에서 자세히 살펴보기로 한다. 하지만 그 영향은 아주 미묘하며 우리가 통제할 수 없는 경우가 많다. 아울러 우리 자신의 행복 증진을 위해 다른 사람들의 도움을 최대한 끌어내는 방법도 찾아볼 것이다. 그러기 위해서는 다른 사람들의 생각만이 아니라 우리 자신의 생각도 이해해야 하며, 우리에 대한 다른 사람들의 생각이 실제 우리 자신과 다른 경우가 많은 이유도 알아야 한다. 인간을 두고 사회적인 동물이라고 하지만 갈수록 우리는 우리가 형성하는 인간관계에서 어려움에 놓인다. 이 문제는 부분적으로 우리의 과도한 자기중심적 편향에서 비롯되나 우리가 다른 사람들과 함께 지내는 것을 얼마나 즐기는지에 관한 잘못된 판단과 예측에서 비롯되기도 한다.

● **과거의 실패나 잘못된 일을 계속 되새김질하려는 경향을 경계하라**

마음이 배회하면서 부정적인 생각으로 기울 때를 인식하라.

그런 때를 인식하면 긍정적인 주제로 생각을 옮기거나 집중을 요하는 활동을 하라.

● **역설적 사고 억제의 결과가 어떤지 기억하라**

부정적인 생각을 억지로 억누르려고 하지 말고 그런 생각이 떠오르면 대수롭지 않게 여기고 그냥 무시하라. 그 생각이 계속 떠올라서 잠을 이루지 못한다면 자리에서 일어나 무엇인가 집중할 수 있는 일을 하면 그 생각을 잊을 수 있다.

● **규칙적으로 명상을 하려고 노력하라**

명상이 모든 사람에게 효과가 있지는 않지만 일단 해보고 판단하라. 하루 5분이면 충분하다. 지도자가 인도하는 교습으로 시작하면 마음 제어력을 쉽게 회복할 수 있다.

● **자신에게 적합한 '몰입' 상태를 추구하라**

자신의 능력에 맞는 과제나 취미부터 시작하라. 과도한 부담감은 없으면서 추가적인 노력이 필요한 약간 힘든 과제를 선택하면 교훈과 보람을 동시에 얻을 수 있다.

● **자신과의 거리 두기를 꾸준히 연습하라**

자신과 자신이 당면한 문제 사이에 심리적인 거리를 두려면 비(非) 1인칭 언어를 사용하라. 자신의 문제를 기록한 다음 자신에게 조언을 해주는 친구가 되어 상황을 검토하면 마음이 한결 가벼워진다.

또 현재 무엇에 관해 불행하게 느낀다면 1년이나 5년 뒤를 상상해 보라. 그러면 그것이 일시적인 상황일 뿐이라고 생각할 수 있다.

사회 연결망을
강화하라

인간은 사회적인 동물로서 육체적, 정신적 행복을 위해 서로에게 의지한다.

그럼에도 인간의 가장 큰 두려움은 다른 인간이다.

이 얼마나 아이러니인가?

기회를 놓치거나 따돌림을 당하거나 배척당하거나 무시당하거나

자존감이 짓밟히거나 웃음거리가 될지 모른다 등등

수많은 사회적 두려움이 우리를 엄습한다.

지금까지 우리는 행복을 자기중심주의와 타인중심주의 사이의 균형 잡기와 연결시켰다. 좀 덜 자기중심적이 되고 좀 더 타인중심적이 되는 것, 다시 말해 다른 사람들을 좀 더 배려하는 동시에 그만큼 자기 자신에 대한 생각을 줄이는 것이 행복의 비결이다. 자신을 너무 의식하면 행복에서 멀어지게 된다. 자아가 만들어내는 부정적인 왜곡과 편향이 그렇게 만든다. 이를 두고 심리학자 마크 리어리는 '자아의 저주(the curse of self)'라고 불렀다.[1] 자신을 성찰하는 인간 고유의 이 특별한 능력이 부정적인 자기평가로 이어져 우리를 불행하게 만든다는 뜻이다. 물론 자아는 다른 사람들의 마음을 파악하거나 미래를 예측하는 등 우리에게 유익한 전략들을 실행할 수 있도록 한다. 그러나 자신을 다른 사람들과 비교하거나 잠재적인 문제를 상상할 때 자아는 흔히 부정적인 생각으로 치우친다.

자기중심주의는 의식의 흐름과 자아 경험에서 기본 설정값에 해당한다. 과도한 자기중심적인 생각을 가까스로 억누른다고 해도 그런 생각은 잠시 휴면할 뿐 기회가 오면 언제든 기본 설정으로 되돌아가 다시 고개를 든다. 무엇보다 스트레스와 압력, 불안이 자기중심적인 생각을 촉발한다.[2] 또 그런 생각이 스트레스를 증폭시키는 악순환을 낳는다. 우리는 불안할수록 사회 연결망과 단절될 가능성이 커진다.[3] 그와 같은 고립 상태로 시간이 흐르면 우리는 행복을 느끼도록 해주는 것들로부터 점점 더 멀어져 비참과 고통의 나락으로 빠져들게 된다.

대개는 자기중심적인 생각을 의식적으로 줄이기가 쉽지 않다고 말한다. 경험상 옳은 지적이다. 그렇다면 그 방법보다 다른 사람들과 연결해 사회적 유대감을 강화하는 쪽으로 방향을 돌리는 것이 더 편하고 효과적일 수 있다. 주의력 초점을 의도적으로 다른 사람들에게 맞추고 스포트라이트를 내면에 비추지 말고 외부로 돌리는 방법이다. 레슨 5의 명상 연습에서 살펴봤듯이 스스로 주의력을 제어할 수 있다면 우리의 의식에 불청객처럼 불쑥불쑥 끼어드는 부정적인 생각을 차단할 수 있다. 그런 생각은 주의 집중 시간이 짧은 데서 비롯된다. 주의력 스포트라이트를 다른 사람에게로 돌리면 자동적으로 자기중심주의가 약해진다. 우리의 주의력 스포트라이트는 자신에게서 다른 사람들에게로, 또는 그 역으로 신속히 방향을 전환할 수 있으나 자신과 다른 사람을 한꺼번에 비출 수는 없다. 첫아기를 낳은 부모나 반려동물과 함께 지내는 사람들에게 물어보라. 애지중지하고 마음을 주고 싶은 대상이 있으면 자기중심적인 편향에서 저절로 벗어나게 된다. 그 대상이 무엇이 불편한지 말을 못 하면 마음 이론을 동원해 알아내야 하기 때문이다. 아기가 왜 울까? 아기가 무슨 생각을 할까? 아기가 원하는 게 뭘까? 사랑과 관심을 쏟아야 하고 또 쏟고 싶은 대상을 대할 때 우리는 자기 자신을 기꺼이 희생한다.

이제부터는 우리 자신과 다른 사람들 사이의 관계를 위주로 사회적 유대감 강화를 통해 얻을 수 있는 혜택이 무엇인지 알아보겠다.

인간은 지극히 사회적인 동물로 진화했다. 그러나 다른 사람들과 의미 있는 유대감을 형성하려는 우리 노력을 가로막는 장애물들이 있다. 희한한 편견과 오해가 그 첫째 장애물이다. 흔히 우리는 안면을 트고 대화를 시작하는 행위를 실제보다 더 어렵게 생각하며, 상대가 나를 거부할 게 뻔하다고 지레짐작한다. 이런 장애물을 극복해야 의미 있는 사회적 연결이 가능해진다.

둘째 장애물은 지금처럼 급변하는 세계에서는 사회적 유대감을 형성하기가 갈수록 어려워진다는 사실이다. 잘 알다시피 선진국에서는 외로움이 증가하면서 행복 지수와 건강 수준이 낮아지고 있다.[4] 레슨 2에서 살펴봤듯이 인류는 농업이 시작되기 이전 오랜 세월 동안 소규모 유목 집단으로 살았다. 문명이 시작된 이래 그런 생활 방식이 변하면서 사람들 사이의 상호작용도 변했다. 지금 우리는 현대성과 디지털 혁신이 우리의 행동 양식과 세계를 시시각각 변화시키는 인류 발달의 중대한 시점에 도달했다. 우리는 사람들이 붐비는 번잡한 도시에서 살아가지만 역설적이게도 개개인은 날이 갈수록 사회적으로 더 고립되어 가면서 깊은 외로움에 시달린다. 2015년 유거브의 조사에 따르면 영국의 도시 거주자 중 이웃 5명의 이름을 댈 수 있는 사람은 3분의 1도 채 되지 않았다. 반면 시골의 경우는 주민의 절반 이상이 이웃 5명의 이름을 쉽게 댈 수 있었다.[5]

그 외에 나라별로 차이를 보이는 사회적 결속감과 공동체에 대한 인식도 중요한 문제다.[6] 또한 국민의 행복 지수가 높은 나라들에 대해서도 좀 더 자세히 알아볼 필요가 있다. 예를 들어 북유럽 국가들이 가장 행복한 나라로 꼽히는 이유를 알면 우리가 행복해지는 데도 도움이 될지 모르기 때문이다.

이 장에서는 특히 행복을 누리는 데 필수적인 사회적 유대감의 증진에 관해 분석하는 시간을 갖고자 한다. 우리가 다른 사람들과 함께 있을 때 우리 뇌에서는 무슨 일이 일어나며, 사회성이 우리의 전반적인 행복에 영향을 미치는 이유는 무엇일까? 주변 환경이 우리의 친절함과 무례함을 어떻게 형성하는가? 다른 사람들이 우리를 얼마나 좋아하는지 왜 우리는 늘 잘못 예측할까? 무엇보다 여기서 우리는 행복 추구에서 사회 연결망이 발휘하는 위력을 살펴보기로 한다.

함께하는 즐거움과 행복

재미있는 활동을 여럿이 함께하면 즐거움이 배가된다. 악기를 연주하든 운동을 하든 그냥 뛰어놀든 다른 사람들과 함께하면 혼자 할 때보다 훨씬 더 재미있다. 어느 연구에서 한 사람은 초콜릿을 먹고 다른 사람은 그 곁에서 잡지를 읽도록 했다. 그다음 두 사람이 함께 초콜릿을 먹게 했다. 연구팀이 참여자들에게 초콜릿의 맛을 비교하라고 하자 그들은 혼자 초콜릿을 먹을 때보다 두 사람이 함께 초콜릿을 먹을 때가 더 맛있었다고 답했다.[7]

함께하는 활동이라도 댄싱처럼 서로 동작과 호흡을 맞출 때가 훨씬 더 즐겁고 보람도 크다. 힘든 경험도 다른 사람들과 함께하면 더 잘 견딜 수 있다. 조정선수들을 대상으로 한 연구에 따르면 여러 명이 동작을 맞추며 체력 훈련을 하면 혼자 훈련할 때보다 고통을 더 잘 참을 수 있다.[8]

다른 한편으로 상대방이 무엇을 하는지 잘 지켜보면서 적절한 방식으로 적절한 시점에 장단을 맞추듯 반응을 보이면 사회적 상호작용의 효과가 크다. 무엇에 관해 알아보려고 하든 환담을 하든 서로 시와 때를 잘 맞춰야 한다. 그러지 않으면 아주 어색해진다. 영상회의의 문제점 중 하나는 실시간이라고는 하지만 약간의 시차가 있고 화면의 순간적인 멈춤 같은 기술적인 문제 때문에 소통의 흐름이 자주 끊긴다는 것이다.[9] 흐름이 자연스럽지 않으면 대화는 어색해진다. 지난 코로나19 팬데믹 동안 사회적 거리 두기로 인해 영상회의가 보편화하면서 많은 사람이 그런 경험을 했다. 사회적 상호작용을 쉽게 하려고 흔히 사용하는 몸짓 같은 비언어적 소통도 서로 호흡을 맞춰 각각의 신호를 인식하고 적절히 반응해야 효과가 있다. 인식과 반응이 조화를 이룰 때는 우리가 그런 사실을 잘 의식하지 않지만 뭔가 서로 어긋날 때는 누구나 곧바로 느낀다.

어떤 활동을 여럿이 동시에 하는 것은 사회 연결망의 바탕이 된다. 그런 활동은 아득한 옛날부터 기도문이나 주문 읊조리기, 노래하기, 춤추기, 북 치기 등의 형태로 이뤄졌다. 타이밍이 완벽하면 효과가 훨씬 커지면서 초현실적인 느낌이 생겨난다. 종교의식 등 중요한 의례에서 동작을 맞추는 동시 행동이 주를 이루는 것도 그 때문이다.[10] 이런 동시 행동은 의례의 핵심으로 인류의 모든 문화에서 찾아볼 수 있다. 여러 사람이 함께하는 문화적 활동 중 가장 초기의 형태가 음악 연주다. 지금까지 발견된 것 중 가장 오래된 악기는 6만 년 전 동물 뼈로 만든 피리로 현대 인류의 사촌격인 네안데르탈인이 만들었다. 인도 중부의 선사시대 유적지 빔베트카 바위 은신처에 약 1만 년 전 새겨진 암각화에는 춤추는 사람들이 묘사되어 있다.

아기들도 다른 사람과 함께 동작을 맞춰 춤추기를 즐긴다. 한 연구에서 생후 14개월 된 아기는 비틀스의 〈트위스트 앤 샤우트〉에 잘 맞춰 춤추는 다른 사람의 동작을 거의 실시간으로 따라 하기를 아주 좋아했다. 그러나 박자와 리듬을 잘 못 맞추는 사람과의 춤추기는 별로 즐기지 않았다. 춤이 끝난 다음 유대감 형성 여부를 확인하기 위해 아기와 함께 춤춘 사람이 어떤 물건을 자기 손이 닿지 않는 곳에 떨어뜨렸을 때 음악에 잘 맞춰 춤춘 사람과 함께했던 아기가 그렇지 않은 사람과 함께한 아기에 비해 그 물건을 주워 주려고 할 가능성이 더 컸다.[11]

부모와 아기는 종종 함께 음악 활동을 한다. 아기가 부모와 함께 노래하고 손뼉치고 춤추고 뛰면 친사회적 행동을 배우는 데 큰 도움이 된다. 어린 시절의 이런 경험은 자라면서도 계속 남아 있다. 아이든 성인이든 함께 서로 맞춰서 하는 활동을 한 뒤에는 모든 면에서 협력이 더 잘 이뤄진다. 심지어 더 관대해질 수도 있다. 성인을 대상으로 한 연구에서 참여자의 한 그룹은 헤드폰으로 똑같은 메트로놈의 박자를 들으며 거기에 맞춰 함께 몸을 움직이도록 했다. 다른 그룹은 각각 서로 다른 메트로놈의 박자를 들으며 각자 몸을 움직이도록 했다. 두 번째 그룹은 동작이 서로 다를 수밖에 없었다.[12] 그다음 각 그룹의 공동 자금으로 최대 5달러까지 기부할 수 있도록 했다. 그 결과 동작을 맞춘 그룹의 참여자들은 서로에게 더 가깝게 느끼고 공동의 목표를 위해 기꺼이 도움을 주고자 했다. 평균으로 볼 때 최대한도인 5달러를 기부한 사람은 동작을 맞춘 첫째 그룹에서는 절반 이상인 반면 동작이 제각각이었던 두 번째 그룹에서는 5분의 1에 불과했다.

우리가 친목 모임이나 댄싱, 음악, 예식, 공연에서 행복을 느끼는 이유는 함께할 때 얻을 수 있는 즐거움 때문이다. 놀랍게도 그런 동기화된 상호작용은 몸의 움직임에서만이 아니라 뇌의 활동에서도 나타난다. 예를 들어 감정을 자극하는 영화를 함께 볼 때 사람들 각자의 뇌에서 신경 반응이 동기화된다. 감정이 서로를 한데 묶는 역할을 한다는 뜻이다.[13] 이처럼 우리 뇌도 서로 공명할 수 있다.

또한 뇌 활동의 동기화(同期化, synchronisation) 정도는 공동의 이해 수준을 보여준다. 프린스턴대학 신경과학자 유리 해슨이 이끈 연구팀은 기능성 자기공명영상(fMRI)을 사용하여 이야기하는 사람과 그 이야기를 듣는 사람의 뇌를 촬영했다.[14] 그 영상을 비교해 본 결과 연구팀은 동기화된 신경 결합 현상을 발견했다. 이야기하는 사람과 듣는 사람의 뇌가 상호이해를 위해 서로 협력하듯이 같은 방식으로 작동하면서 동기화한다는 뜻이다. 의미가 통하지 않도록 문장을 뒤섞어 이야기했을 때는 동기화 현상이 나타나지 않았다. 또 러시아어를 모르는 사람에게 러시아어로 이야기할 때도 동기화 현상이 보이지 않았다. 연구팀은 이야기하는 사람과 듣는 사람이 둘 다 영어로 소통했을 때 나타나는 신경 결합의 정도에 따라 그 이야기가 단어만이 아니라 전체 의미에서도 어느 정도 이해되었는지 예측할 수 있었다.

우리는 왜 서로 간에 동시에 이뤄지는 상호작용을 좋아할까? 음악 연주나 댄싱 같은 공동 활동은 뇌에서 행복 호르몬으로 불리는 엔도르핀을 분비시킨다.[15] 뇌가 가진 내인성 통증 완화 시스템의 일부다. 따라서 합창단의 일원으로 노래할 때면 엔도르핀의 작용으로 스트레스 호르몬인 코르티솔 수치가 감소한다.[16] 또 이런 활동을 하는 동안 우리는 다른 사람들과 더 가깝게 연결되어 있다고 느끼고 더 친절해진다. 자신에 관해서도 이전과 달리 느낀다. 함께 호흡을 맞추면 자신과 다른 사람들 사이의 경계가 희미해져 집단과 일체감을 갖게 되면서 자기중심적인 자아의 초점이 좀 더 타인중심으로 이동한다. 여러 연구를 종합해 보면 이와 같은 관점의 이동은 네 가지 긍정적인 효과를 가져다준다.[17] 첫째, 다른 사람들에게 도움을 주는 것과 같은 친사회적인 행동을 장려한다. 둘째, 다른 사람들과 연결되어 있음을 느끼게 해준다. 셋째, 다른 사람들의 생각을 잘 알게 된다. 넷째, 정신적인 건강과 행복을 증진시킨다. 요컨대 어떤 일이나 행동을 함께 동시에 할 때 우리는 다른 사람들에 대해 더 많이 생각하고 행동하게 되어 유대감이 강해지고, 그에 따라 행복도가 높아진다.

그렇다면 다른 사람들과 함께하는 동시성 활동을 어떻게 증진할 수 있을까? 이미 다뤘지만 댄싱이나 강습 같은 집단 활동이 그중 하나다. 그러나 이런 활동은 특별한 경우에만 가능해서 지속성이 없다. 따라서 우리가 늘 하는 활동부터 시작하는 게 바람직하다. 그중 하나가 대면 대화다. 우선 사람을 만날 때 스마트폰을 치워두라. 여러 연구에 따르면 스마트폰이 눈에 보이기만 해도 우리는 사회적 상호작용에서 멀어지는 경향을 보인다.[18] 상대방을 앞에 두고 스마트폰을 사용하면 대화나 활동을 함께할 수 없을 뿐 아니라 우리 주의력도 다른 곳을 향한다. 또 전화에 신경을 쓰면 함께 있는 사람을 중요하게 생각하지 않는다는 인상을 준다.

상대방 말을 경청하는 연습도 필요하다. 말을 하기보다 더 많이 들으려고 노력하면 대화가 더 잘 이뤄진다. 상대방 말을 귀담아들으면 신뢰와 유대감이 강해진다. 상대방을 이해하기 위해 열심히 들으면 더 친밀하고 행복한 인간관계를 형성할 수 있다.[19] 뇌 영상을 이용한 연구에서 참여자들은 자신의 말을 더 열심히 듣는 사람에게 호감이 간다고 평가했는데 이는 보상과 관련된 뇌의 영역인 복측선조체의 신경 활동 증가와 관련이 있었다.[20] 그렇다고 마냥 침묵을 지키라는 얘기는 아니다. 듣기에 초점을 맞추되 적절한 시점에 알맞은 질문을 던져 상대방이 하는 말에 집중하고 있음을 보여줘야 한다. 다른 사람에 관해 긍정적으로 생각하고 건설적인 반응으로 '라포르'를 형성하려고 노력하라. 그러면 상대방도 우리를 더 좋아하고 긍정적으로 평가하면서 모두가 행복해진다. 자신의 주의력을 다른 사람들에게로 돌리면 사회적 상호작용의 질이 높아지며 자연스레 생각과 행동의 동기화와 동조화가 이뤄진다.

공감하는 뇌

공상과학 드라마 〈스타트렉〉의 가장 인기 있었던 에피소드 중 하나는 미국에서 1968년 방영된 '엠패스(The Empath)'였다. 그러나 영국의 BBC 방송은 1990년대까지 이 에피소드의 방영을 금지했다. 고문 장면 때문이었다. 엠패스는 외계인 부족으로, 다른 사람의 감정을 자기감정처럼 느낄 수 있다. 그들 중 한 명이 커크 선장 일행을 돕기 위해 고문을 받는 그들의 고통을 대신 느껴준다. 우리 인간도 다친 사람들을 볼 때 그들의 아픔을 공감한다. 그래서 폭력을 생생히 묘사하는 장면은 시청자들의 반발을 산다. BBC가 '엠패스'를 방영에 부적합하다고 판단한 것도 그 때문이었다.

우리가 다른 사람의 고통을 느낄 수 있는 이유가 뭘까? 같은 동작을 함께할 때처럼 다른 사람의 고통을 목격할 때도 우리 뇌가 그의 뇌와 동조 현상을 일으키기 때문이다. 우리 뇌에는 다른 사람의 감정, 특히 슬픔과 행복, 두려움 같은 일차적인 감정을 반영하는 신경회로가 있다. 레슨 4에서 지적했듯이 부정적인 감정은 긍정적인 감정보다 그 힘이 강하다. 따라서 초기의 연구 대부분은 긍정적인 감정 대신 부정적인 감정에 초점을 맞춰 다른 사람들의 고통을 목격하는 사람의 반응을 살폈다. 그 연구들에 따르면 우리 자신이 실제로 고통을 경험할 때나 다른 사람의 고통을 간접적으로 느낄 때나 똑같이 통증을 관장하는 뇌 부위인 전측섬엽과 전대상피질이 활성화된다.[21]

그러나 다른 사람의 고통을 목격한다고 해서 자동적으로 공감(empathy)이 일어나는 것은 아니다.[22] 두 사람이 똑같이 다른 사람의 고통을 목격해도 공감 반응은 달리 나타날 수 있다. 한쪽 극단은 사이코패스다. 다른 사람의 고통을 상상할 때 공감과 관련된 뇌 영역이 활성화되지 않는 사람들을 가리킨다.[23] 그 반대쪽 극단은 '초민감자'다. 다른 사람의 감정을 과도하게 공감하는 사람들을 말한다. 그들은 다른 사람이 주사를 맞거나 몸을 긁는 영상을 보면 자기 몸의 같은 부위에 자극을 느낄 정도로 민감하다.[24] 그런 사람들은 복싱이나 격투기 같은 경기는 절대 볼 수 없다. 다른 사람의 고통을 목격할 때 초민감자가 보이는 신경적인 반응은 일반인보다 훨씬 강하다. 대다수의 경우 다른 사람의 감정 상태를 파악할 수는 있어도 반응이 억제되어 인식의 상태로까지 넘어가진 않는다.[25] 그러나 초민감자에게는 이런 억제 기능이 작동되지 않는다. 또한 초민감자의 경우 자신과 타인 사이의 구분이 명확하지 않다. 그 경계가 약하기 때문에 그들이 "난

당신의 고통을 느낄 수 있어"라고 말할 때는 진실일 가능성이
크다.

자신과 타인 사이의 구분이 희미해지면 '공감성 고통(empathic
distress)'의 위험이 커진다.[26] 직업상의 이유로 다른 사람의 고통
을 자주 마주하는 사람들이 특히 그런 위험에 노출되기 쉽다. 그
들 중 일부는 다른 사람의 고통을 보면 아예 신경을 꺼버리는 듯
이 보인다. 공감성 고통에 따른 공감 피로 현상 때문이다. 트리
샤 다울링은 30년 경력의 수의사로 때때로 반려동물들의 안락
사를 실시했다. 그럴 때 반려동물 소유자들은 정신적으로 상당
한 충격을 받는다.[27] 다울링 자신도 반려동물을 기르는 사람으
로서 자신의 반려동물을 잃었을 때 느끼는 개인적인 슬픔과 고
객들의 슬픔을 구분하는 게 중요하다는 사실을 잘 알고 있었다.
그 구분을 잘 하지 못하면 공감성 고통의 위험에 노출될 수 있
다. 따라서 다울링은 그 위험을 피하기 위해 다른 사람들의 고통
을 무시하며 안락사를 최대한 빨리 끝내고 싶어 한다. 그런 행동
과 태도는 둔감하고 무관심하다는 인상을 줄 수 있다. 주로 의료
종사자들에 대해 그런 불만이 자주 제기된다.[28] 그러나 환자와
그 가족들이 종종 잘 이해하지 못하는 것은 의사들이 환자의 고
통에 감정을 쏟아부을 정신적인 여력이 없다는 사실이다. 의사
인 내 아내는 많은 동료가 환자와 가족들을 대하면서 공감성 고
통을 감당하지 못해 힘들어하는 상황을 여실히 목격했다. 그 의
사들은 결국 실험실 연구직으로 자리를 옮기거나 아예 의료계
를 떠났다.

공감 수준은 사람과 환경에 따라 다르다. 일반적으로 남성은 여성에 비해 공감력이 떨어진다.[29] 공감력의 유전율은 약 50%로 지능이나 행복도의 유전율과 비슷하다. 훈련과 여건 조성으로 공감력을 개선할 수 있는 여지가 그만큼 크다는 뜻이다.[30]

우리는 태어날 때부터 다른 사람들의 고통에 정서적으로 반응한다. 신생아는 주변의 다른 아기들이 우는 소리를 들으면 더 크게 운다.[31] 그러나 이때의 울음은 공감에서 비롯되는 게 아니다. 여러 번 말했듯이 아기는 자기중심적이다. 따라서 신생아실에 있는 다른 아기들의 형편에 관심을 가질 가능성이 거의 없다. 그와 대조적으로 나이가 든 어린이와 청소년, 성인은 자신과 다른 사람을 구분하며 다른 사람이 처한 곤경에 실질적으로 공감하고 관심을 가질 수 있다.[32]

흔히 우리는 공감력을 긍정적인 개인 특성으로 생각한다. 다른 사람의 고통을 이해한다는 것을 보여주기 때문이다. 그러나 공감에는 어두운 면도 있다. 우선 공감을 행동으로 드러낼 것인가 말 것인가, 또 드러낸다면 어느 정도까지 드러낼 것인가는 공감의 대상이 누구인지, 또 그 대상과 얼마만큼 일체감을 느끼는지에 따라 달라진다. 성별과 인종, 나이가 비슷할수록 공감 반응은 더 커진다.[33] 내집단(內集團, 동질 의식으로 연대한 집단) 구성원에게는 반응력이 강하지만 외집단(外集團)에 속하는 개인에게는 반응력이 약하다. 우리의 공감 반응에 편견이 내재되어 있다는 뜻이다.[34] 다른 사람의 고통이 크게 와닿지 않는다면 그들이 겪는 어려움을 아예 무시할 수도 있다. 우리가 상대방을 신뢰하는지 여부도 공감 수준에 영향을 미친다. 예를 들어 돈이 관련된 신뢰성 게임을 한 뒤 반칙을 한 사람들에게 벌칙으로 통증을 느끼게 하자 그들을 지켜보는 남성들의 공감적 신경 반응은 상당히 약하게 나타났다.[35]

초민감자처럼 공감 수준이 지나친 사람은 그로 인해 심한 고통을 받을 수 있으나 그 정도까지 가지 않고 다른 사람의 곤경에 좀 더 긍정적으로 반응할 수 있는 방법이 있다. 연민(compassion)을 활용하는 방법이다. 이 분야 연구의 선구자는 독일의 신경과학자 타니아 징거다. 징거는 공감과 연민을 구분한다. 둘 다 다른 사람의 곤경에 대한 반응이지만 공감은 자신에게 초점을 맞추는 반면 연민은 타인에게 초점을 맞춘다. 징거는 그 차이를 이렇게 설명했다. "연민은 공감과 달리 다른 사람의 고통을 함께 느끼는 것을 의미하지 않는다. 연민은 다른 사람을 향한 따뜻한 감정, 관심, 배려가 특징이며, 다른 사람의 행복을 증진시키려는 강한 동기로 작용한다. 연민은 다른 사람을 위하는 감정이지, 다른 사람과 같이 느끼는 공감의 감정이 아니다."[36]

징거의 연구는 훈련을 통해 연민을 발전시킬 수 있음을 입증했다. 리소스 프로젝트(ReSource Project)로 알려진 연구에서 징거와 동료들은 마음챙김, 연민, 정신화 기술(mentalizing skill, 적절한 반응을 발달시킬 목적으로 자신의 마음과 타인의 마음을 읽는 능력을 키우는 정신적 활동)의 배양을 목표로 하는 서로 다른 정신훈련 프로그램들의 효과를 체계적으로 평가했다.[37] 참여자들은 9개월에 걸쳐 명상의 여러 유형을 수련하고 대면 대화시간을 가졌다. 지속하기가 쉽지 않은 과정이었지만 300여 명의 참여자 중 도중에 그만둔 사람은 8% 미만이었다. 그만큼 실질적인 혜택이 있었다는 뜻이다. 리소스 프로젝트에서 행동, 뇌 영상, 스트레스 반응 등 다양한 측면을 다룬 많은 논문이 쏟아져 나왔지만 연구 결과의 요점은 연민을 배양하는 훈련이 가장 혜택이 크다는 것이었다.[38] 연민 배양 훈련은 친사회적 행동을 장려할 뿐 아니라 개인의 행복과 회복력도 높여 스트레스가 많은 상황을 더 잘 극복할 수 있게 해주는 것으로 나타났다.

리소스 프로젝트의 연민 배양 훈련은 두 가지로 구성되었다. 첫째는 고대 인도에서 시작된 '자애 명상'이다. 모든 생명이 행복하고 안락하며 편안해지기를 바라는 마음을 갖는 것이 목적인 훈련이다. 먼저 긴장을 풀고 눈을 감은 상태에서 평소 사랑하는 사람(자녀나 애인 또는 배우자 등)을 생각한다. 그다음 여러 차례의 만트라를 통해 그 따뜻한 감정을 먼저 자신에게 적용한 뒤 점차 다른 사람에게로 범위를 넓혀간다. 예를 들어 "내가 행복하기를, 내가 건강하기를, 내가 평안하기를"이라는 만트라를 여덟 차례 암송하면서 사이사이에 의식적으로 호흡을 조절한다. 그다음에는 그런 긍정적인 경험을 바탕으로 친구를 생각하며 "네가 행복하기를, 네가 건강하기를, 네가 평안하기를"이라는 만트라를 암송한다. 이어서 직장 동료 등으로 대상을 계속 넓혀간다. 마지막으로 껄끄러운 상대를 생각하며 같은 과정을 반복한다. 목표는 자신으로부터 시작되는 긍정적인 느낌을 점점 더 멀리 있는 사람에게로 계속 확장해 나가는 것이다.

리소스 프로젝트의 연민 배양 훈련에서 두 번째 부분은 10분간의 대면 대화였다. 참여자는 상대방에게 전날 겪은 괴로운 일이나 감사할 만한 일, 또는 그 둘 다를 이야기했다. 뚜렷한 감정을 유발한 일이면 무엇이든 상관없었다. 매주 대화 상대를 바꿔도 참여자들은 계속된 이런 대화를 통해 사회적 유대감이 강화되는 것을 느꼈다. 그들은 다른 사람을 알아가는 데 따르는 어려움을 극복하는 새로운 방법을 체득했다. 자신의 약점을 솔직히 털어놓고, 더욱 친근한 태도를 보이면서 호감을 샀다. 사회적 유대감의 강화는 신뢰감 상승으로 이어졌다. 신뢰감은 행복에 필수적인 요소다.[39]

마음을 활짝 열어라

연민 배양 훈련의 기본적인 목적은 자신과 타인 사이의 거리를 좁히는 것이었다. 그렇다고 둘 사이를 구분할 수 없을 정도로 서로 융합해서는 안 된다. 타인과 완전히 일체가 될 경우 공감 피로 현상으로 극심한 고통이 수반되는 위기를 겪을 수 있다. 따라서 마음의 문을 열어 자기중심주의를 조금씩 줄이고 타인중심주의를 조금씩 늘려가는 것이 핵심이다. 이 개념은 심리학자 바버라 프레드릭슨이 제시한 '확장-구축(broaden and build)' 이론과 일치한다.[40] 우리 자신의 행복을 추구하는 동시에 주변에 있는 다른 사람들을 긍정적인 상태로 유도하고, 이를 바탕으로 심리적인 성장과 신체적인 건강을 포함한 전반적인 행복을 점진적으로 구축해야 한다는 이론이다.

레슨 4와 레슨 5에서 살펴봤듯이 우리가 가진 여러 가지 편향이 우리의 생각을 사로잡는다. 그에 따라 우리는 잠재적인 위협으로 초점을 좁히는 경향이 있다. 인류가 진화하면서 당면문제에 집중하기 위해 습득한 적응 전략의 일환이다. 그러나 지금 우리는 갈수록 복잡해지는 세상에 살면서 과거와 달리 여러 가지 상상의 위협에 동시다발적으로 시달리기 때문에 주의력 스포트라이트를 좁힐수록 역효과가 날 수 있다. 한데 부정적인 감정과 달리 긍정적인 감정은 우리 주의력과 생각과 행동의 반경을 넓혀준다. 프레드릭슨과 동료들이 한 연구에서 한 그룹의 참여자들은 펭귄이 노니는 동영상이나 따뜻하고 맑은 날 들판과 개울, 산을 담은 동영상 중 하나를 무작위로 선택해서 보았다. 둘 다 긍정적인 감정을 자아내는 영상이었다.[41] 다른 그룹은 영화 〈위트니스(Witness)〉의 일부 장면을 보았다. 일단의 젊은이들이 아미시 공동체(종교적 이유로 현대문명을 거부하며 외부세계와 격리한 채 생활한다) 거주자들을 조롱하는 영상으로, 분노와 두려움의 부정적인 감정을 유발했다. 연구팀은 영상을 본 참여자들에게 232쪽의 그림에서 패턴 A와 B 중 표적과 더 비슷한 것을 선택하도록 했다.

이 과제의 정답은 없다. 패턴 A는 전체적으로 피라미드형 배열이다. 패턴 B는 배열은 다르나 부분적인 요소의 모습은 같다. 긍정적인 감정을 자아내는 영상을 본 참여자들은 삼각형 배열을 이룬 패턴 A가 패턴 B보다 표적과 더 비슷하다고 판단하는 경향을 보였다. 주의력 스포트라이트의 범위가 전체로 넓혀진

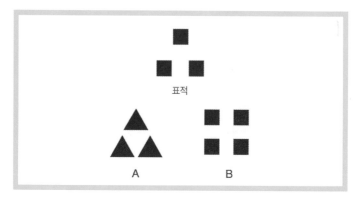

포괄적인 사고와 세부적인 집중의 차이.
(Reproduced from Fredrickson and Branigan, 2005)

결과다. 패턴 B가 더 비슷하다고 생각한 참여자들은 주의력 스
포트라이트의 범위가 좁혀져 부분적인 요소에 집중했다. 이 결
과를 보면서 우리는 긍정적인 감정을 유도하면 더 열린 마음을
갖게 되는 반면 부정적인 감정은 시야를 좁혀 좀 더 세부적인 측
면에 초점을 맞추게 만든다고 해석할 수 있다.

이처럼 프레드릭슨의 모델에 따르면 긍정적인 감정은 좀 더
포괄적인 사고로 이어지나 부정적인 감정은 세부적인 집중으로
이어진다. 흔히 우리는 행복이란 근심 걱정 없이 태평한 상태라
고 생각하며, 창의적인 재능은 진지하고 심각하며 고통스러운
절망에서 탄생한다고 생각하는 경향이 있으나 사실은 그 반대
가 진실인 듯하다. 행복할수록 더 창의적이며, 모든 가능성에 열
린 마음을 가질 수 있다는 말이다. 예를 들어 한 연구에서 참여
자들에게 긍정적인 감정을 유도한 뒤 '카펫'이라고 할 때 연상되

는 단어를 떠올리도록 하면 그들은 '새롭다', '날아다닐 수 있다' 등 좀 더 기발한 답변을 내놓았다. 그와 달리 부정적인 감정을 유도한 뒤 같은 질문을 하면 참여자들은 그냥 말 그대로인 '깔개'라는 단어를 떠올렸다.[42] 협상가들은 부정적인 감정보다 긍정적인 감정을 가질 때 만족스러운 해결책에 도달할 가능성이 더 크다. 더 유연하게 생각하고 모든 가능성에 열린 마음을 갖기 때문이다.[43] 긍정적인 감정에서 비롯되는 유연한 사고는 자신과 다른 견해를 고려하고, 새로운 아이디어를 시도하며, 상대방에게 다가가려는 마음을 일으킨다. 그러면 상대방도 더 긍정적으로 반응하게 되어 서로 호감을 품고 뜻을 모으게 된다. 이처럼 '확장-구축' 접근법은 행복 증진에 상당한 도움이 될 수 있다.

벼농사 가설

타인에게 마음의 문을 여는 문제는 지리적인 위치에 따라서도 달라질 수 있다. 이 세계에서 어디에 사느냐에 따라 다르다는 뜻이다. 나는 여러 곳을 옮겨 다니며 살아오면서 어떤 곳의 사람들은 다른 곳의 주민들보다 더 친절하고 마음이 열려 있다는 인상을 받았다. 다른 여러 사람의 말을 들어봐도 비슷했다. 예를 들어 영국에서는 스코틀랜드, 아일랜드 등 북부와 서부 웨일스의 주민들이 남쪽의 런던에 거주하는 사람들에 비해 훨씬 더 친절하다고 알려졌다. 런던 사람들은 말수가 적고 낯선 사람에게 말을 잘 걸지 않는다. 미국에서는 남부 사람들이 외부인들을 잘 대해 주는 반면 북부의 보스턴이나 뉴욕 사람들은 쌀쌀하고 무례하다고 일컬어진다.

물론 이런 평가는 지나친 일반화의 결과다. 그러나 사람을 대하는 방식에 환경이 상당한 영향을 미친다는 점을 시사하는 지역적인 차이가 실제로 발견된다. 영국인 40만 명을 대표 표본으로 추출해 조사한 결과에 따르면 스코틀랜드 대부분과 잉글랜드 북부, 남서부, 동부 지역에서 친절 수준이 높게 나타났다. 그곳 주민들 중 친절하고 믿을 만하고 다정한 사람이 그렇지 않은 사람들보다 더 많다는 뜻이다.[44] 그에 비해 런던 중심부와 광역 런던 지역은 친절 수준이 가장 낮았다. 그곳 주민 중에 비협조적이고 다투기를 좋아하고 짜증을 잘 내는 사람이 그렇지 않은 사람보다 더 많다는 얘기다.

이런 현상은 미국이나 중국 등 인구가 많은 국가에서도 그대로 나타난다. 인류가 단일 종이라고 해도 지역마다 아주 다르게 행동한다. 이런 지리적인 차이가 나는 이유가 뭘까? 친절 수준이 높은 사람들이 그런 지역을 선호해서 모여든 결과일까? 아니면 문화나 환경이 주민들을 그렇게 만들었을까?

답변하기 어려운 질문이다. 문화와 역사, 정치만이 아니라 그 외의 수많은 요인이 각 지역에서 살아가는 사람들 개개인의 심리에 영향을 미치기 때문이다. 그러나 몇 가지 흥미로운 설명이 가능하다. 토머스 탈헬름은 행동과학도로서 대학원 과정을 이수하는 동안 인구 10억 명이 넘는 광대한 나라인 중국에서 지냈다. 처음에 그는 남부의 광저우에서 살며 번잡한 동네 슈퍼마켓에서 주민들과 몸이 부딪혔을 때 그들이 긴장하며 눈을 맞추지 않고 어색한 표정으로 자리를 피하는 모습을 지켜봤다. 그들은 낯선 사람을 보면 쑥스러워하고 서로 감정적으로 부딪히는 상황을 모면하는 데 급급했다. 그러나 북부의 하얼빈에 갔을 때는 그곳 사람들은 남부 사람들과 아주 다르게 행동한다는 사실을 알게 되었다. 그들은 훨씬 더 독립적이고, 외향적이며, 언쟁도 마다하지 않았다. 같은 나라의 그 두 지역 주민들이 왜 그렇게 다를까?

연구 끝에 탈헬름은 농업을 바탕으로 한 확장-구축 이론에 도달했다. 그는 양쯔강 이남 지역은 기후가 따뜻하고 강수량이 많아 농민들이 10만 년 이상 벼농사를 지었고, 그 이북 지역의 농민들은 밀농사를 지었다는 사실에 주목했다.[45] 벼농사와 밀농사는 재배법이 상당히 다르다. 벼농사는 농업 중에서도 노동집약도가 매우 높다. 노동력이 밀농사의 두 배나 들며 관개가 필요하다.[46] 관개를 하면 쌀 생산량이 네 배로 늘지만 농민 개개인이 관개시설을 건설하고 유지할 수 없다. 또 인근에 하나밖에 없는 수원지를 공동으로 사용해야 한다. 게다가 단일 가족으로는 벼농사로 생계를 유지하는 데 필요한 노동력을 감당할 수 없다. 따라서 벼농사는 밀농사와 달리 이웃 간의 협력이 필수적이며 상호의존성이 매우 강하다. 이런 농사의 차이가 주민들의 행동에 영향을 미칠 수 있을까?

탈헬름은 생각 양식에 관한 여러 가지 심리측정 결과를 분석해 보니 예측한 대로 벼농사 지역과 밀농사 지역 사이의 확연한 차이를 발견했다. 북부의 밀농사 지역 주민들은 심리적인 개인

주의 점수가 남부 벼농사 지역 주민들보다 더 높게 나타났다.[47] 개인주의는 개인과 그 개인의 권리, 독립성, 그리고 다른 사람과의 관계를 강조한다. '소시오그램(sociogram, 대인관계를 나타낸 그림)'으로 설명하면 더 이해하기가 쉽다. 탈헬름은 무의식적인 개인주의 성향의 검사를 위해 벼농사를 짓는 주민들과 밀농사를 짓는 주민들이 동수로 구성된 참여자들에게 자신과 친구들의 사회 연결망을 표시하면서 모든 사람의 이름에 원을 그리도록 했다. 나의 경우를 예로 들어보겠다. 아래 그림에서 보듯이 나(브루스)는 멜과 로리, 그리고 폴과 친구 사이다. 로리와 폴도 친구 사이지만 멜과는 관계가 없다. 이 예에서 보듯이 나는 다른 친구들의 이름보다 나의 이름에 더 큰 원을 그렸다.

이런 형태의 소시오그램을 그리도록 요청했을 때 밀농사 지역의 주민들은 친구들의 이름보다 자신의 이름에 더 큰 원을 그

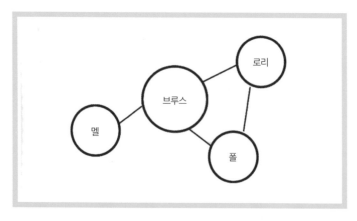

사회 연결망 내부에서 개인들 사이의 연결을 표시한 소시오그램.

렸다. 반면 벼농사 지역의 주민들은 자신의 원을 친구들의 원보다 더 작게 그렸다. 일반적으로 미국과 영국 같은 개인주의 국가의 국민은 자신을 더 크게 그리는 반면 일본 같은 집단주의 국가의 국민(자신을 독립적이거나 고립된 존재로 보지 않고 가족이나 사회 집단의 일원으로 보는 경향이 강하다)은 자신을 더 작게 그린다.[48] 개인주의가 특징인 밀농사 지역 주민들의 생각 또한 집단주의가 특징인 벼농사 지역 주민들에 비해 더욱 분석적이고 집중적이었다. 이런 패턴은 중국에 국한되지 않았다. 똑같은 심리적 차이가 중국과 비슷하게 벼농사와 밀농사 지역이 나뉘어 있는 거대 국가인 인도에서도 발견되었다.[49]

실생활의 통계에서도 밀농사 지역의 개인주의와 벼농사 지역의 집단주의 패턴이 그대로 나타났다. 이혼율의 경우 중국의 밀농사 지역이 벼농사 지역에 비해 높았다. 일반적으로 개인주의 사회의 이혼율이 높은 현상이 그대로 반영된 것이다.[50] 공공장소에서 자신이 비교적 주목받지 않는다고 생각할 때 사람들이 하는 행동 양식도 개인주의와 집단주의의 차이를 보여주었다. 탈헬름과 동료들은 중국 북부와 남부의 여러 대도시에서 스타벅스 카페의 고객들이 자연스럽게 하는 행동을 관찰했다.[51] 그 결과 북부 밀농사 지역의 스타벅스 고객들은 남부에서보다 자리에 혼자 앉는 경우가 많았다(북부 35% 대 남부 20%). 또 연구팀은 의도적으로 매장 내부에서 의자를 옮겨 통행로를 부분적으로 막아놓았을 때 고객들이 어떻게 반응하는지도 살펴봤다. 그들은 이전의 관찰에 근거해 개인주의 문화권의 고객들이 상황을 바로잡으려고 환경적인 요소를 변경할 가능성이 더 크고, 집단주의 문화권의 고객들은 자신들을 변화시켜 주어진 상황에 맞출 가능성이 더 클 것으로 예측했다. 아니나 다를까 남부 벼농사 지역 고객 중 의자를 옮긴 뒤 편하게 이동한 사람은 3%에 불과했고, 나머지는 비좁은 통행로를 억지로 비집고 들어갔다. 그에 비해 북부 밀농사 지역 고객 중 의자를 치우고 편하게 걸어 들어간 사람의 비율은 20%에 이르렀다.

개인주의는 산업화된 서구 국가들의 주된 특징 중 하나로 경제성장과 함께 부상했다. 그러나 벼농사 이론은 개인주의가 단순히 현대화에 따른 개인적인 부의 축적 결과로만 설명될 수 없는 이유를 말해 준다. 세계의 부유국 중 일부는 전통적으로 벼농사가 주를 이루었던 동아시아 국가들(일본, 한국, 대만, 싱가포르)이다. 나머지 세계 전체에서 발견되는 패턴을 기준으로 볼 때 그 국가들은 예상보다 개인주의가 덜하다. 그 국가들의 공통분모는 전통적인 벼농사 문화권에 속한다는 사실이다.[52]

여기서 주목해야 할 점은 이 연구들의 참여자들이 직접 농사를 짓는 농민이 아니었다는 사실이다. 그들은 벼농사 문화권의 공동체 안에서 성장한 가족들의 후손들이었다. 다시 말해 그들의 집단주의 성향이 우세한 데는 양육과 문화 전통이 큰 영향을 미쳤다는 뜻이다. 이 연구들을 통해 관찰된 차이는 아동 발달기의 양육과 문화를 통해 생겨났다. 그러나 이제 세계가 전면 개방되면서 부모의 영향력이 변하고 있으며, 여러 다른 견해에 더 많이 노출되는 상황이 되었다. 영국의 방글라데시인 이민 1세와 영국에서 성장한 방글라데시인 이민 2세를 대상으로 실시된 최근의 연구에 따르면 이민 1세에서 발견되는 전통적인 집단주의 성향은 2세에 어느 정도 전달되지만, 2세는 그 외에도 급우들과 소셜미디어의 영향으로 좀 더 개인적인 사고방식을 습득하게 된다.[53]

나를 믿어주세요!

우리의 행복은 우리와 다른 사람들 사이의 사회적 관계에 달려 있다. 인간의 사회적 관계에서는 신뢰가 가장 중요한 요소다. 신뢰란 상대방이 자기 이익만 챙기지 않고 호의에 보답하리라는 기대 아래 기꺼이 위험을 감수하고 자신의 약점을 드러내려는 마음가짐을 말한다. 두 사람이 서로 신뢰하면 경쟁에서 벗어나 상호 이익을 도모할 수 있다. 신뢰 없이는 관계가 유지되지 않는다. 신뢰가 없으면 상대방이 나의 호의를 악용하지 않는다는 보장이 없어서 늘 경계하고 걱정해야 한다. 가정을 두고 외도하는 것은 가장 고통스러운 배신이며, 그에 따른 보복 심리는 자칫하면 배우자 살해로 이어질 수도 있다. 특이한 점은 그런 '치정 살인'의 경우 영국과 미국의 대다수 법정은 일반 살인보다 가벼운 형벌을 선고한다. 인간관계에서 신뢰가 그만큼 중요하다는 뜻이다.[54]

정상적인 가정에서 어린아이는 자신이 아닌 다른 사람에게 전적으로 의존해야 하므로 부모를 절대적으로 신뢰한다. 아이가 커가면서 사회적 발달의 중요한 부분은 부모 외에 어떤 다른 사람을 신뢰해야 할지 알아내는 것이다. 또 신뢰의 수준은 서로 간 관계의 밀착 정도에 따라 결정된다. 사이가 멀수록 신뢰도는 낮아지며, 궁극적으로 모두가 준수해야 하는 법규에 더 의존하게 된다. 금융, 보건, 교육, 상거래는 전부 신뢰의 약속을 바탕으로 이뤄지며 그 신뢰는 법률에 의해 강제로 유지된다.

인간은 사회적 동물로서 생존을 위해서는 서로 협력할 수밖에 없으므로 다른 사람들을 신뢰해야 한다. 그러나 그 협력이 제대로 이뤄지지 않을 때가 많다. 그런 상황을 막기 위해 인간은 신뢰를 확립하는 방법을 진화시켰다. 레슨 2에서 다뤘듯이 인간의 진화 측면에서 사회적 연결의 기원을 돌이켜볼 때 상호 신뢰를 바탕으로 한 사회적 유대가 발달하게 된 것은 호혜적 이타주의의 메커니즘 때문이었다. 심지어 우리는 사회생활에서 반칙하는 사람을 직감으로 알아내는 아주 특별한 민감성도 발달시켰다.[55] 예를 들면 우리는 사회적 규범을 잘 따르는 사람보다는 무시하는 사람을 더 빨리 알아본다.

신뢰는 너무 중요해서 우리는 배신하는 사람들을 벌주기 위해 자신에게 가해지는 불이익마저 기꺼이 감수하려 한다. 예를 들어 한 연구에서 참여자들에게 각자 돈을 갹출해서 모은 다음 동일하게 나눠 갖는 게임을 하게 했다.[56] 다른 사람보다 적게 내고 나중에 다른 사람들과 똑같은 금액을 배당받는 반칙 행위의 가능성이 존재하는 상황이었다. 처음엔 익명으로 게임을 하다가 그다음부터는 한 차례 게임이 끝나면 돈을 적게 낸 사람들의 이름을 발표하게 했다. 나머지 참여자들에게는 돈을 적게 내어 반칙한 사람들에게 벌금을 물리고 싶다면 얼마 정도의 비용을 더 내도록 했다. 그들은 반칙한 사람들을 벌주는 권리를 누리기 위해 개인적인 손해를 감수하고 기꺼이 자기 돈을 그 비용으로 물었다. 그러나 게임이 몇 차례 계속 진행되면서 반칙이 사라졌다. 자신이 손해를 보더라도 사회적으로 바람직하지 않은 행동을 한 사람을 응징하려는 '이타적 처벌(altruistic punishment)'이 반칙 전략을 제거했다는 뜻이다. 집단 결속에 신뢰가 필수적이라는 뜻이다.

현실 세계에서 개인이나 집단 사이의 신뢰는 해당 사회의 질적 수준에 따라 달라진다. 하버드대학 경제학자 로버트 퍼트넘은 이탈리아의 각 지방이 지방정부의 부패와 효율성에서 큰 차이를 보이는 이유를 연구했다. 그는 성공적인 지방은 사회 연결망, 인간관계, 사회규범, 사회적 가치, 비공식적 제재에 의존한다고 결론지었다. 퍼트넘은 그 요인들을 아울러 '사회적 자본(social captital)'이라고 불렀다.[57] 그 요인들이 건재하면 주민들은 서로 조화롭게 살며 법규를 지킬 가능성이 크다. 사회적 자본이 많은 지역사회는 범죄율이 낮고, 교육 수준이 높으며, 경제적으로 여유가 있다. 사회적 자본은 사회적 참여, 사회적 책무 그리고 무엇보다 신뢰를 바탕으로 축적된다.

오늘날에는 다문화 사회가 많다. 서로 갈등을 빚을 가능성이 있는 여러 집단이 공존한다는 뜻이다. 우리는 우리의 '내집단'과 자신을 동일시하며 '외집단'에 속하는 사람들과 다르다고 인식한다. 그러나 사회적 자본은 내집단의 결속과 외집단의 연계에서 비롯되는 신뢰의 균형에서 생겨난다. 그 둘 다 반드시 필요하다. 내집단의 결속은 개인 간의 관계에서 나타나는 신뢰로, 친구나 가족 등 친밀한 집단 속에서 존재한다. 그들은 나에게 개인적인 문제가 발생하면 언제든 도움을 줄 가능성이 가장 큰 사람들이다. 이 같은 결속은 개인들을 하나로 붙여주는 접착제라고 말할 수 있다. 그에 비해 외집단과의 연계에서 비롯되는 신뢰는 분리되기 쉬운 서로 다른 집단과 공동체 사이의 긴장을 낮추는 윤활제나 완충제라고 볼 수 있다.[58] 현대사회에서는 진실한 외집단 신뢰가 내집단의 결속보다 더 중요하다. 지금처럼 복잡한 사회는 제도와 기관을 통해 결속과 온전한 상태를 유지해야 하는데 이런 제도와 기관은 서로 다른 집단이 협력하고 공동의 목표를 위해 동등하게 기여할 때 가장 잘 작동한다. 국가나 지방정부의 제도가 효율적으로 작동하면 외집단 신뢰가 각 개인의 역량을 강화해 줌으로써 친구나 가족에게 과도하게 의존하는 경향을 줄일 수 있다.

개인적 역량 강화와 신뢰는 사회의 순조로운 기능 수행에 필수적이므로 행복의 문을 여는 열쇠라고 할 수 있다. 개인적 역량을 강화하면 사람들이 외집단에 대해 마음을 열 수 있고, 그에 따라 상호 신뢰가 형성되어 사회적 결속과 경제성장이 촉진됨으로써 궁극적으로 행복 지수를 높여준다. 예를 들어 2020년 세계 행복 보고서는 북유럽 5개국인 핀란드, 덴마크, 노르웨이, 스웨덴, 아이슬란드를 10년째 연속으로 세계에서 가장 행복한 나라로 선정했다. 그 국가들은 국민이 더 행복할 뿐 아니라 부패도

적고, 더 안전하며, 결속력이 더 강하고, 개인별 인간 개발 측정 치들이 더 균등하다. 또한 그 국민은 의료나 고용, 가족 혜택 등 사회복지 지원을 위해 더 많은 세금을 내지만 결과적으로 그로 인해 사회적 결속력이 더 강해지기 때문에 충분히 치를 만한 가치가 있는 대가라고 인식한다.[59]

물론 행복에는 돈이 중요하다. 그러나 가장 부유하다고 가장 행복한 나라는 아니다. 가장 행복한 나라는 국민 서로에 대한 신뢰도가 가장 높은 나라다. 2019년 국제 연구팀은 각국의 시민 정직도를 조사하기 위해 돈이 든 지갑 1만 7000개를 40개국 355개 도시의 공공장소에 떨어뜨린 뒤 얼마나 주인에게 돌아오는지 회수율을 집계했다.[60] 회수율이 가장 높은 70-80% 대에 든 국가는 스위스, 노르웨이, 네덜란드, 덴마크, 스웨덴이었다. 세계에서 가장 행복한 나라에 꼽힌 국가들과 거의 같았다. 미국과 영국 같은 부유국에서의 지갑 회수율은 그보다 훨씬 낮았고 중국이 꼴찌였다. 비교하자면 이 국가들은 행복 지수도 북유럽 국가들보다 훨씬 낮았다. 물론 우연의 일치일 수도 있으나 직관적으로 볼 때 이는 높은 수준의 행복을 누리려면 신뢰가 필수적이라는 사실을 말해 준다. 다른 증거도 있다. 지난 30년 동안 진행되어 온 세계 가치관 조사를 위해 보고서 저자들은 이런 질문을 제시했다. '일반적으로 말해서 대다수 사람을 믿을 수 있다고 생각하는가, 아니면 사람들을 대할 때 정신 바짝 차리고 조심해야 한다고 생각하는가?' 보고서 저자들이 내린 결론은 이렇다. '사회와 제도에 대한 신뢰 수준이 높은 사람들은 신뢰성이 떨어지는 환경에 사는 사람들보다 더 행복하다.' 그들은 또 보고서에서 행복도가 높을수록 기대수명이 길며, 협력 정신이 더 강하고, 일반적으로 삶의 어려움에 더 잘 대처하며, 사람들과 사회, 제도를 더 잘 믿는다고 밝혔다.[61]

친구 사귀기

우리는 행복을 위해, 아니면 외로움을 피하기 위해서라도, 서로 신뢰하는 관계가 필요하다. 그러나 우리 대다수는 나이가 들어가면서 인간관계를 쌓는 기술을 잃기 쉽다. 2018년 외로움 탈피를 목표로 하는 '우리 모두 친구가 되자(Be More Us)' 운동 본부는 카페에 앉아 있는 외로운 노인들의 친구가 되어주는 어린이들에 관한 감동적인 동영상을 제작했다.[62] 이 동영상은 "우리는 친구 사귀는 법을 잊었는가?"라는 질문으로 시작한 뒤 친구가 되고 싶다고 다가오는 아이들을 보며 어색해하는 노인들의 반응을 보여준다. 아이들은 "왜 혼자 앉아 있어요? 할아버지 친구들은 어디에 있나요?"라고 묻는다. 그런 천진한 질문에 마음이 열린 노인들은 곧 아이들과 친해진다. 물론 이것은 연출된 동영상이다. 그러나 어른들은 낯선 사람들을 정답게 대하지 않으려고 하는 반면 어린이들은 누구에게도 즐거이 말을 잘 건다는 사실을 잘 보여준다.

　현대의 삶은 마음만 먹으면 언제 어디서나 대화할 수 있다. 도시에 사는 사람들은 서로 가까운 거리에서 살며 바로 곁에서 함께 일한다. 그럼에도 인구밀도가 가장 높은 도심 구역에 사는 사람들이 가장 불친절하다.[63] 참으로 놀라운 사실이 아닌가? 도시 현대화는 부를 창출한다. 부는 행복 지수의 상승과 연관성이 있다. 그러나 역설적이게도 대도시일수록 행복 지수가 낮다. 아주 가까이 살며 함께 일하는 사람들이 친구가 되지 못하고 낯선 사람으로 서로를 무시하는 경향이 그 한 가지 이유다.

2016년 미국인 조너선 던은 런던의 지하철 통근자들에게 '지하철 안의 담소 어때요?(Tube Chat?)'라고 적힌 배지를 나눠주며 서로 대화하도록 권유하는 캠페인을 벌였다.[64] 그러나 그에 대한 반응은 아주 부정적이었다. 영국 신문 《가디언》은 그 캠페인이 "통근자들 사이에서 끔찍하다는 반응을 불렀다"며 그에 대응하는 '입 닥쳐!(Shut Up!)' 캠페인이 소셜미디어에서 일어났다고 보도했다.[65] '입 닥쳐!' 캠페인을 기획한 런던 시민 브라이언 윌슨은 통근자들에게 '나에게 말을 걸 생각조차 하지 마'라는 슬로건이 적힌 배지를 나눠줬다. 던의 지하철 담소 캠페인은 완전 실패로 끝났다. 그의 배지를 받은 사람은 5명 중 1명꼴에 불과했다. 런던 시민들이 유독 그처럼 쌀쌀맞은 걸까? 그 다음해 실시된 유거브 여론조사에서 런던 시민 중 3분의 2는 지하철 안에서 다른 통근자들과 대화하고 싶지 않다고 응답했다. 그러나 다른 대도시들에서는 절반가량만 그렇게 응답했다.[66]

우리 중 일부는 가능하면 사회적 상호작용을 피하려 한다. 아주 내성적인 성격의 미국 언론인 제시카 팬은 《이제 나가서 사람 좀 만나려고요(Sorry I'm Late, I Didn't Want to Come)》라는 제목의 책을 썼다.[67] 지독히 내성적인 성향인 자기가 억지로 사교적인 사람이 되려고 노력하며 지낸 1년의 체험을 담은 책이다. 사회적인 상호작용을 피하는 사람들 대다수처럼 팬도 자신이 '내향인'이라는 핑계로 늘 홀로 지내며 사람들을 만나지 않다가 사회생활에 담을 쌓고 지내면서 놓쳐버린 기회들을 깨닫고 자신의 그런 성향을 고쳐보려고 마음먹었다. 그러면서 밖에 나가 모르는 사람에게 말을 걸고, 스마트폰 앱으로 친구를 만들고, 스탠드업 코미디 무대에도 도전했다. 팬은 자신의 내성적인 성격에 비춰 그런 경험을 혐오하리라 예상했지만 결국은 다른 사람들과 적극적으로 어울리는 가운데서 얻을 수 있는 진정한 혜택을 깨닫게 되었다. 그처럼 사회적 상호작용의 문제에서 때론 기존의 생각과 편견에서 과감히 벗어나는 것이 필요하다. 우리는 서로 연결되는 기회를 회피함으로써 스스로 고립되어 자신의 불행을 악화시킬 때가 적지 않다.

심리학자 니컬러스 에플리와 줄리애나 슈로더는 2014년 '고독을 찾는 실수(Mistakenly seeking solitude)'라는 제목의 논문을 통해 미국 시카고에 사는 대중교통 통근자들 사이의 대화에 대한 그들 자신의 태도와 그런 자발적인 상호작용이 행복에 미치는 영향을 연구한 결과를 발표했다.[68] 조너선 던의 캠페인에서도 봤듯이 대도시 사람들은 거의 모두가 통근하는 동안 서로 대화하지 않는다. 그들은 다른 통근자들과 거리를 두려고 안간힘을 쓴다. 에플리와 슈로더는 왜 사람들이 그렇게 행동하는지 알고 싶었다. 낯선 사람과 대화하기가 실제로 불편해서 그럴까? 아니면 사실은 그렇지 않은데 미리 그러리라고 지레짐작해서일까?

설문조사에 응한 203명 중 통근열차 역 대합실에서 함께 기다리는 낯선 사람과 대화하겠느냐는 질문에 93%는 그럴 생각이 없다고 답했다. 또 76%는 통근열차 안에서 낯선 사람과 대화하기를 피하겠다고 답했다.

에플리와 슈로더는 또 다른 연구에서 통근자를 세 그룹으로 나눠 첫째 그룹은 낯선 사람과 대화하도록 하고, 둘째 그룹은 혼자 앉아 있도록 하고, 셋째 그룹은 뭐든 평소 하던 대로 행동하도록 한 뒤 통근이 끝나고 답해 달라며 설문서를 배포했다. 그들은 또 다른 세 그룹의 통근자들에게 그런 요청들을 따른다면 기분이 어떨지 사전에 예측해 보도록 했다. 그 결과 첫 세 그룹 중에서 낯선 사람과 대화하도록 요청받은 그룹은 통근이 끝난 뒤 다른 두 그룹보다 더 행복하게 느꼈다. 반면 혼자 앉아 있었던 그룹은 별로 행복하지 않다고 답했다. 이런 반응은 단지 예측만 해보도록 한 참여자들의 반응과 정반대였다. 다시 말해 우리는 실제는 그렇지 않은데도 간섭받지 않고 혼자 조용히 통근하면 가장 행복하리라 생각하며, 낯선 사람과 대화해야 하는 상황이 최악이라고 여긴다는 뜻이다. 그 이유를 찾으려는 추가 연구에서 다음 사항이 확인되었다. 통근자들은 낯선 사람과의 대화 노력이 부정적인 경험일 것으로 예측하지만 대화를 잘 끝낸 뒤에는 어떻게 느끼리라고 생각하는지 물으면 좀 더 긍정적이다.[69] 다시 말해 사람들은 대화가 좋다는 사실을 잘 알아도 상대방이 말을 받아주지 않을지 모른다는 두려움으로 아예 시도조차 하지 않는다는 뜻이다.

사람들이 낯선 이에게 말을 걸지 않는 것은 그런 행동이 무례하고 간섭하는 듯이 보이리라고 지레짐작하기 때문이다. 또 그들은 자신이 낯선 이와 공통점이 없거나 자칫 무시당하거나 거부당할지 모른다고 우려한다. 그러나 그런 생각이 반드시 이전의 좋지 않은 경험에 근거한 것은 아니다. 대다수가 그렇게 생각한다면 그것은 '다원적 무지(pluralistic ignorance, 특정 이슈와 관련해 다수의 의견을 소수의 의견이라고 잘못 인식하거나, 반대로 소수의 의견을 다수의 의견으로 착각하는 것)'에 해당한다. 이 경우엔, 대다수가 실상과 달리 다른 사람들이 대화하기를 좋아하지 않는다고 믿는다는 말이다.[70] 신뢰와 정직의 문제에서도 마찬가지다. 앞서 소개한 지갑 회수율 연구에서 전문가든 비전문가든 사람들 대다수는 주운 지갑을 주인에게 돌려주는 정직한 사람이 적을 것으로 예측했다. 그러나 실상은 전혀 그렇지 않았다. 이처럼 우리는 동료 시민들을 지나치게 부정적으로 보는 경향이 있다.

다원적 무지는 우리 대다수가 가진 '호감도 인지 격차(liking gap)'를 설명해 준다.[71] 이는 상대가 나를 얼마나 좋아하는지 과소평가하는 경향을 가리킨다. 우리는 다른 사람들이 우리를 별로 좋아하지 않을 거라고 지레짐작한다. 대화 후에도 우리는 나에 대해 상대방이 갖는 호감도가 낮을 것으로 생각한다. 낯선 사람들 사이의 첫 대화든, 대학 신입생들의 오리엔테이션에서든, 워크숍에 참석한 회사 동료들 사이에서든 사람들은 실제와는 달리 상대방이 자신을 그리 좋아하지 않는다고 느낀다.

한편으로 사람들은 대수롭지 않은 자신의 실수도 다른 사람들의 눈에는 잘 띌 것으로 과대평가한다. 소위 '스포트라이트 효과(spotlight effect, 조명 효과)'다. 다른 사람들이 우리 약점을 실제보다 더 뚜렷이 의식한다고 믿는 경향을 말한다.[72] 이 현상에 대한 첫 연구에서 연구팀은 대학생들에게 강의실에 갈 때 가수 배리 매닐로의 얼굴이 새겨진 밝은 노란색 티셔츠를 입게 했다. 배리 매닐로는 왕년의 가수로 그 대학생들의 나이에는 어울리지 않았다. 연구팀이 참여자들에게 강의실에서 얼마나 많은 학생이 그 '튀는' 옷차림을 알아챘다고 생각하는지 질문하자 그들은 절반가량이 그랬을 것이라고 답했다. 그러나 실제로 그 셔츠에 주목한 학생들은 4분의 1 정도였다. 그처럼 우리는 다른 사람들이 우리에게 던지는 눈길을 과대평가한다. 그것이 궁극적으로 우리의 객관적인 비교를 왜곡한다. 물론 우리는 당혹스러운 순간을 자주 겪는다. 그러나 대다수 사람이 무슨 일이 있는지 알아채지도 못한다는 사실을 명심하라. 다른 사람들 앞에서 발표하거나 공연할 때 특히 그런 인식이 필요하다. 우리는 우리의 작은 실수가 눈에 확 띈다고 생각하나 청중은 우리가 언제 무슨 실수를 했는지 잘 모른다.

인간은 사회적인 동물로서 육체적, 정신적 행복을 위해 서로에게 의지한다. 그럼에도 인간의 가장 큰 두려움은 다른 인간이다. 이 얼마나 아이러니인가? 기회를 놓치거나 따돌림을 당하거나 배척당하거나 무시당하거나 자존감이 짓밟히거나 웃음거리가 될지 모른다 등등 수많은 사회적 두려움이 우리를 엄습한다. 그러나 그 대부분은 우리의 자기중심적인 자아에서 투사되는

환상에 불과하다. 물론 처음 보는 사람에게 말을 걸거나 그와 친
구가 되기가 쉬운 일은 아니다. 그러나 시도조차 하지 않는다면
다른 사람들이 실제로 우리를 좋아한다는 사실을 끝내 알 수 없
을 것이다.

● 함께 같이 하는 활동에 더 많이 참여하라

혼자 TV로 어떤 행사를 보기보다는 친구들과 함께 둘러앉아서 보라. 기회가 있다면 TV로 보기보다 직접 그 행사에 참가하라. 그런 경험은 나중에 다른 사람들과 함께 나눌 수 있는 좋은 추억거리가 된다.

● 사람을 만날 때는 스마트폰을 치워두라

전화기를 호주머니나 가방에 넣어두라. 전화기는 주의를 산만하게 하며, 그 순간의 즐겁고 행복한 분위기를 느끼지 못하게 방해한다. 전화기에 신경을 쓰면 대화 도중 상대방에게 집중할 수 없다.

● 상대방 말을 경청하는 연습을 하라

다른 사람이 하는 말에 주의를 기울이라.

가능하면 적게 말하고 더 많이 들으라.

적절한 때 의미 있는 질문을 하고 건설적인 비판을 하라.

● 다른 사람을 신뢰하려고 노력하라

먼저 자신의 약점을 드러내 보이라.

"나의 이런 면을 인정하기가 부끄럽지만…"이라는 말로 시작해 보라.

● 낯선 사람들과 대화하려고 노력하라

비교적 자연스럽게 말을 걸 수 있는 사람들부터 시작해 보라. 날씨 이야기 같은 한담으로 대화를 트는 것이 가장 편하다.

적절하다고 생각되면 칭찬도 하라.

상대방이 대화를 꺼린다면 강요해선 안 된다.

무엇보다 안전이 중요하다. 모르는 사람에게 말을 걸 때는 주변에 다른 사람들이 있는 공공장소에서 하는 것이 가장 안전하다.

나만의 세계에서
벗어나라

우리는 다른 사람들에게 신경 쓰지 않고

우리 자신만의 행복을 추구할 수 있지만

그 행복은 다른 사람들을 행복하게 만들 때만큼 오래가지는 않는다.

또 우리가 다른 사람들을 행복하게 해주면

그들과 우리 자신 모두의 삶이 훨씬 더 오랫동안 풍요로워질 수 있다.

우리는 이 책을 통해 인간이 어떻게 사회적 존재로 진화했는지 되짚어 보았다. 그런 인간의 특성이 행복과 직접적인 관계가 있기 때문이다. 인간은 사회적인 존재로서 신체적인 생존을 위해서뿐만 아니라 정서적인 안정을 위해서도 타인에게 의존해야 한다. 가장 먼저 인간은 무력한 아기로 인생을 시작한다. 돌봐주는 사람 없이는 생존할 수 없기에 아기는 반드시 부모와 정서적 유대를 형성하도록 생물학적으로 설계되어 있다. 인간은 어린 시절 전반에 걸쳐 이런 유대를 직계 가족에서부터 친구와 타인들에게로 서서히 넓혀간다. 그러면서 사회적으로 자신의 정체성을 찾아 집단을 형성하게 된다. 또 개인으로서 인간의 자아감은 자기중심주의로 시작해서 점진적으로 타인들과 통합된다. 그러나 초기의 자기중심적인 편향이 완전히 사라지진 않는다. 위협이나 스트레스 또는 압력을 받으면 신체적으로, 정신적으로 자신에게 초점을 맞추며 자기중심적인 자아로 되돌아간다.

그런 경향이 우리의 행복을 방해한다. 자기중심적인 관점에서 당면문제에 집중할 때마다 걱정에 휩싸이며 부정적인 생각들을 반추하기 때문이다. 우리는 행복을 추구해도 뇌가 부정확한 판단을 하고 부정적인 정보에 집착하면서 좌절을 겪는다. 우리 뇌는 특히 사회적 지위를 위협하거나 따돌림으로 이어질지 모른다고 생각되는 정보를 실제보다 더 중대하게 받아들인다. 따라서 우리가 자기중심적 관점을 줄이려고 노력한다면 부정적인 생각을 덜 하게 되고 사회적 유대를 강화함으로써 행복을 증진할 수 있다. 이것이 이 책 전체를 통해 내가 주장하는 바다. 이 마지막 장에서는 '자아를 변화시키라'는 레슨 1의 메시지로 되돌아가 우리가 좀 더 타인중심적이 될 수 있는 다른 방법들을 고찰하고자 한다. 이 방법들은 다른 사람들과 상호작용할 때 필요하지만 우리가 자신만의 생각에서 과감히 벗어난다면 혼자 있을 때도 자기중심주의에서 벗어나 더 넓은 시야를 가질 수 있다.

환각 체험

1996년 티머시 리어리가 세상을 떠났다는 소식이 전해진 바로 그날이었다. 하버드대학 심리학부의 내 연구실로 누가 찾아왔다. 리어리는 1960년대 환각제 옹호자로 악명을 떨친 인물이었다. 리처드 닉슨 대통령이 그를 "미국에서 가장 위험한 사람"이라고 부를 정도였다.[1] 그는 하버드대학 심리학 교수로 재직하다가 파면되었다. 그래서 《보스턴 글로브》의 한 기자가 리어리의 옛 동료들로부터 그가 한 말이나 그에 관한 견해를 듣고자 취재

하러 온 것이었다. 리어리는 내가 오기 오래전에 그곳에서 학생들을 가르쳤기 때문에 나는 그를 만난 적이 없었다. 상황을 잘 설명하고 기자를 돌려보냈으나 그가 연구실에서 나가자마자 내 머릿속에는 나의 먼 과거가 아련히 떠올랐다. 그로부터 20년 전인 십 대 시절 스코틀랜드에서 성장하면서 나도 환각 체험을 한 적이 있었기 때문이다.

당시 열다섯 살이던 나는 취미 생활로 금속 탐지에 흠뻑 빠졌다. 땅속에 묻혀 있는 역사적인 유물이나 보물, 동전 등을 찾는 활동이다. 나는 수십 년, 아니 수백 년 전 주인의 손에서 떨어져 땅에 묻힌 동전 따위를 찾아내려고 탐지기를 들고 오랜 시간 동네 공원을 누볐다. 탐지기 신호음의 갑작스러운 톤 변화가 금속 물질이 있음을 알려주기 때문에 계속 집중해야 하는 작업이었다. 탐지기로 앞뒤로 쓸듯이 땅을 스캔하며 다른 사람에게 전혀 신경 쓰지 않고 오로지 아래쪽만 뚫어지게 바라봐야 했다. 어느 날 금속 탐지를 하던 중 평소와 달리 우연히 고개를 들었을 때 나보다 나이 많은 남자아이들이 나처럼 무엇을 찾는 듯이 땅을 자세히 살피고 있었다. 대개 금속 탐지 애호가들은 공동 작업을 하러 오지 않았다면 자기 구역을 철저히 구분한다. 그래서 나는 왜 내 영역을 침범하느냐고 따지려고 그들에게 다가갔다. 하지만 그들은 옛 동전을 찾는 게 아니었다. 그렇다면 도대체 뭘 찾는단 말인가? 알고 보니 그들은 환각 성분이 들어 있는 '마법버섯(magic mushroom, 환각버섯)'을 찾고 있었다.

십 대 청소년들이 그렇듯이 나도 그때는 모험과 실험 욕구가 매우 강했다. 환각 성분 실로시빈이 함유된 마법버섯은 당시에는 채취나 섭취가 불법이 아니었기 때문에 말 그대로 무료 자연산 환각제였다. 나도 친구들과 함께 그 버섯으로 환각 체험을 하느라 많은 밤을 보냈다. 나이를 더 먹으면서 마법버섯 환각 놀음을 그만두었지만 그때의 경험은 나를 크게 바꿔놓았다.

환각 느낌을 정확히 설명할 도리가 없지만 한번 시도해 보겠다. 독성을 가진 환각 물질이 효력을 내면서 처음에는 속이 비틀리는 듯한 메스꺼움을 느낀다. 그러나 그다음에는 몸 안에서 따뜻한 기운이 파도처럼 밀려와 희열과 행복감에 휩싸이게 된다. 다른 형태의 중독도 이런 느낌을 줄 수 있다. 그러나 환각 체험이 삶을 변화시키는 것은 그런 희열과 행복감이 아니다.

환각은 감각, 지각, 감정, 인지 등 마음의 모든 요소를 변화시킨다. 모든 의식적인 경험이 왜곡되고 심화되며 새로운 발견의 기회도 생긴다. 모든 것이 예전과 달리 느껴진다. 음악은 선율이 더 아름다워지고, 주변 사람들은 모두가 미남 미녀로 보이며, 자연도 훨씬 더 멋지게 느껴진다. 마법에 홀린 듯 황홀해지며 모든 것이 초자연적인 듯하다. 자연 세계가 살아나면서 식물과 나무가 숨 쉬는 것을 실제로 보고 느낄 수 있다. 기쁨이 넘쳐흐른다. 환각제가 그토록 강력한 것은 행복감만이 아니라 현실에 대한 새로운 경험 때문이다. 우주와 그 속에 있는 모든 것이 경이로워 보인다. 그동안 따분한 꿈속에서 살다가 이제야 깨어나 모든 것을 명확히 볼 수 있는 듯하다. 나와 우주가 하나로 연결되어 있다고 느낀다. 환각은 우리가 평상시 생활하면서 의존하는 정상적이고 일상적인 자아감을 파괴한다.

그로부터 45년 뒤인 지금 나는 어엿한 심리학 교수로서 마법 버섯에서 완전히 벗어났다. 리어리처럼 우리 모두에게 환각제가 필요하다고 주장할 생각은 추호도 없다. 환각제는 불법(영국에서는 마법버섯이 2005년 불법 물질로 규정되었다)일 뿐 아니라 정신 건강에 해로운 부작용을 일으킬 수 있다. 특히 일상에서 지속적이고 과도한 걱정으로 업무와 인간관계에 지장을 받는 '범불안장애'에 취약한 사람들에게는 심각한 문제를 일으킬 가능성이 크다.[2] 또 환각제가 만들어내는 환상과 왜곡된 자아감은 이인증 등 해리 상태를 초래할 수 있다. 자신이 낯설게 느껴지거나 자신과 분리된 느낌을 경험하는 증상으로 자아 인식에 이상이 생긴 상태를 말한다.

그러나 한편으로 만약 성격적 특성에서 집중성과 개방성, 수용성이 강하거나 자신의 목표와 구상, 습관과 기호를 기꺼이 포기할 수 있는 사람이라면 환각제로 긍정적인 경험을 할 수도 있다. 환각제의 효과에 관한 연구에 따르면 그런 성격 특성을 가진 사람이 '신비로운' 경험을 할 가능성이 가장 크다.[3] 여기서 이런 긍정적인 예측인자는 자기중심주의보다 타인중심주의가 강한 측면과 유사하다는 사실에 주목할 필요가 있다. 환각 경험에 긍정적이고 열린 태도로 접근하는 사람은 긍정적인 방향으로 자아를 억제할 가능성도 더 크다는 뜻이다. 반면 집착, 우려, 당혹, 강한 자기중심주의와 연관된 특성은 환각 반응에서 역효과를 낼 가능성이 더 크다.

그런 잠재적인 역효과에도 최근 들어 의료용 환각제에 대한 관심이 높아지고 있다. 특히 기존의 치료법이 듣지 않는 만성 우울증과 외상 후 스트레스 장애(PTSD)가 그 대상이다. 환자의 성격적 특성을 정확히 평가하고 충분한 고지에 따른 환자의 동의가 있는 경우 환각제의 도움을 받는 치료법이 매우 효과적인 것으로 나타났다. 환각제를 보조 수단으로 사용한 한 임상 연구에서 심한 만성 우울증 환자의 71%가 의미 있는 증상 호전을 보였고, 그 상태가 최소 4주 동안 지속되었다.[4] 환각제는 다른 향정신성 약물과 달리 의존성과 중독성의 위험이 낮아 치료제로 유망하다고 알려졌다. 미국에서는 2023년 처음으로 오리건주가 실로시빈을 의료용으로 합법화했다. 현재 콜로라도, 코네티컷, 캘리포니아 등 다른 주들도 그와 비슷한 법 개정을 검토하는 중이다.[5] 영국을 포함한 세계 여타 지역에서도 환각제 연구가 활발하지만 미국을 제외하면 아직은 의료용으로 환각제 사용을 합법화하려는 움직임은 보이지 않는다. 의료용 환각제 합법화 문제는 찬반 견해가 극명하게 갈리기 때문에 영국의 경우 가까운 미래에 관련된 법을 개정할 가능성은 희박해 보인다.[6]

환각제는 자신과 다른 사람에 대한 우리의 감각을 생성하는 뇌의 메커니즘에 영향을 미친다. 그것이 우울증 치료에 환각제가 효과 있는 이유 중 하나다. 환각제는 종종 자신과 우주가 하나가 되는 신비한 경험을 동반한다. 거기에는 자아 해소, 심지어 자아를 완전히 없애는 자아 멸각(滅却)도 포함된다. 뇌 촬영 연구에 따르면 흔히 LSD로 알려진 리세르그산 디에틸아마이드(실로

시빈과 비슷한 강력한 합성 환각제)는 레슨 5에서 설명한 뇌의 기본 모드 신경망(DMN)에 작용한다. 이런 현상은 LSD를 사용한 사람들이 자아감과 다른 사람들과의 연결에 대한 인식이 변화되었다고 증언한 것과 일치한다.[7]

변화된 현실의 생생한 경험은 실로시빈의 효과가 사라진 후에도 오래 지속된다. 환각제 치료를 받은 환자 대다수는 인생관이 달라지는 중요한 경험을 했다고 말한다. 나의 경우 지금도 나무를 보면 과거 마법버섯에 취했을 때 나무들이 숨 쉬고 맥이 뛰는 듯이 보였던 기억이 되살아난다. 자아감을 잃어버렸던 그때의 경험은 오랫동안 나에게 남아 있으면서 개인적으로 직업적으로 크게 영향을 미쳤다. 그 체험에서 느꼈던 일시적인 자아 해체로 인해 나는 나의 자아감이 여러 요소로 구성되어 있다는 사실을 깨닫게 되었다.[8] 어떤 사람들에겐 그런 경험이 섬뜩할지 모르지만 나는 거기서 해방감을 느꼈고 그로 인해 나의 인생관과 세계관이 달라졌다.

경이로움을 발견하라

인류 역사를 돌아보면 주로 예식과 의례에서 변화되고 행복한 마음 상태를 얻기 위해 다양한 형태의 환각 물질이 사용되었음을 알 수 있다.[9] 그러나 환각제 사용을 좋지 않게 생각하거나, 역효과를 부를 수 있는 부정적인 성격 특성을 가졌거나, 또는 단지 법을 준수하고자 하는 사람들은 다른 수단을 통해 좀 덜 극단적으로 변화된 자기 표상(self-representation)에 도달할 수 있다. 세계 도처에서 사람들은 종교 예식 같은 의례를 통해 환각제 없이 자아감을 변화시키고 있다. '회전 수행자(The Whirling Dervishes)'는 튀르키예 무슬림 교단의 하나다. 그들은 무아지경에 도달하기 위해 오른손은 위로, 왼손은 아래로 향하게 하고 시곗바늘 반대 방향으로 빙글빙글 돌며 신의 이름을 외치는 의례적인 춤을 춘다. 댄서들은 자아를 나타내는 묘비 모양의 모자를 쓰고 자아의 수의를 상징하는 흰색 스커트를 입는다. 빙글빙글 도는 것은 자아의 죽음을 표상하며 자기 영혼이 신과 하나가 되는 것을 나타낸다.

똑같은 행동을 함께하거나 함께 모여 노래하는 행위도 자아감을 변화시키고 희열을 느끼게 해준다. 집단의 결속과 행복 증진에 가장 효과적인 활동 중 하나가 함께 노래하기다.[10] 18-83세를 대상으로 한 연구에서 참여자들을 대상으로 통증을 느끼는 감각의 정도와 행복도, 다른 사람들과의 유대감을 측정한 뒤 그룹으로 나뉘어 노래 배우기, 글짓기, 공예품 만들기 교습을 실시했다.[11] 다른 사람들과의 유대감은 자아와 타인의 관계를 시

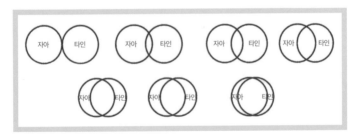

자아와 타인의 원이 겹치는 정도가 자신의 자아중심주의와 타인중심주의가 어느 수준인지를 보여준다. (Adapted from Aron et al., 1992)

각적으로 표시한 그림을 통해 측정했다(262쪽 그림 참조).[12] 이처럼 자아와 타인을 겹치는 원으로 표현하는 것은 자신의 자기중심주의와 타인중심주의가 어느 정도 수준인지 상대적으로 평가할 수 있는 또 다른 방식이다.

연구팀은 교습이 시작된 직후와 3개월 뒤, 그리고 7개월 뒤에도 참여자들을 대상으로 똑같은 측정을 했다. 시간이 흐를수록 참여자들 모두 긍정적인 평가치가 높아졌다. 집단 활동의 전반적인 혜택을 보여주는 결과였다. 그중에서도 노래를 함께 배운 그룹이 행복도와 동료들과의 유대감에서 훨씬 높고 더 빠른 증가세를 보였다. 자기중심적인 자아가 타인 쪽으로 이동해 서로 좀 더 많이 합쳐진 결과였다.

자아 변화 활동은 긍정심리학의 기초를 이룬다. 캘리포니아대학 버클리 캠퍼스의 '공공 이익을 위한 과학 센터(Greater Good Science Center)'가 권장하는 80여 가지 활동을 살펴보면 대부분이 우리의 자아감에 직접적 또는 간접적으로 작용한다는 사실을 알 수 있다.[13] 친절한 행동이든 연민을 보여주든 감사를 표하든 또는 자연 속의 산책이나 명상처럼 혼자 하는 활동이든 그 전부는 자아에 고정되어 있던 우리 관점을 타인 쪽으로 옮기는 효과를 낸다. 심지어 자신을 좀 더 온정적으로 대하는 자기 사랑도 자기중심적인 절망의 소용돌이에서 벗어나 친구를 대하듯이 자신을 좀 더 객관적으로 바라볼 때 가능해진다. 그 기법은 레슨 5에서 다룬 심리적 거리 두기와 비슷하다.

자아를 변화시키는 또 다른 방법은 외부적인 경험으로 깊은 감명을 받는 것이다. 인상적인 경험은 우리 마음을 완전히 사로 잡을 수 있기 때문에 자아의 변화를 유도한다. 그랜드캐니언을 방문하거나 망원경으로 밤하늘의 무수한 별들을 관찰하면 자신이 작고 보잘것없게 여겨진다.[14] 가장 심오한 경험 중 하나는 '조망 효과(overview effect)'다. 우주에서 지구를 바라볼 기회를 가진 소수의 행운아만 할 수 있는 경험이다. 달 위를 걸었던 우주비행사 에드가 미첼은 그 경험을 "의식의 폭발"이라고 규정하며 "하나됨과 연결됨의 압도적인 느낌으로 환희가 수반되는 직관과 통찰을 준다"라고 묘사했다.[15]

그런 황홀한 경험은 경탄과 놀라움을 자아내며 신비의 세계로 우리를 이끈다. 소설이나 드라마 또는 음악을 통해, 또는 나이아가라 폭포 같은 장관을 관망함으로써도 경이로운 경험을 할 수 있다. 그와 같은 경탄의 순간에 우리는 우리 자신에게 집중하지 않는다. 그러나 그보다 더 중요한 점은 우리가 우리 자신보다 더 큰 무엇에 연결되어 있다는 느낌을 받는다는 사실이다.

경탄의 상태에서 우리는 자신의 문제를 포함해 모든 것을 전체적인 시야로 바라보게 된다. 실제로 그런 경험을 하는 동안 사람들이 자신을 물리적으로 더 작게 느낀다는 증거도 있다.[16] 은퇴자들을 대상으로 실시한 연구에서 일주일에 한 번씩 15분 동안 자연 속에서 '경탄의 산책'을 2개월 이상 한 참여자들은 더 즐겁고 친사회적인 감정을 갖게 되었다고 말했다. 아울러 그들의 셀카 사진에서 차지하는 그들의 얼굴 크기도 그런 산책을 하지 않은 사람들의 사진에 비해 더 작았다.[17] 자연 속에서 산책을 더 많이 할수록 그들의 사진에서 자신의 모습이 더 작아졌고 자신보다 더 큰 무엇의 일부가 된 느낌이 더 커졌다고 말했다. 그러나 이런 경험을 추구하는 것이 더 행복해지기 위한 지속 가능한 전략은 될 수 없다. 레슨 3에서 살펴봤듯이 우리 뇌는 무엇에든 쉽게 익숙해지고 적응하도록 설계되어 있기 때문이다. 같은 책을 반복해서 읽거나 같은 영화를 보고 또 보거나 같은 음악을 계속 듣거나 같은 자연경관을 계속 찾거나 밤하늘을 몇 날 며칠 반복해서 관찰한다면 처음 느꼈던 경탄이 서서히 줄어든다. 이런 익숙함에서 벗어나는 한 가지 방법은 경이로운 새 경험을 찾아 나서는 것이다.

그 외에 다른 방법은 어린아이들처럼 호기심을 갖고 계속 질문을 던지는 것이다. 다섯 살 미만 어린이를 대상으로 실시한 연구에 따르면 그들은 어른과 대화할 때 한 시간에 76-95가지 질문을 쏟아낸다.[18] 질문은 주변 세계를 이해하려고 노력함으로써 뇌의 발달을 자극한다. 첫 질문은 흔히 '왜'로 시작한다. "왜 그런가요?"가 흔한 질문 중 하나다. 그러나 노벨상을 받은 이론물리학자 리처드 파인먼이 지적했듯이 '왜'라는 질문에는 만족스러운 답이 없다. 유튜브에서 150만 건 이상의 조회수를 기록한 인터뷰에서 진행자가 파인먼에게 자석이 어떻게 작동하는지 묻자 그는 "서로 밀어내지요"라고 답했다.[19] 너무나 뻔한 답변에 짜증이 난 진행자는 이렇게 다시 물었다. "그게 무슨 의미인가요? 왜 서로 밀어내나요? 어떻게 그렇게 작동하나요? 제 질문이 잘못되었나요? 내 생각에는 그게 완벽하게 합리적인 질문이라고 생각하는데요." 파인먼은 잠시 생각한 뒤 숨을 깊이 들이쉬고는 이렇게 대답했다. "물론 아주 훌륭한 질문입니다. 하지만 문제는 무슨 일이 왜 일어나느냐고 물으면 쉬이 만족스럽게 답할 수 없다는 겁니다." 파인먼은 미니 이모가 병원에 있다고 가정하고 그 이유를 묻는 상황을 사례로 제시했다. "미니 이모가 왜 병원에 있지? 다리가 부러졌기 때문이야. 왜 다리가 부러졌지? 얼음판 위에서 미끄러졌기 때문이야. 왜 미끄러졌지? 얼음판 위에 서 있으면 불안정하기 때문이야. 얼음판 위에 서 있으면 왜 불안정하지?" 그런 식으로 질문은 꼬리에 꼬리를 물고 끝없이 이어진다. 파인먼은 다시 이렇게 말했다. "세계에 대한 아주 흥미로운 무엇을 이해하기 시작하면서 그 무엇을 계속 따라잡으면 여러 방향으로 더 깊이 파고들어야 합니다." 파인먼의 요점은 우주의 어떤 상황이든 그에 대한 설명은 끝없이 이어질 수 있다는 것이다. 이런 식의 반복되는 질문은 우주의 연결성을 드러낸다. 하지만 우리는 현재 자기 자신에게 온 마음과 정신을 쏟아붓기 때문에 그런 문제는 아예 신경 쓰지도 않는다. 잠시 멈추고 좀 더 깊이 생각해 보면 우리는 다른 사람들뿐만 아니라 우주와도 긴밀히 연결되어 있음을 느낄 수 있다.

눈에 띄는 거대한 나무나 옛 건물을 본다면 이렇게 물을 수 있다. 어떻게 이 나무나 이 건물이 여기에 있게 되었을까? 누가 이 나무를 심었고, 누가 이 건물을 지었을까? 그 이전에는 여기에 무엇이 있었을까? 우리는 앞서 마음챙김으로 순간순간을 좀 더 깊이 음미하는 방법을 알아봤다. 그런 음미는 우리의 주변 환경에 관해 더 깊은 질문을 하는 데 적용될 수도 있다. 우리가 과학자가 아니고 역사학자가 아니라고 해도 말이다. 우리가 정규 교육과 너무나 바쁜 생활 속에서 잃어버린 깊은 지식과 이해에는 진정한 기쁨과 즐거움이 들어 있다. 다시 어린아이가 되어 세계와 우주의 경이로움을 발견하라.

풍요로운 고독을 즐겨라

사회 연결망을 통해 행복을 추구하려면 좀 덜 자기중심적으로 생각하고 좀 더 타인지향적이 될 필요가 있다. 그러나 마음을 고요하고 평온하게 해주는 활동이나 명상에 홀로 집중하는 방법으로도 우리는 자기중심주의를 억제할 수 있다. 우리 마음을 풍요롭게 해줄 수 있는 고독은 우리를 둘러싼 문제들에서 비롯되는 부정적인 생각들에 짓눌리지 않을 때 가능해진다. 칼럼니스트이자 저술가인 마리아 포포바가 지적했듯이 신경과학의 아버지로 불리는 산티아고 라몬 이 카할 같은 과학자와 밥 딜런 같은 아티스트들은 창의적인 사유의 기회로 고독의 미덕을 극찬했다.[20] 이런 고독의 순간들은 정신없이 바쁘게 돌아가는 우리 삶에서 오아시스가 될 수 있다.

레슨 5에서 우리는 긍정적인 정신 상태를 말하는 '몰입'을 다뤘다. 그런 몰입 가운데서 우리는 고독을 찾을 수 있다. 또 다른 접근법은 현대 세계가 하루 24시간 주 7일 우리의 주의 집중을 요구하는 상황에서 가끔씩 거기에 집착하지 않고 고독을 추구하는 것이다. 삶에 완전히 통합되어 끊임없이 우리 반응을 요구하는 디지털 기기 사용에서부터 시작해 보라. 우리를 둘러싼 디지털 경제는 새로운 시장을 개발하고 그 시장을 더욱 정교하게 만들기 위한 정보를 쉴 새 없이 제공한다. 그 정보를 따라잡으려면 거기에 집착해야 한다. 이를 위해 정교하게 고안된 시스템이 우리를 온라인 상태에서 벗어나지 못하게 한다. 게다가 갈수록 복잡해지고 자동화되는 비인간적 시스템이 우리 삶을 지배한다. 문자 메시지, 이메일, 비밀번호, 비밀번호 재설정, 보안 점검 등 급변하는 디지털 세계의 온갖 불협화음이 우리를 압도한다. 나는 학창 시절 컴퓨터 프로그래밍을 배웠기 때문에 디지털 기술 문제에 관한 한 어느 정도 자신 있다고 생각했지만 기술이 갈수록 진화하면서 이제는 나도 뒤처졌다고 느낀다.

이 책 전체를 통해 나는 우리가 좀 덜 자기중심적이 되어야 한다고 강조했다. 하지만 우리 자아를 완전히 없애버릴 수 있다거나 없애버려야 한다고 생각하지는 않는다. 환각제나 신비한 경험 또는 종교 의식이 일으키는 변화된 마음 상태를 연구한 최신 논문은 행복을 느끼는 수준은 자아를 지우는 무아(無我)보다 일체감과 유대감으로 더 잘 예측할 수 있다고 결론지었다.[21] 앞서 살펴봤듯이 자아 멸각은 이인증을 일으킬 수 있다. 프랑스의 심리학자 미샤엘 당브렁은 자아에 관한 한 양자택일을 할 필요가 없다고 주장했다.[22] 마찬가지로 행복에 관한 한 '나 자신 대(對) 다른 사람'이 될 필요가 없다. 이기심과 이타심은 동전의 양면이다. 우리는 때로는 자신에게 잘해 주고, 또 때로는 타인에게 잘해 준다. 그 두 가지 활동 모두 우리를 행복하게 해줄 수 있다. 그러나 거기에 한 가지 흥미로운 점이 있다. 우리가 경험하는 행복의 질이 자신과 관련된 행동의 양태에 따라 달라진다는 사실이다.[23] 자기중심적인 행동은 변동성이 심한 행복으로 이어지는 반면 이타적인 행동은 더 오래 지속되는 진정한 행복을 가져다준다.

이기심으로 얻는 행복이 변동성 심한 이유가 뭘까? 자기중심적인 행동은 다른 사람과 뚜렷이 구별되는 명확한 자아 인식의 확립을 요구한다. 자기중심적인 관점에서 우리는 자신을 보면서 독립적이며, 다른 사람들보다 낫고, 스스로에게 개인적인 보상을 충분히 해줄 만한 사람이라고 생각한다. 우리는 자신의 마음과 자신이 원하는 것을 잘 안다. 우리는 즐거움을 얻고 싶어 하고('지금 아이스크림이 너무 당기는데') 불쾌감을 피하려 한다('저 사람과 맞서고 싶지 않아'). 이런 편향과 선호는 처음엔 우리 자아를 강화해 주지만 그 혜택이 오래가지 않는다. 레슨 3에서 지적했듯이 우리 뇌는 그런 향락적 즐거움에 너무나 쉽게 익숙해지기 때문이다. 따라서 자기중심적인 행동에서 비롯되는 행복은 변동성이 심하다. 또 우리는 이기적인 목표를 추구할 때 우리 스스로 제어할 수 없을 뿐 아니라 쉽게 달라질 수 있는 외부 상황에 의존해야 한다('지금 아이스크림 가게가 영업을 할까? 누구에게 부탁해서 아이스크림을 집으로 가져다 달라고 부탁할 수 있을까?'). 외부 상황에 의존하게 되면 원하는 대로 할 수 없는 경우가 많기 때문에 실망이나 짜증, 화를 낼 가능성이 커진다. 그래서 자기중심적인 행동에서 얻을 수 있는 행복은 시간적으로 제한될 뿐 아니라 외부 상황의 영향도 많이 받는다.

그와 달리 이타심은 자신과 다른 사람들 사이를 뚜렷이 구분하지 않고 서로 연결된 느낌이 강할 때 생겨난다. 이타심은 다른 사람들이 포함되는 주변 환경과 자기 자신이 조화를 이루는 느낌을 만들어낸다. 따라서 자기중심적인 관점에서만 상황을 보지 않고, 다른 사람들과 환경에 적응하며, 서로 대치하기보다 서로를 수용함으로써 우리는 집단적인 행복에 도달할 수 있다. 또한 이타심은 외부 상황의 변화에 덜 취약해서 좀 더 안정적인 행복을 가져다준다. 이런 이유에서, 자기중심적인 행복은 집단 차원에서보다 개인적인 차원에서 변동성이 훨씬 더 심하다. 다시 말해 개인으로서 즐거운 활동을 할 때 얻는 행복은 다른 사람들과 함께하는 활동에서 얻는 행복보다 더 빨리 줄어든다는 뜻이다. 예를 들어 샤워하면서 홀로 노래하기를 즐길 수 있겠지만 합창단의 일원으로 함께 노래할 때의 즐거움에 비할 수는 없다. 다른 사람들이 경험하는 기쁨에 의해 자신의 즐거움이 배가될 뿐아니라 서로 연결된 느낌도 가질 수 있기 때문이다. 경험 표집법 (experience sampling method: ESM)을 사용한 행복 수준 조사 결과가 이를 뒷받침한다.[24] ESM은 연구 참여자에게 일주일 중 임의적인 시간에 연락해 실시간으로 그들의 행복 수준을 측정하는 심리 측정법의 일환이다. 그 결과에 따르면 자기중심적인 활동에서 얻는 행복은 집단 활동에서 얻는 행복보다 수준이 낮을 뿐아니라 변동성도 훨씬 더 컸다.

이기적으로 행동할 때 좀 더 일시적이고 모호한 행복을 경험하는 마지막 이유는 우리가 우리 자신을 속일 수 없다는 사실에 있다. 만약 우리가 어떤 긍정적인 경험의 제공자인 동시에 수혜자라면 행복이 더는 행복으로 느껴지지 않을 때를 잘 알 수밖에 없다. 그러나 우리가 집단으로 행동할 때는 다른 사람들 마음을 모르기 때문에 그들 다는 아니라고 해도 일부는 집단 활동에서 생겨나는 긍정적인 혜택을 여전히 즐기고 있다고 계속 상상할 수 있다. 이처럼 사람들 사이에 행복을 분배함으로써 우리는 좀 더 오래 지속되는 즐거운 공동 경험을 창출할 수 있다. 결론을 요약하자면 이렇다. 우리는 다른 사람들에게 신경 쓰지 않고 우리 자신만의 행복을 추구할 수 있지만 그 행복은 다른 사람들을 행복하게 만들 때만큼 오래가지는 않는다. 또 우리가 다른 사람들을 행복하게 해주면 그들과 우리 자신 모두의 삶이 훨씬 더 오랫동안 풍요로워질 수 있다.

이제 독자 여러분은 행복을 찾기 위한 일곱 가지 원칙을 다 배웠다. 그 모든 것의 공통분모는 다른 사람들을 행복하게 만들어줌으로써 자신이 행복해질 수 있다는 것이다. 아무리 강조해도 지나치지 않는 진실이다. 하지만 주의할 점이 있다. 다른 사람들을 행복하게 만들어주는 쪽으로만 지나치게 신경 쓰는 것도 결코 바람직하지 않다. 자신과 타인 사이에서 올바른 균형을 찾는 것, 그것이 행복의 비결이다.

● **어린 시절의 호기심을 되살리라**

"왜?"라는 질문을 더 많이 하면서 배움의 기쁨을 재발견하라.

일상생활을 더 깊이 이해하려고 노력하라.

● **틈틈이 주변 지역을 걸어다니라**

흥미롭고 특이한 건물이나 기념물을 유심히 살피라. 누가 그 건물을 지었고 누가 거기서 살았는지 생각해 보라.

이전에 보지 못했던 것들을 찾아보라.

또 충분한 시간이 나면 국립공원이나 경이로운 장관으로 유명한 명승지로 여행을 떠나라. 그 경험의 순간순간을 마음에 새기라. 어떤 나무는 수령이 수백 년에 이른다.

● **맑은 날 밤에 밖으로 나가 하늘의 별들을 쳐다보라**

우주 시공간의 광대함을 느껴보라. 우리가 볼 수 있는 일부 별들에서 나오는 빛이 지구에 도달하기까지 수십억 년이 걸린다. 그 시간은 우리 지구의 나이보다 더 길다.

● **매주 한 번씩은 자신이 좋아하는 취미 생활을 하라**

같은 취미를 가진 사람들을 찾아 그들과 함께 활동하거나 그런 활동을 중심으로 서로 대화하는 데서 얻는 즐거움을 맛보라.

● 함께 뭔가를 배울 수 있는 활동에 참여하라

행복을 경험하면서 다른 사람들과 가까워질 수 있는 가장 빠르고 쉬운 방법은 함께 노래를 부르는 것이다. 노래를 별로 좋아하지 않는다면 다른 교습도 상관 없다. 이런 활동은 행복과 사회적 유대감을 증진한다.

● 다른 사람들과 즐길 수 있는 단체활동을 계획하라

예를 들면 가까운 공원을 찾아가는 소풍이나 함께 식사하며 즐기는 소규모 모임을 주선하라. 모든 즐거움과 기쁨은 다른 사람들과 함께할 때 더욱 커진다. 아울러 그런 사심 없는 행동을 하면 다른 사람들의 사랑을 듬뿍 받는다.

지금의 나에게 철없던 청소년 시절의 환각 체험은 하나의 오랜 추억거리일 뿐이다. 요즘은 틈만 나면 금속 탐지기를 들고 내 영혼의 고향인 서머싯 들판을 배회한다. 몰두할 수 있는 취미가 대부분 그렇듯이 금속 탐지는 나의 정신적 웰빙에 중요한 역할을 한다.[25] 마음을 차분히 가라앉혀야겠다는 생각이 들 때마다 나는 금속 탐지기를 들고 집을 나선다. 자연 속에서 걸으며 운동하고 주변 환경을 즐기며 탐지기의 신호음에 집중한다. 가끔씩 호기심 어린 마을 사람들과 담소를 나누면서 언젠가는 멋진 발견을 할 수 있을 거라는 희망을 품는다. 그 모든 것이 나에겐 충분히 가치 있는 일이다. 최근 덴마크에서 발표된 연구 결과에 따르면 금속 탐지를 즐기는 사람들은 그 취미가 건강과 전반적인 행복에 상당히 좋은 영향을 지속적으로 미친다고 믿는다.[26] 그들은 금속 탐지 활동이 특히 우울증과 불안증을 완화해 준다고 말했다. 그러나 그 연구 논문의 저자들은 금속 탐지 활동의 주된 혜택은 고고학적 유산과 개인 사이의 상호작용에 깊이 뿌리를 둔다고 결론지었다. 아득히 먼 과거와 자신이 서로 연결되어 있다는 느낌을 말한다.

얼마 전 생일날에 내가 사는 곳과 가까운 들판에서 드디어 보물을 발견했다. 서기 170년께 거기서 약 2000km 떨어진 로마에서 주조된 아주 귀한 고대 동전이었다. 당시 그곳에서 가까운 도시였던 아쿠아에 술리스(현재 지명 바스)는 천연 온천으로 유명해 영국에 거주하는 로마인들이 향락을 누렸던 곳이다. 동전의 한 면에는 로마제국 전성기를 이끈 오현제(五賢帝) 중 마지막 황제였던 마르쿠스 아우렐리우스의 얼굴 옆모습이 새겨져 있다.

마르쿠스 아우렐리우스 동전. AD 170년, 로마 주조.

검투사 영화 〈글래디에이터〉에서 아일랜드 배우 리처드 해리스
가 연기한 바로 그 황제다. 그는 황제였을 뿐 아니라 스토아학파
철학자로서《명상록》이라는 행복에 관한 글도 남겼다. 마르쿠스
아우렐리우스는 자기중심주의의 위험을 너무나 잘 알고 있었
다. 전해진 이야기에 따르면 그는 자신을 수행하는 시종에게 누
군가 자기 앞에서 무릎을 꿇고 찬사를 보내면 자신의 귀에 대고
이렇게 속삭이도록 명했다. "폐하도 한낱 인간일 뿐입니다. 폐하
도 한낱 인간일 뿐입니다."

마르쿠스 아우렐리우스는 "인생의 행복은 생각의 질에 달려
있다"고 말했다. 그 말이 백번 옳다. 거의 2000년 전 누군가 마
지막으로 만졌던 동전을 지금 내가 손에 들고 있으면서 느끼는
형언하기 힘든 기쁨과 경이로움을 한번 상상해 보라. 이 동전을
나 이전에 마지막으로 만졌던 사람이 누구였을까? 로마 군인이
었을까? 아니면 당시의 마을 주민이었을까? 만약 그들이 금속
탐지라는 취미와 현시대의 모든 놀라운 발전상을 본다면 어떻
게 생각할까? 고대 로마 동전을 발견한 그 순간 나는 시공간의
광대함과 인류의 기나긴 여정을 생각하면서 넘치는 만족감에
휩싸이며 과거와 현재의 모든 사람이 연결되어 있음을 느꼈다.
그 자체가 나에겐 행복이었다.

머리말

1   Fisher, S. and Hood, B. (1987), The stress of the transition to university: A longitudinal study of psychological disturbance, absent-mindedness and vulnerability to homesickness, *British Journal of Psychology*, 78, pp. 425–441.

들어가며

1   Bartels, M. (2015), 'Genetics of wellbeing and its components satisfaction with life, happiness, and quality of life: a review and meta-analysis of heritability studies', *Behavioral Genetics*, 45(2), pp. 137–156.

2   Plomin, R. and von Stumm, S. (2018), 'The new genetics of intelligence', *Nature Reviews Genetics*, 19, pp. 148–59.

3   Office for National Statistics, 'Children's views on well-being and what makes a happy life, UK: 2020', https://www.ons.gov.uk/peoplepopulationandcommunity/wellbeing/articles/childrensviewson wellbeingandwhatmakesahappylifeuk2020/2020-10-02 (accessed 26 September 2023)

4   Flèche, S., Lekfuangfu, W. N. and Clark, A. E. (2021), 'The long-lasting effects of family and childhood on adult wellbeing: evidence from British cohort data', *Journal of Economic Behavior and Organization*, 181, pp. 290–311.

5   Folk, D. and Dunn, E. (2023), 'A systematic review of the strength of evidence for the most commonly recommended happiness strategies in mainstream media', *Nature Human Behaviour*, https://doi.org/10.1038/s41562-023-01651-4 (accessed 26 September 2023).
    긍정심리학적 개입을 권장하는 논문들을 분석한 이 최근의 연구 자료는 대다수 논문이 방법론적 약점을 갖고 있다고 지적한다. 그렇다고 증거가 없다는 것은 아니다. 다만 사전등록(데이터를 모으기 전에 연구 가설, 연구 대상, 분석 방법 등을 미리 등록하는 것)과 적절한 표본 수 산출 등 최근 심리학 연구의 일반적인 관행으로 자리 잡은 엄격한 평가가 결여되어 있다는 의미다. 이 분야에 관한 나의 연구는 전부 사전 등록했으며, 표본 편의(표본이 모집단을 대표하지 못하고 특정 부분을 지나치게 반영하는 경우) 여부도 확인했다.

6 Hood, B., Jelbert, S. and Santos, L. (2021), 'Benefits of a psychoeducational happiness course on university student mental well-being both before and during a Covid-19 lockdown', *Health Psychology Open*, 8(1).
매년 나의 강의는 행복 지수가 약 10% 상승하는 혜택을 이끌어냈다. 대단치 않게 들릴 수 있지만 그 수치는 수강생 전체의 평균이다. 강의에 몰두한 일부 학생들은 그보다 훨씬 큰 혜택을 경험했다. 게다가 지식이든 재산이든 건강이든 10% 증가를 원치 않는 사람이 어디 있겠는가?

7 Hobbs, C., Jelbert, S., Santos, L. R., and Hood, B. (in press), 'Long-term analysis of a psychoeducational course on university students' mental well-being,' *Higher Education*.
나의 강의에서 제시된 기법을 계속 사용한 학생들은 1-2년 뒤에도 그 혜택이 유지되었다.

<Lesson 1> 나를 변화시켜라

1 James, W. (1890), *Principles of Psychology* (New York: Holt)

2 Hood, B. (2012), *The Self Illusion* (London: Constable & Robinson)

3 Mascaro, J. (1973), *The Dhammapada* (London: Penguin)

4 Wearing, D. (2005), *Forever Today: A Memoir of Love and Amnesia* (London: Corgi)

5 Quoidbach, J., Gilbert, D. T. and Wilson T. D. (2013), 'Theend of history illusion', *Science*, 339(6115), pp. 96-8.

6 Piaget, J. (1954), *The Construction of Reality in the Child* (London: Routledge)

7 Fantz, R. L. (1963), 'Pattern vision in newborn infants', *Science*, 140(3564), pp. 296-97.

8 Bushnell, I. W. R., Sai, F. and Mullin, J. T. (1989), 'Neonatal recognition of the mother's face', *British Journal of Developmental Psychology*, 7(1), pp. 3-15.

9 Adamson, L. B., Bakeman, R., Smith, C. B. et al. (1987), 'Adults' interpretation of infants' acts', *Developmental Psychology*, 23(3), pp. 383-87.

10 Hains, S. M. and Muir, D. W. (1996), 'Infant sensitivity to adult eye direction', *Child Development*, 67(5), pp. 1940-51.

11 Strathearn, Li, J., Fonagy, P. and Montague, R. (2008), 'What's in a smile? Maternal brain responses to infant facial cues', *Pediatrics*, 122(1), pp. 40-

51.

12 Greenberg, D. J., Hillman, D. and Grice, D. (1973), 'Infant and stranger variables related to stranger anxiety in the first year of life', *Developmental Psychology*, 9(2), pp. 207–12.

13 Tarabulsy, G. M., Tessier, R. and Kappas, A. (1996), 'Contingency detection and the contingent organization of behavior in interactions: implications for socioemotional development in infancy', *Psychological Bulletin*, 120(1), pp. 25–41.

14 Watson, J. S. (2001), 'Contingency perception and misperception in infancy: some potential implications for attachment', *Bulletin of the Menninger Clinic*, 65(3), pp. 296–320.

15 Rennung, M. and Goritz, A. S. (2016), 'Prosocial consequences of interpersonal synchrony: a metaanalysis', *Zeitschrift fur Psychologie*, 224(3), pp. 168–89.

16 van Ijzendoorn, M. H., Schuengel, C., Wang, Q. et al. (2022), 'Improving parenting, child attachment, and externalizing behaviors: meta-analysis of the first 25 randomized controlled trials on the effects of Video-feedback intervention to promote Positive Parenting and Sensitive Discipline', *Development and Psychopathology*, pp. 1–16.

17 Eacott, M. J. (1999), 'Memory for the events of early childhood', *Current Directions in Psychological Science*, 8(2), pp. 46–9.

18 Nadel, L. and Zola-Morgan, S. (1984), 'Infantile Amnesia' in M. Moscovitch (ed.), *Infant Memory–Advances in he Study of Communication and Affect*, Vol. 9 (Boston, MA: Springer)

19 Nelson, K. and Fivush, R. (2004), 'The emergence of autobiographical memory: a social cultural developmental theory', *Psychological Review*, 111(2), pp. 486–511.

20 Amsterdam, B. (1972), 'Mirror self-image reactions before age two', *Developmental Psychobiology*, 5(4), pp. 297–305.

21 Howe, M. L. and Courage, M. L. (1997), 'The emergence and early development of autobiographical memory', *Psychological Review*, 104(3), pp. 305–26.

22 Piaget, J. (1954), *The Construction of Reality in the Child* (New York: Basic Books)

23 Piaget, J., and Inhelder, B. (1956), *The Child's Conception of Space*

(London: Routledge & Kegan Paul)

24 Flavell, J. H., Everett, B. A., Croft, K. et al. (1981), 'Young children's knowledge about visual perception: further evidence for the Level 1– Level 2 distinction', *Developmental Psychology*, 17(1), pp. 99–103.

25 Donaldson, M. (1978), *Children's Minds* (London: Fontana)

26 Gopnik, A. and Astington, J. W. (1988), 'Children's understanding of representational change and its relation to the understanding of false belief and the appearancereality distinction', *Child Development*, 59(1), pp. 26–37.

27 Premack, D. and Woodruff, G. (1978), 'Does the chimpanzee have a theory of mind?', *Behavioral and Brain Sciences*, 1(4), pp. 515–26.

28 Harter, S. (1999), *The Construction of Self: A Developmental Perspective* (New York: Guilford Publications)

29 Fehr, E., Bernhard, H. and Rockenbach, B. (2008), 'Egalitarianism in young children', *Nature*, 454, pp. 1079–83.

30 Aboud, F. E. (2003), 'The formation of in-group favoritism and out-group prejudice in young children: Are they distinct attitudes?' *Developmental Psychology*, 39(1), pp. 48–60.

31 Harter, S. (2006), 'The Development of Self- Esteem' in M. H. Kernis (ed.), *Self-Esteem Issues and Answers: A Sourcebook of Current Perspectives* (New York: Psychology Press), pp. 144–50

32 Ibid.

33 Baumeister, R. F., Campbell, J. D., Krueger, J. I. et al. (2003), 'Does high self-esteem cause better performance, interpersonal success, happiness, or healthier lifestyles?', *Psychological Science in the Public Interest*, 4(1), pp. 1–44.

34 Baumrind, D. (1989), 'Rearing competent children,' in W. Damon (ed.), *Child Development Today and Tomorrow* (San Francisco: Jossey-Bass), pp. 349–73.

35 Litovsky, V. G. and Dusek, J. B. (1985), 'Perceptions of child rearing and self-concept development during the early adolescent years', *Journal of Youth and Adolescence*, 14(5), pp. 373–87.

36 Grolnick, W. and Ryan, R. (1989), 'Parent styles associated with children's self-regulation and competence in school', *Journal of Educational Psychology*, 81(2), pp. 143–54.

37 Maccoby, E. E. and Martin, J. A. (1983), 'Socialization in the context of the family' in E. M. Hetherington and P. H. Mussen (eds.), *Handbook of Child Psychology*, Vol. 4: *Socialization, Personality, and Social Development* (New York: Wiley), pp. 1–101.

38 Devine, R. T. and Hughes, C. (2014), 'Relations between false belief understanding and executive function in early childhood: a meta-analysis', *Child Development*, 85(5), pp. 1777–94.

39 Blair, R. J. R. (2012), 'Considering anger from a cognitive neuroscience perspective', *Wiley Interdisciplinary Reviews: Cognitive Science*, 3(1), pp. 165–74.

40 Blakemore, S.-J. (2018), *Inventing Ourselves: The Secret Life of the Teenage Brain* (London: Doubleday)

41 Cooley, C. H. (1902), *Human Nature and the Social Order* (New York: Scribner's).

42 Ware, B. (2012), *The Top Five Regrets of the Dying: A Life Transformed by the Dearly Departing* (London: Hay House).

<Lesson 2> 사회적 고립을 피하라

1 Stearns, S. (1992), *The Evolution of Life Histories* (New York: Oxford University Press)

2 Gibbons, A. (2008), 'The birth of childhood', *Science*, 322(5904), pp. 1040–3.

3 Waldinger, R. and Shulz, M. (2023), *The Good Life: Lessons from the World's Longest Study on Happiness* (London: Rider)

4 Dunbar, R. I. M. (1998), 'The social brain hypothesis', *Evolutionary Anthropology*, 6(5), pp. 178–90.

5 Powel, J., Lewis, P. A., Roberts, N. et al. (2012), 'Orbital prefrontal cortex predicts social network size: an imaging study of individual differences in humans', *Proceedings of the Royal Society B: Biological Sciences*, 279(1736), pp. 2157–62.

6 Gavrilets, S. and Vose, A. (2006), 'The dynamics of Machiavellian intelligence', *Proceedings of the National Academy of Sciences*, 103(45), pp. 16823–8.

7 Tomasello, M., Kruger, A. and Ratner, H. (1993), 'Cultural learning', *Behavioral and Brain Sciences*, 16(3), pp. 495–552.

8   Isidro-Cloudas, Terri, 'Managing labor pain during childbirth', *Parents*, 20 July 2023, https://www.parents.com/pregnancy/giving-birth/labor-and-delivery/understanding-labor-pain/ (accessed 26 September 2023)

9   'Duration of Labor', Center for Academic Research & Training in Anthropogeny, https://carta.anthropogeny.org/moca/topics/duration-labor (accessed 4 March 2023)

10 Hawkes, K., O'Connell, J. F. and Blurton Jones, N. G. (1997), 'Hadza women's time allocation, offspring provisioning, and the evolution of postmenopausal life spans', *Current Anthropology*, 38(4), pp. 551-78.

11 Kim, P. S., Coxworth, J. E. and Hawkes, K. (2012), 'Increased longevity evolves from grandmothering,' *Proceedings of the Royal Society B*, 279(1749), pp. 4880-84.

12 de Waal, F. B. (2007), 'With a little help from a friend', *PLOS Biology*, 5(7), e190, https://doi.org/10.1371/journal.pbio.0050190 (accessed 8 November 2023)

13 Zhu, P., Liu, W., Zhang, X. et al. (2023), 'Correlated evolution of social organization and lifespan in mammals', *Nature Communications*, 14(1), p. 372.

14 Zeskind, P. S. and Lester, B. M. (2001), 'Analysis of infant crying' in L. T. Singer and P. S. Zeskind (eds.), *Biobehavioral Assessment of the Infant* (New York: Guilford), pp. 149-66

15 Hinde, R. (1982), 'Attachment: Some conceptual and biological issues' in C. M. Parkes and J. Stevenson-Hinde (eds.), *The Place of Attachment in Human Behavior* (New York: Basic Books), pp, 60-78.

16 Bowlby, J. (1953), *Child Care and the Growth of Love* (Baltimore: Pelican Books)

17 Harlow, H. (1958), 'The nature of love', *American Psychologist*, 13, pp. 573-685.

18 Suomi. S. J. and Harlow, H. (1972), 'Social rehabilitation in isolate-reared monkeys', *Developmental Psychology*, 6(3), pp. 487-96.

19 Rutter, M., O'Connor, T. G. and the English and Romanian Adoptees (ERA) Study Team (2004), 'Are there biological programming effects for psychological development? Findings from a study of Romanian adoptees', *Developmental Psychology*, 40(1), pp. 81-94.

20 Rutter, M., Colvert, E., Kreppner, J. et al. (2007), 'Early adolescent

outcomes for institutionally-deprived and nondeprived adoptees. I: disinhibited attachment', *Journal of Child Psychology and Psychiatry*, 48(1), pp. 17–30.

21 Mackes, N. K., Golm, D., Sarkar, S. et al. (2020), 'Early childhood deprivation is associated with alterations in adult brain structure despite subsequent environmental enrichment', *PNAS*, 117(1), pp. 641–9.

22 Sonuga-Barke, E. J. S., Kennedy, M., Kumsta, R. et al. (2017), 'Child-to-adult neurodevelopmental and mental health trajectories after early life deprivation: the young adult follow-up of the longitudinal English and Romanian Adoptees study', *The Lancet*, 389(10078), pp. 1539–48.

23 Goodwin, M. H. (2002), 'Exclusion in girls' peer groups: ethnographic analysis of language practices on the playground', *Human Development*, 45(6), pp. 392–415.

24 van der Wal, Marcel F., de Wit, Cees A. M. and Hirasing, Remy A. (2003), 'Psychosocial health among young victims and offenders of direct and indirect bullying', *Pediatrics*, 111(6), pp. 1312–17.

25 Mandela, N. (1994), *Long Walk to Freedom* (London: Little Brown), p. 52.

26 Holte, A. J., Fisher, W. N. and Ferraro, F. R. (2022), 'Afraid of social exclusion: fear of missing out predicts Cyberball-induced ostracism', *Journal of Technology in Behavioral Science*, 7(3), pp. 315–24.

27 Williams, K. D. and Jarvis, B. (2006), 'Cyberball: a program for use in research on ostracism and interpersonal acceptance', *Behavior Research Methods*, 38(1), pp. 174–80.

28 Hartgerink, C. H. J., van Beest, I., Wicherts, J. M. et al. (2015), 'The ordinal effects of ostracism: a meta-analysis of 120 Cyberball studies', *PLOS ONE*, 10(5), e0127002, https://doi.org/10.1371/journal.pone.0127002 (accessed 8 November 2023)

29 Williams, K. D. (2007), 'Ostracism: the kiss of social death', *Social and Personality Psychology Compass*, 1(1), pp. 236–47.

30 Eisenberger, N. I., Lieberman, M. D. and Williams, K. D. (2003), 'Does rejection hurt? An fMRI study of social exclusion', *Science*, 302(5643), pp. 290–2.

31 Holt-Lunstad, J. and Clark, B. D. (2014), 'Social stressors and cardiovascular response: influence of ambivalent relationships and behavioral ambivalence', *International Journal of Psychophysiology*, 93(3),

pp. 381-9.

32 Duscheck, S., Nassauer, L. et. al. (2020), 'Dispositional empathy is associated with experimental pain reduction during provision of social support by romantic partners', Scandinavian *Journal of Pain*, 20(1), pp. 205-9.

33 Holt-Lunstad, J., Smith, T. B., Baker, M. et al. (2015), 'Loneliness and social isolation as risk factors for mortality: a meta-analytic review', *Perspectives in Psychological Science*, 10(2), pp. 227-37.

34 US Department of Health and Human Services, 'New Surgeon General advisory raises alarm about the devastating impact of the epidemic of loneliness and isolation in the United States', 3 May 2023, https://www.hhs.gov/about/news/2023/05/03/new-surgeon-generaladvisory-raises-alarm-about-devastating-impact-epidemicloneliness-isolation-united-states.html (accessed 26 September 2023)

35 Cigna Group (2021), 'The loneliness epidemic persists: a post-pandemic look at the state of loneliness among US adults', https://newsroom.thecignagroup.com/lonelinessepidemic-persists-post-pandemic-look (accessed 26 September 2023)

36 Holt-Lunstad, J., Smith, T. B. and Layton, B. (2010), 'Social relationships and mortality risk: a meta-analytic review', *PLOS Medicine*, 7(7), e1000316, https://doi.org/10.1371/journal.pmed.1000316 (accessed 27 September 2023)

37 Hayward, C., Killen, J. D., Kraemer, H. C. et al. (1998), 'Linking self-reported childhood behavioral inhibition to adolescent social phobia', *Journal of the American Academy of Child and Adolescent Psychiatry*, 37(12), pp. 1308-16.

38 Morey, J. N., Boggero, I. A., Scott, A.B. et al. (2015), 'Current directions in stress and human immune function', *Current Opinion in Psychology*, 5, pp. 13-17.

39 Kross, K. J. and Gunnar, M. R. (2018), 'Early adversity, the HPA axis, and child psychopathology', *Journal of Child Psychology and Psychiatry*, 59(4), pp. 327-46.

40 Yehuda, R. Engel, S. M., Brand, S. R., et al. (2005), 'Transgenerational effects of posttraumatic stress disorder in babies of mothers exposed to the World Trade Center attacks during pregnancy', *Journal of Clinical*

Endocrinology & Metabolism, 90(7), pp. 4115–8.

41 Kahneman, D. (2012), *Thinking, Fast and Slow*, (London: Penguin)

42 Yu, S. (2016), 'Stress potentiates decision biases: a stress induced deliberation-to-intuition (SIDI) model', *Neurobiology of Stress*, 3, pp. 83–95.

43 Gross, A., 'Survey says: men are more aggressive behind the wheel,' *AAA News Room*, 12 March 2020, https://newsroom.aaa.com/2020/12/survey-says-men-are-moreaggressive-behind-the-wheel/ (accessed 16 March 2023)

44 Petrova, D., Garcia-Retamero, R. and Catena, A. (2015),'Lonely hearts don't get checked: on the primary role of social support in screening for cardiovascular disease', *Preventive Medicine*, 81, pp. 202–8.

45 Mendonca G., Cheng L. A., Melo, E. N. et al. (2014), 'Physical activity and social support in adolescents: a systematic review', *Health Education Research*, 29(5), pp. 822–39.

46 'Charities Aid Foundation UK Giving Report 2021' (2021), Charities Aid Foundation, https://www.cafonline.org/docs/default-source/about-us-research/uk_giving_report_2021.pdf (accessed 8 November 2023)

47 Hadero, Haleluya and the Associated Press, 'Americans gave a record $471 billion to charity in 2020', *Fortune*, 15 June 2021, https://fortune.com/2021/06/15/americansgave-a-record-471-billion-to-charity-in-2020-pandemic/ (accessed 26 September 2023)

48 Fisher, R. A. (1930), *The Genetical Theory of Natural Selection* (Oxford: Clarendon Press)

49 Trivers, R. L. (1971), 'The evolution of reciprocal altruism', *Quarterly Review of Biology*, 46(1), pp. 35–57.

50 Carter, G. G. and Wilkinson, G. S. (2015), 'Social benefits of non-kin food sharing by female vampire bats', https://doi.org/10.1098/rspb.2015.2524 (accessed 26 September 2023)

51 Smith, S., Windmeijer, F. and Wright, E. (2013), 'Peer effects in charitable giving: evidence from the (running) field', *Economic Journal*, 125(585), pp. 1053–71.

52 Camerer, C. F. (2003), *Behavioral Game Theory: Experiments in Strategic Interaction* (Princeton, NJ: Princeton University Press)

53 Bardsley, N. (2008), 'Dictator game giving: altruism or artefact?',

Experimental Economics, 11(2), pp. 122–33.

54 *Friends*, Series 5, Episode 4: 'The One Where Phoebe Hates PBS', first broadcast on NBC 15 October 1998.

55 Dunn, E. W., Aknin, L. B. and Norton, M. I. (2008), 'Spending money on others promotes happiness', Science, 319(5870), pp. 1687–8.

56 Andreoni, J. (1990), 'Impure altruism and donations to public goods: a theory of warm-glow giving', *Economic Journal*, 100(401), pp. 464–77.

57 Aknin, L. B. et al. (2013), 'Prosocial spending and well-being: cross-cultural evidence for a psychological universal', *Journal of Personality and Social Psychology*, 104(4), pp. 635–52.

58 Park, S. Q. et al. (2017), 'A neural link between generosity and happiness', *Nature Communications*, 8, doi: 10.1038/ncomms15964 (accessed 26 September 2023)

59 Wilson, T. D., Centerbar, D. B., Kermer, D. A. et al. (2005), 'The pleasures of uncertainty: prolonging positive moods in ways people do not anticipate', *Journal of Personality and Social Psychology*, 88(1), pp. 5–21.

60 https://www.smartinsights.com/marketplace-analysis/ customer-analysis/digital-marketing-statistics-sources/ (accessed 30 September 2023)

61 Thierer, A. (2009), 'Against Techno-Panics', Scribd, https://www.scribd.com/document/17392730/Against-Techno-Panics-by-Adam-Thierer-PFF-July-2009-Inside-ALEC (accessed 5 March 2023)

62 Festinger, L. (1954), 'A theory of social comparison processes', *Human Relations*, 7(2), pp. 117–40.

63 Vogel, E. A., Rose, J. P., Okdie, B. M. et al. (2015), 'Who compares and despairs? The effect of social comparison orientation on social media use and its outcomes', *Personality and Individual Differences*, 86, pp. 249–56.

64 Appel, M., Marker, C. and Gnambs, T. (2020), 'Are social media ruining our lives? A review of meta-analytic evidence', *Review of General Psychology*, 24(1), pp. 60–74.

65 Haidt, J. and Twenge, J. (ongoing), 'Social media and mental health: a collaborative review', unpublished manuscript (New York University), tinyurl.com/SocialMediaMentalHealthReview (accessed 24 March 2023)

66 Orben, A., Przybylskia, A. K, Blakemore, S.-J. et al. (2022), 'Windows of developmental sensitivity to social media', *Nature Communications*, 13(1),

https://doi.org/10.1038/s41467-022-29296-3 (accessed 26 September 2023)

<Lesson 3> 부정적 비교를 거부하라

1   Schacter, D., Gilbert, D., Wegner, D. et al. (2019), *Psychology* (London: Red Globe Press)

2   Tversky, A. and Kahneman, D. (1974), 'Judgment under uncertainty: heuristics and biases', *Science*, 185(4157), pp. 1124–31.

3   Pendry, L. F., Driscoll, D. M. and Field, S. C. T. (2007), 'Diversity training: putting theory into practice', *Journal of Occupational and Organizational Psychology*, 80(1), pp. 27–50.

4   Kahneman, D. (2012), *Thinking, Fast and Slow* (London: Penguin)

5   Medvec, V., Madey, S. F. and Gilovich, T. (1995), 'When less is more: counterfactual thinking and satisfaction among Olympic medalists', *Journal of Personality and Social Psychology*, 69(4), 603–10.

6   Triplett, N. (1898), 'The dynamogenic factors in pacemaking and competition', *American Journal of Psychology*, 9(4), pp. 507–33.

7   Baumeister, R. F. (1984), 'Choking under pressure: self consciousness and paradoxical effects of incentives on skilful performance', *Journal of Personality and Social Psychology*, 46(3), pp. 610–20.

8   Taylor, S.E. and Brown, J. (1988), 'Illusion and wellbeing: a social psychological perspective on mental health', *Psychological Bulletin*, 103(2), pp. 193–210.

9   Kahn, V. (2022), 'Survey says: appreciation matters more than you think', Bonusly, 2 March 2022, https://blog.bonus.ly/employee-appreciation-survey (accessed 5 February 2023)

10 Solnick, S. J. and Hemenway, D. (1998), 'Is more always better? A survey on positional concerns', *Journal of Economic Behavior & Organization*, 37(3), pp. 373–83.

11 Frank, R. (1993), *Choosing the Right Pond: Human Behavior and the Quest for Status* (New York: OUP USA)

12 Smith, D., 'Most people have no idea whether they're paid fairly', *Harvard Business Review*, December 2015, https://hbr.org/2015/10/most-people-have-no-idea-whethertheyre-paid-fairly (accessed 5 February 2023)

13 Clark, A. E. (2003), 'Unemployment as a social norm: psychological

evidence from panel data', *Journal of Labor Economics*, 21(2), pp. 289–322.

14 Hetschko, C., Knabe, A. and Schob, R. (2014), 'Changing identity: retiring from unemployment', *Economic Journal*, 124(575), pp. 149–66.

15 'Public opinions and social trends, Great Britain: 27 April to 8 May 2022', https://www.ons.gov.uk/peoplepopulationandcommunity/wellbeing/bulletins/publicopinionsandsocialtrendsgreatbritain/27aprilto8may2022 (accessed 5 February 2023)

16 Deri, S., Davidai, S. and Gilovich, T. (2017), 'Home alone: why people believe others' social lives are richer than their own', *Journal of Personality and Social Psychology*, 113(6), pp. 858–77.

17 Brickman, P. and Campbell, D. T. (1971), 'Hedonic relativism and planning the good society' in M. H. Apley (ed.), *Adaptation Level Theory: A Symposium* (New York: Academic Press)

18 Brickman P., Coates, D. and Janoff-Bulman, R. (1978), 'Lottery winners and accident victims is happiness relative?', *Journal of Personality and Social Psychology*, 36(8), pp. 917–27.

19 Lindqvist, E., Ostling, R. and Cesarini, D. (2020), 'Longrun effects of lottery wealth on psychological well-being', *Review of Economic Studies*, 87(6), pp. 2703–26.

20 Duggan, C., Wilson, C., DiPonio, L. et al. (2016), 'Resilience and happiness after spinal cord injury: a qualitative study', *Topics in Spinal Cord Injury Rehabilitation*, 22(2), pp. 99–110.

21 Sackett, D. L. and Torrance, G. W. (1978), 'The utility of different health states as perceived by the general public', *Journal of Chronic Diseases*, 31(11), pp. 697–704.

22 Gilbert, D. (2006), *Stumbling on Happiness* (London: Harper Perennial)

23 Gilbert, D. and Wilson, T. (2003), 'Affective forecasting', *Advances in Experimental Social Psychology*, 35, pp. 345–411.

24 Levine, L. J., Lench, H. C., Kaplan, R. L. et al. (2012), 'Accuracy and artifact: reexamining the intensity bias in affective forecasting', *Journal of Personality and Social Psychology*, 103(4), pp. 584–605.

25 Ayton, P., Pott, A. and Elwakili, N. (2007), 'Affective forecasting: why can't people predict their emotions?', *Thinking & Reasoning*, 13(1), pp. 62–80.

26 Amornsiripanitch, N., Gompiners, P., Hu, G. et al. (2022), 'Failing just fine:

assessing careers of venture capitalbacked entrepreneurs via a non-wage measure', working paper 30179, National Bureau of Economic Research, doi10.3386/w30179 (accessed 26 September 2023)

27 Wilson, T., Wheatley, T. P., Myers, J. M. et al. (2000), 'Focalism: a source of durability bias in affective forecasting', *Journal of Personality and Social Psychology*, 78(5), pp. 821–36.

28 Ubel, P. A., Loewenstein, G. and Jepson, C. (2003), 'Whose quality of life? A commentary exploring discrepancies between health state evaluations of patients and the general public', *Quality of Life Research*, 12(6), pp. 599–607.

29 Apouey, B. and Clark, A. E. (2015), 'Winning big but feeling no better? The effect of lottery prizes on physical and mental health', *Health Economics*, 24(5), pp. 516–38.

30 Kuhn, P., Kooreman, P. and Soetevent, A. (2011), 'The effects of lottery prizes on winners and their neighbors: evidence from the Dutch postcode lottery', *American Economic Review*, 101(5), pp. 2226–47.

31 Doll, J., 'A treasury of terribly sad stories of lotto winners', The Atlantic, 30 March 2012, https://www.theatlantic.com/national/archive/2012/03/terriblysad-true-stories-lotto-winners/329903/ (accessed 5 February 2023)

32 Strack, F., Martin, L. and Schwarz, N. (1988), 'Priming and communication: social determinants of information use in judgments of life satisfaction', *European Journal of Social Psychology*, 18(5), pp. 429–42.

33 Ferster, C. B. and Skinner, B. F. (1957), *Schedules of Reinforcement* (New York: Appleton-Century-Crofts)

34 Olds, J. and Milner, P. (1954), 'Positive reinforcement produced by electrical stimulation of the septal area and other regions of rat brain', *Journal of Comparative Physiology and Psychology*, 47(6), pp. 419–27.

35 Olds J. (1956), 'Pleasure centers in the brain', *Scientific American*, 1 October 1956, https://www.scientificamerican.com/article/pleasure-centers-in-thebrain/ (accessed 8 November 2023)

36 Dunlop, B. W. and Nemeroff, C. B. (2007), 'The role of dopamine in the pathophysiology of depression', *Archives of General Psychiatry*, 64(3), pp. 327–37.

37 Wise, R.A. (2008), 'Dopamine and reward: the anhedonia hypothesis 30

years on', *Neurotoxity Research*, 14, pp. 169-83.

38 Cannon, C. M. and Palmiter, R. D. (2003), 'Reward without dopamine', *Journal of Neuroscience*, 23(34), pp. 10827-31.

39 Heath, R. G. (1972), 'Pleasure and brain activity in man', *Journal of Nervous and Mental Disease*, 154(1), pp. 3-18.

40 Bell, V., 'The unsexy truth about dopamine', *The Guardian*, 3 February 2013.

41 Chase, H. W. and Clark, L. (2010), 'Gambling severity predicts midbrain response to near-miss outcomes', *Journal of Neuroscience*, 30(18), pp. 6180-7.

42 Odum, A.L. (2011), 'Delay discounting: I'm a K, you're a K', *Journal of the Experimental Analysis of Behavior*, 96(3), pp. 427-39.

43 Gilbert, D. T. and Wilson, T. D. (2000), 'Miswanting: some problems in the forecasting of future affective states', in J. P. Forgas (ed.), *Feeling and Thinking: The Role of Affect in Social Cognition* (Cambridge: Cambridge University Press), pp. 178-97.

44 Schwartz, B., 'The tyranny of choice', *Scientific American*, 1 December 2004, https://www.scientificamerican.com/article/the-tyranny-of-choice/ (accessed 8 November 2023)

45 Schwartz, B., Ward, A., Monterosso, J., Lyubomirsky, S., White. K., and Lehman, D. R. (2002), 'Maximizing versus satisficing: happiness is a matter of choice', *Journal of Personality and Social Psychology*, 83(5), pp. 1178-97.

\<Lesson 4\> 좀 더 낙관적으로 생각하라

1 Dahlgren, W., 'Chinese people are most likely to feel the world is getting better', YouGov US, 5 January 2016, https://yougov.co.uk/topics/society/articles-reports/2016/01/05/chinese-people-are-mostoptimistic-world (accessed 16 March 2023)

2 Pinker, S. (2018), *Enlightenment Now: The Case for Reason, Science, Humanism and Progress* (London: Penguin)

3 Gallagher, M. W., Lopez, S. J. and Pressman, S. D. (2013), 'Optimism is universal: exploring the presence and benefits of optimism in a representative sample of the world', *Journal of Personality*, 81(5), pp. 429-40.

4 Sharot, T. (2012), *The Optimism Bias: Why We're Wired to Look on the Bright Side* (London: Robinson)

5 Barnes, H., 'Why big law firms' attorneys are so likely to get divorced: stressed, tired, mad and with nothing more to give', https://www.bcgsearch.com/article/900049580/Why-Big-Firm-Attorneys-Are-So-Likely-to-Get-Divorced/ (accessed 17 March 2023)

6 Rasmussen, H. N., Scheier, M. F. and Greenhouse, J. B. (2009), 'Optimism and physical health: a meta-analytic review', *Annals of Behavioral Medicine*, 37(3), pp. 239–56.

7 Baumeister, R. F., Bratslavsky, E., Finkenauer, C. et al. (2001), 'Bad is stronger than good', Review of General Psychology, 5(4), pp. 323–70; see also Rozin, O. and Royzman, E. B. (2001), 'Negativity bias, negativity dominance and contagion', *Personality and Social Psychology Review*, 5(4), pp. 296–320.

8 Fox, E., Lester, V., Russo, R. et al (2000), 'Facial expressions of emotion: are angry faces detected more efficiently?', *Cognition and Emotion*, 14(1), pp. 61–92.

9 Burra, N., Kerzel, D., Muniz, D. et al. (2018), 'Early spatial attention deployment toward and away from aggressive voices', *Social Cognitive and Affective Neuroscience*, 14(1), pp. 73–80.

10 Zhao, C., Chronaki, G., Schiessl, I. et al. (2019), 'Is infant neural sensitivity to vocal emotion associated with mother-infant relational experience?', *PLOS ONE*, 14(2), e0212205, https://doi.org/10.1371/journal.pone.0212205 (accessed 27 September 2023)

11 Mumme, D. L., Fernald, A., Herrera, C. (1996), 'Infants' responses to facial and vocal emotional signals in a social referencing paradigm', *Child Development*, 67(6), pp. 3219–37.

12 Hornik, R., Risenhoover, N. and Gunnar, M. (1987), 'The effects of maternal positive, neutral, and negative affective communications on infant responses to new toys', *Child Development*, 58(4), pp. 937–44.

13 Anderson, E. C., Carleton, R. N., Diefenbach, M. et al. (2019), 'The relationship between uncertainty and affect', *Frontiers in Psychology*, 10, 2504, https://doi.org/10.3389/fpsyg.2019.02504 (accessed 27 September 2023)

14 Sharot, T., Martorella, E. A., Delgado, M. R. et al. (2007), 'How personal

experience modulates the neural circuitry of memories of September 11', *PNAS*, 104(1), pp. 389–94.

15 Gilbert, D. T., Pinel, E. C., Wilson, T. D. et al. (1998), 'Immune neglect: a source of durability bias in affective forecasting', *Journal of Personality and Social Psychology*, 75(3), pp. 617–38.

16 Tierney, J. and Baumeister, R. F. (2019), *The Power of Bad: And How to Overcome It* (London: Allen Lane), p. 11.

17 Schopenhauer, A. (1958), *The World as Will and Representation*, trans. E. F. J. Payne (Indian Hills, Colorado: The Falcon's Wing Press)

18 de Hoog, N. and Verboon, P. (2020), 'Is the news making us unhappy? The influence of daily news exposure on emotional states', *British Journal of Psychology*, 111(2), pp. 157–73.

19 Price, M., Legrand, A. C., Brier, Z. M. F. et al. (2022), 'Doomscrolling during COVID-19: the negative association between daily social and traditional media consumption and mental health symptoms during the COVID-19 pandemic', *Psychological Trauma: Theory, Research, Practice, Policy*, 14(8), pp. 1338–46.

20 Taher, A. and Perthen, A., 'Meat cattle slaughtered in "cruel" kosher method is in your high street burger', Mail Online, 16 March 2014, https://www.dailymail.co.uk/news/article-2581918/meat-cattle-slaughtered-cruelkosher-ceremony-high-street-burger.html (accessed 27 September 2023)

21 Willis, J. and Todorov, A. (2006), 'First impressions: making up your mind after 100ms exposure to a face', *Psychological Science*, 17(7), pp. 592–8.

22 Ferguson, M. J., Mann, T. C., Cone, J. et al. (2019), 'When and how implicit first impressions can be updated', *Current Directions in Psychological Science*, 28(4), pp. 331–6.

23 Riskey, D. R. and Birnbaum, M. H. (1974), 'Compensatory effects in moral judgement: Two rights don't make up for a wrong', *Journal of Experimental Psychology*, 103(1), pp. 171–3.

24 Klein, N. and O'Brien, E. (2016), 'The tipping point of moral change: when do good and bad acts make good and bad actors?', *Social Cognition*, 34(2), pp. 149–66.

25 Gottman, J. (1994), *Why Marriages Succeed or Fail* (New York: Simon & Schuster)

26 Ross, L. (1977), 'The intuitive psychologists and his shortcomings' in L. Berkowitz (ed.), *Advances in Experimental Social Psychology*, Vol. 10. (New York: Academic Press)

27 Learner, M. J. (1980), *The Belief in a Just World: A Fundamental Delusion* (New York: Plenum Press)

28 Averill, J. R. (1973), 'Personal control over aversive stimuli and its relationship to stress', Psychological Bulletin, 80, pp. 286–303.

29 Weisenberg, M., Wolf. Y., Mittwoch T., et al. (1985), 'Subject versus experimenter control in the reaction to pain', *Pain*, 23(2), pp. 187–200.

30 Arntz A. and Schmidt, A. J. M. (1989), 'Perceived control and the experience of pain' in A. Steptoe and A. Appels (eds.), *Stress, Personal Control and Health* (Brussels: Wiley), pp. 131–62.

31 Seligman, M. E. (1972), 'Learned helplessness', *Annual Review of Medicine*, 23, pp. 407–12.

32 Abramson, L., Seligman, M. E. and Teasdale, J. D. (1978), 'Learned helplessness in humans: critique and reformulation', *Journal of Abnormal Psychology*, 87(1), pp. 49–74.

33 Bates, T. C. (2015), 'The glass is half full and half empty: a population-representative twin study testing if optimism and pessimism are distinct systems', *Journal of Positive Psychology*, 10(6), pp. 533–42.

34 Plomin, R., Scheier, M. F., Bergeman, C. S. et al. (1992), 'Optimism, pessimism and mental health: a twin/adoption analysis', *Personality and Individual Differences*, 13(8), pp. 921–30.

35 Heinonen, K., Raikkonen, K., Matthews K. A. et al. (2006), 'Socioeconomic status in childhood and adulthood: associations with dispositional optimism and pessimism over a 21-year follow-up', *Journal of Personality*, 74(4), pp. 1111–26.

36 Ek, E., Remes, J. and Sovio, U. (2004), 'Social and developmental predictors of optimism from infancy to early adulthood', *Social Indicators Research*, 69(2), pp. 219–42.

37 Petersen, C., Semmel, A., von Baeyer, C. et al. (1982), 'The attributional styles questionnaire', *Cognitive Therapy and Research*, 6, pp. 287–300.

38 Seligman, M. E. P. (2006), *Learned Optimism: How to Change Your Mind and Your Life* (New York: Vintage Books)

39 Malouff, J. M. and Schutte, N. S. (2017), 'Can psychological interventions

increase optimism?', *Journal of Positive Psychology*, 12(6), pp. 594–604.

40 Lee, L. O., James, P., Zevon, E. S. et al. (2019), 'Optimism is associated with exceptional longevity in 2 epidemiologic cohorts of men and women', *Proceedings of the National Academy of Sciences*, 116(37), pp. 18357–62.

41 Bruininks, P. and Malle, B. F. (2005), 'Distinguishing hope from optimism and related affective states', *Motivation and Emotion*, 29(4), pp. 324–52.

42 Sheier, M. F. and Carver, C. S. (2018), 'Dispositional optimism and physical health: a long look back, a quick look forward', *American Psychologist*, 73(9), pp. 1082–94.

43 Segerstrom, S. C. (2001), 'Optimism, goal conflict and stressor-related immune change', *Journal of Behavioral Medicine*, 24(5), pp. 441–67.

44 Andersson, M. A. (2012), 'Dispositional optimism and the emergence of social network diversity', Sociological Quarterly, 53(1), pp. 92–115.

45 Rius-Ottenheim, N., Kromhout, D., van der Mast, R. C. et al. (2012), 'Dispositional optimism and loneliness in older men', *International Journal of Geriatric Psychiatry*, 27(2), pp. 151–9.

46 Cross, A. and Sheffield, D. (2019), 'Mental contrasting for health behaviour change: a systematic review and metaanalysis of effects and moderator variables', *Health Psychology Review*, 13(2), pp. 209–25.

47 Oettingen, G. and Gollwitzer, P. M. (2004), 'Goal setting and goal striving' in M. B. Brewer and M. Hewstone (eds.), *Emotion and Motivation* (Oxford: Blackwell Publishing), pp. 165–83.

48 https://www.woopmylife.org (accessed 27 September 2023)

49 Stadler, G., Oettingen, G. and Gollwitzer, P. M. (2010), 'Intervention effects of information and self-regulation on eating fruits and vegetables over two years', *Health Psychology*, 29(3), pp. 274–83.

\<Lesson 5\> 주의력을 제어하라

1 James, W. (1890), *The Principles of Psychology* (Cambridge, MA: Harvard University Press)

2 Klinger, E. (1978), 'Modes of normal conscious flow' in K. S. Pope and J. L. Singer (eds.), *The Stream of Consciousness* (New York: Plenum), pp. 225–58.

3 Smallwood, J., Schooler, J. W., Turk, D. et al. (2011), 'Selfreflection and the

temporal focus of the wandering mind', *Consciousness and Cognition*, 20(4), pp. 1120–26.

4 Atance, C. (2008), 'Future thinking in young children', *Current Directions in Psychological Science*, 17(4), pp. 295–8.

5 Busby, J. and Suddendorf, T. (2005), 'Recalling yesterday and predicting tomorrow', *Cognitive Development*, 20(3), pp. 362–72.

6 Howe, M. L. and Courage, M. L. (1997), 'The emergence and early development of autobiographical memory', *Psychological Review*, 104(3), pp. 499–523.

7 McCormack, T., Burns, P., O'Connor, P. et al. (2019), 'Do children and adolescents have a future-oriented bias? A developmental study of spontaneous and cued past and future thinking', *Psychological Research*, 83(4), pp. 774–87.

8 Clark, S. H. (1996), 'The development of leisure in Britain, 1700-1850', Victorian Web, https://victorianweb.org/history/leisure1.html (accessed 27 September 2023)

9 Ortiz-Ospina, E., Giattino, C. and Roser, M. (2020), 'Time use', Our World in Data, https://ourworldindata.org/timeuse (accessed 11 March 2023)

10 Killingsworth, M. and Gilbert, D. (2010), 'A wandering mind is an unhappy mind', *Science*, 330(6006), p. 932.

11 Kane, M. J., Brown, L. H., McVay, J. C. et al. (2007), 'For whom the mind wanders, and when: an experiencesampling study of working memory and executive control in daily life', *Psychological Science*, 18(7), pp. 614–21.

12 Smallwood J. and O'Connor, R. C. (2011), 'Imprisoned by the past: unhappy moods lead to a retrospective bias to mind wandering', *Cognition and Emotion*, 25(8), pp. 1481–90.

13 Raichle, M. (2015), 'The brain's default mode network', *Annual Review of Neuroscience*, 8(38), pp. 433–47.

14 Johnson, S. C., Baxter, L. C., Wilder, L. S. et al. (2002), 'Neural correlates of self-reflection', *Brain*, 125(8), pp. 1808–14.

15 Gallagher, H. L., Jack, A. I., Roepstorff, A. et al. (2002), 'Imaging the intentional stance in a competitive game', *Neuroimage*, 16(3, pt.1), pp. 814–21.

16 Hamilton, J. P., Farmer, M., Fogelman, P. et al. (2015), 'Depressive

rumination, the default-mode network, and the dark matter of clinical neuroscience', *Biological Psychiatry*, 78(4), pp. 224-30.

17 Spreng, R. N., Dimas, E., Mwilambwe-Tshilobo, L. et al. (2020), 'The default network of the human brain is associated with perceived social isolation', *Nature Communications*, 11, article 6393, https://www.nature.com/articles/s41467-020-20039-w (accessed 27 September 2023)

18 Wilson, E. O. (1984), *Biophilia* (Cambridge, MA: Harvard University Press)

19 MacKerron, G. and Mourato, S. (2001), 'Fears, phobias, and preparedness: toward an evolved module of fear and fear learning', *Psychological Review*, 108(3), pp. 483-522.

20 Weinstein, N., Balmford, A., DeHaan, C. R. et al. (2015), 'Seeing community for the trees: the links among contact with natural environments, community cohesion, and crime', *Bioscience*, 65(12), pp. 1141-53.

21 Gaekwad, J. S., Sal Moslehian, A., Roös, P. B. et al. (2022), 'A meta-analysis of emotional evidence for the biophilia hypothesis and implications for biophilic design', *Frontiers in Psychology*, 13, article 750245, https://doi.org/10.3389/fpsyg.2022.750245 (accessed 27 September 2023)

22 자연환경의 혜택에 관해 발표된 논문 대다수는 연구 논문 게재의 엄격한 기준에 미달한다. 이 문제와 관련해서는 다음 논문이 잘 설명해 준다.

Folk, D. and Dunn, E. (2023), 'A systematic review of the strength of evidence for the most commonly recommended happiness strategies in mainstream media', *Nature Human Behaviour*, https://doi.org/10.1038/s41562-023-01651-4 (accessed 27 September 2023).

그렇다고 자연 속의 산책에서 얻을 수 있는 혜택을 뒷받침할 증거가 없진 않다. 다만 그 연구들이 사전등록되지 않았으며 통계적 검증이 부족하다는 뜻이다.

23 Park, B. J., Tsunetsugu, Y., Kasetani, T. et al. (2010), 'The physiological effects of *Shinrin-yoku* (taking in the forest atmosphere or forest bathing): evidence from field experiments in 24 forests across Japan', *Environmental Health and Preventive Medicine*, 15, pp. 18-26.

24 Ulrich, R. S., Simons, R. F., Losito, B. D. et al. (1991), 'Stress recovery during exposure to natural and urban environments', *Journal of Environmental Psychology*, 11(3), pp. 201-30.

25 Amsel, L., Harbo, S. and Halberstam, A. (2015), 'There is nothing to fear but the amygdala: applying advances in the neuropsychiatry of fear to public policy', *Mind & Society*, 14, pp. 141-52.

26 Lederbogen, F., Kirsch, P., Haddad, L. et al. (2011), 'City living and urban upbringing affect neural social stress processing in humans', *Nature*, 474(7352), pp. 498–501.

27 Sudiman, S., Sale, V. and Kuhn, S. (2022), 'How nature nurtures: amygdala activity decreases as the result of a one-hour walk in nature', *Molecular Psychiatry*, 27(11), pp. 4446–52.

28 White, M. P., Alcock, I., Grellier, J. et al. (2019), 'Spending at least 120 minutes a week in nature is associated with good health and wellbeing', *Scientific Reports*, 9(1), article 7730, doi.org/10.1038/s41598-019-44097-3 (accessed 8 November 2023)

29 Tester-Jones, M., White, M. P., Elliot, L. R. et al. (2020), 'Results from an 18 country cross-ectional study examining experiences of nature for people with common mental health disorders', *Scientific Reports*, 10(1), article 19408, https://doi.org/10.1038/s41598-020-75825-9 (accessed 8 November 2023)

30 Bratman, G. N., Hamilton, J. P., Hahjn, K. S. et al. (2015), 'Nature experience reduces rumination and subgenual prefrontal cortex activation', *Proceedings of the National Academy of Sciences*, 112(28), pp. 8567–72.

31 Bratman, G. N., Daily, G. C., Levy, B. J. et al. (2015), 'The benefits of nature experience: improved affect and cognition', *Landscape and Urban Planning*, 138, pp. 41–50.

32 Ohly, H., White, M. P., Wheeler, B. W. et al. (2016), 'Attention restoration theory: a systematic review of the attention restoration potential of exposure to natural environments', *Journal of Toxicology and Environmental Health*, 19(7), pp. 305–43.

33 Bladwin, C. L., Roberts, D. M. and Barragan, D. (2017), 'Detecting and quantifying mind wandering during simulated driving', *Frontiers in Human Neuroscience*, 11, https://doi.org/10.3389/fnhum.2017.00406 (accessed 27 September 2023)

34 Wegner, D. M. (1994), 'Ironic processes of mental control', *Psychological Review*, 101(1), pp. 34–52.

35 Wegner, D. M. (1994), *White Bears and Other Unwanted Thoughts: Suppression, Obsession, and the Psychology of Mental Control* (New York: Guilford Press)

36 Wegner, D. (1997), 'Why the mind wanders', in J. D. Cohen and J. W. Schooler (eds.), *Scientific Approaches to Consciousness* (Mahwah, NJ: Erlbaum), p. 304.

37 Goyal, M. (2014), 'Meditation programs for psychological stress and well-being. A systematic review and metaanalysis', *JAMA Internal Medicine*, 174, 357-68.

38 Jonides, J. (1981), 'Voluntary versus automatic control over the mind's eye's movement', in J. B. Long and A. D. Baddeley (eds.), *Attention & Performance*, Vol. 4 (New Jersey: Erlbaum), pp. 187-203.

39 Wegner, D. M., Schneider, D. J., Carter, S. et al. (1987), 'Paradoxical effects of thought suppression', *Journal of Personality and Social Psychology*, 53(1), pp. 5-13.

40 Russo, M. A., Santarelli, D. M. and O'Rourke, D. (2017), 'The physiological effects of slow breathing in the healthy human', *Breathe*, 13(4), pp. 298-309.

41 Brewer, J. A. et al. (2011), 'Meditation experience is associated with differences in default mode network activity and connectivity', *Proceedings of the National Academy of Sciences*, 108(50), pp. 20254-9.

42 Franklin, M. S., Mrazek, M. D., Anderson, C. L. et al. (2013), 'The silver lining of a mind in the clouds: interesting musings are associated with positive mood while mind-wandering', *Frontiers in Psychology*, 4, p. 583.

43 Bar, M. (2022), *Mindwandering: How It Can Improve Your Mood and Boost Your Creativity* (London: Bloomsbury)

44 Csikszentmihalyi, M. (1990), *Flow: The Psychology of Optimal Experience* (New York: Harper and Row)

45 Vygotsky, L. S. (1978), *Mind in Society: The Development of Higher Mental Processes* (Cambridge, MA: Harvard University Press)

46 Vygotsky, L. S. (1933), 'Play and its role in the mental development of the child', *Soviet Psychology*, 5(3), pp. 6-18.

47 Kross, E. (2021), *Chatter: The Voice in Our Head and How to Harness It* (London: Vermillion)

48 Kross, E. (2009), 'When self becomes other', *Annals of the New York Academy of Sciences*, 1167(1), pp. 35-40.

49 Orvell, A., Ayduk, O., Moser, J. S. et al. (2019), 'Linguistic shifts: a relatively effortless route to emotion regulation?', *Current Directions in*

Psychological Science, 28(6), pp. 567-73.

50 Moser, J. S., Dougherty, A., Mattson, W. I. et al., (2017), 'Third-person self-talk facilitates emotion regulation without engaging cognitive control: converging evidence from ERP and fMRI', *Scientific Reports*, 7(1), article 4519, https://doi.org/10.1038/s41598-017-04047-3 (accessed 28 September 2023)

<Lesson 6> 사회 연결망을 강화하라

1 Leary, M. (2007), *The Curse of Self: Self-Awareness, Egotism, and the Quality of Human Life* (New York: Oxford University Press)

2 Todd, A. R., Forstmann, M., Burgmer, P. et al. (2015), 'Anxious and egocentric: how specific emotions influence perspective taking', *Journal of Experimental Psychology: General*, 144(2), pp. 374-91.

3 Rubin, K. H. and Burgess, K. (2001), 'Social withdrawal', in M. W. Vasey and M. R. Dadds (eds.), *The Developmental Psychopathology of Anxiety* (Oxford: Oxford University Press), pp. 407-34.

4 Open Access Government, 'Increased loneliness has become a global public health issue', 10 February 2022, https://www. openaccessgovernment.org/lonelinesshealth-countries/129381/ (accessed 13 July 2023)

5 Dahlgreen, W., 'Love thy neighbour? British people are barely friends with them', 10 September 2015, https://yougov.co.uk/topics/society/articles-reports/2015/09/10/love-thy-neighbour-british-people-are-barely-frien (accessed 28 September 2023)

6 Delhey, J., Dragolov, G. and Boehnke, K. (2023), 'Social cohesion in international comparison: a review of key measures and findings', KZfss Kolner Zeitschrift fur Soziologie und Sozialpsychologie, https://doi.org/10.1007/s11577-023-00891-6 (accessed 28 September 2023)

7 Boothby, E. J., Clark, M. S. and Bargh, J. A. (2014), 'Shared experiences are amplified', *Psychological Science*, 25(12), pp. 2209-16.

8 Sullivan, P. and Rickers, K. (2012), 'The effect of behavioral synchrony in groups of teammates and strangers', *International Journal of Sport Exercise and Psychology*, 11(3), pp. 286-91.

9 'Overcoming the challenges of effective communication during video meetings', Hyperia, 16 August 2021, https://hyperia.net/blog/overcoming-

the-challenges-of-effectivecommunication-during-video-meetings (accessed 28 September 2023)

10 Jackson, J. C., Jong, J., Bilkey, D. et al. (2018), 'Synchrony and physiological arousal increase cohesion and cooperation in large naturalistic groups', *Scientific Reports*, 8, article 127, https://doi.org/10.1038/s41598-017-18023-4 (accessed 28 September 2023)

11 Cirelli, L. K., Einarson, K. M. and Trainor, L. J. (2014), 'Interpersonal synchrony increases prosocial behavior in infants', *Developmental Science*, 17(6), pp. 1003–11.

12 Reddish, P., Fischer, R. and Bulbulia, J. (2013), 'Let's dance together: synchrony, shared intentionality, and cooperation', *PLOS ONE*, 8(8), e71182, https://journals.plos.org/plosone/article?id=10.1371/journal.pone.0071182 (accessed 28 September 2023)

13 Nummenmaa, L. et al. (2012), 'Emotions promote social interaction by synchronizing brain activity across individuals', *Proceedings of the National Academy of Sciences*, 109(24), pp. 9959–604.

14 Stephens, G. J., Sibert, L. J. and Hasson, U. (2010), 'Speaker–listener neural coupling underlies successful communication', *Proceedings of the National Academy of Sciences*, 107(32), pp. 14425–30.

15 Tarr, B., Launay, J. and Dunbar, R. I. M. (2014), 'Music and social bonding: "self-other" merging and the neurohormonal mechanisms', *Frontiers in Psychology*, 5, 1096, https://doi.org/10.3389/fpsyg.2014.01096 (accessed 28 September 2023)

16 Kreutz, G., Bongard, S., Rohrmann, S. et al. (2004), 'Effects of choir singing or listening on secretory immunoglobulin A, cortisol, and emotional state', *Journal of Behavioral Medicine*, 27(6), pp. 623–35.

17 Mogan, R., Fischer, R. and Bulbulia, J. A. (2017), 'To be in synchrony or not? A meta-analysis of synchrony's effects on behavior, perception, cognition and affect', *Journal of Experimental Social Psychology*, 72, pp. 13–20.

18 Dwyer, R. J., Kushlev, K. and Dunn, E. W. (2018), 'Smartphone use undermines enjoyment of face-toface social interactions', *Journal of Experimental Social Psychology*, 78, pp. 233–9.

19 Baker, E. L., Dunne-Moses, A., Calarco, A. J. et al. (2019), 'Listening to understand: a core leadership skill', *Journal of Public Health Management*

and Practice, 25(5), pp. 508-10.

20 Kawamichi, H., Yoshihara, K., Sasaki, A. T. et al. (2015), 'Perceiving active listening activates the reward system and improves the impression of relevant experiences', *Social Neuroscience*, 10(1), pp. 16-26.

21 Lamm, C., Decety, J. and Singer, T. (2011), 'Meta-analytic evidence for common and distinct neural networks associated with directly experienced pain and empathy for pain', *Neuroimage*, 54, pp. 2492-502.

22 Hoffman, M. L. (2002), 'How automatic and representational is empathy, and why', *Behavioural Brain Sciences*, 25(1), pp. 38-9.

23 Decety, J., Chen, C., Harenski, C. et al. (2013), 'An fMRI study of affective perspective taking in individuals with psychopathy: imagining another in pain does not evoke empathy', *Frontiers in Human Neuroscience*, https://doi.org/10.3389/fnhum.2013.00489 (accessed 28 September 2023)

24 Ward, J., Schnakenberg, P. and Banissy, M. J. (2018), 'The relationship between mirror-touch synaesthesia and empathy: new evidence and a new screening tool', *Cognitive Neuropsychology*, 35(5-6), pp. 314-32.

25 Ward, J. and Banissy, M. J. (2015), 'Explaining mirrortouch synesthesia', *Cognitive Neuroscience*, 6(2-3), pp. 118-33.

26 Singer, T. and Klimecki, O. M. (2014), 'Empathy and compassion', *Current Biology*, 24(18), pp. 875-8.

27 Dowling, T. (2018), 'Compassion does not fatigue!' *Canadian Veterinary Journal*, 59(7), pp. 749-50.

28 Skar, L. and Soderberg, S., (2018), 'Patients' complaints regarding healthcare encounters and communication', *Nursing Open*, 5(2), pp. 224-32.

29 Warrier, V., Toro, R., Chakrabarti, B. et al. (2018), 'Genomewide analyses of self-reported empathy: correlations with autism, schizophrenia, and anorexia nervosa', *Translational Psychiatry*, 8(1), https://doi.org/10.1038/s41398-017-0082-6 (accessed 28 September 2023)

30 Melchers, M., Reuter, M., Spinath, F. M. et al. (2016), 'How heritable is empathy? Differential effects of measurement and subcomponents', *Motivation and Emotion*, 40(5), pp. 720-30.

31 Martin, G. B. and Clark, R. D. (1982), 'Distress crying in neonates: species and peer specificity', *Developmental Psychology*, 18(1), pp. 3-9.

32 Ruffman, T., Then, R., Cheng, C. et al. (2019), 'Lifespan differences in

emotional contagion while watching emotion-eliciting videos', *PLOS ONE*, 14(1), e0209253, https://doi.org/10.1371/journal.pone.0209253 (accessed 8 November 2023)

33 Eisenberg, N. and Morris, A. S. (2001), 'The origins and social significance of empathy-related responding. A review of empathy and moral development: implications for caring and justice by M.L. Hoffman', *Social Justice Research*, 14(1), pp. 95–120.

34 Breithaupt, F. (2019), *The Dark Sides of Empathy* (Ithaca, NY: Cornell University Press)

35 Singer, T., Seymour, B., O'Doherty, J. P. et al. (2006), 'Empathic neural responses are modulated by the perceived fairness of others', *Nature*, 439(7075), pp. 466–9.

36 Singer, T. and Klimecki, O. M. (2014), 'Empathy and compassion', *Current Biology*, 24, pp. 875–8.

37 Singer, T., Kok, B. E., Bornemann, B. et al. (2016), 'The ReSource Project. Background, Design, Samples, and Measurements (second edition)', Max Planck Institute for Human Cognitive and Brain Sciences.

38 Trautwein, F.-M., Kanske, P., Bockler, A. et al. (2020), 'Differential benefits of mental training types for attention, compassion, and theory of mind', *Cognition*, 194, article 104039, https://doi.org/10.1016/j.cognition.2019.104039 (accessed 28 September 2023)

39 Hutcherson, C. A., Seppala, E. M. and Gross, J. J. (2008), 'Loving-kindness meditation increases social connectedness', *Emotion*, 8(5), pp. 720–4.

40 Fredrickson, B. L. (2004), 'The broaden-and-build theory of positive emotions', *Philosophical Transactions of the Royal Society B*, 359(1449), pp. 1367–77.

41 Fredrickson, B. L. and Branigan, C. (2005), 'Positive emotions broaden the scope of attention and thoughtaction repertoires', *Cognition & Emotion*, 19(3), pp. 313–17.

42 Isen, A. M. (1993), 'Positive affect and decision making', in M. Lewis and J. M. Hailand-Jones (eds.), *Handbook of Emotions* (New York: Guilford Press), pp. 261–78.

43 Carnevale, P. J. and Isen, A. M. (1986), 'The influence of positive affect and visual access on the discovery of integrative solutions in bilateral negotiation', *Organizational Behavior and Human Decision Processes*,

37(1), pp. 1–13.

44 Rentfrow, P. J., Jokela, M. and Lamb, M. E. (2015), 'Regional personality differences in Great Britain', *PLOS ONE*, 10(3), e0122245, https://doi.org/10.1371/journal.pone.0122245 (accessed 28 September 2023)

45 https://www.irri.org/where-we-work/countries/china (accessed 28 September 2023)

46 Buck, J. L. (1935), *Land Utilization in China* (Chicago: University of Chicago Press)

47 Talhelm, T., Zhang, X., Oishi, S. et al. (2014), 'Large-scale psychological differences within China explained by rice versus wheat agriculture', *Science*, 344(6184), pp. 603–8.

48 Kitayama, S., Park, H., Sevincer, A. T. et al. (2009), 'A cultural task analysis of implicit independence: comparing North America, Western Europe, and East Asia', *Journal of Personality and Social Psychology*, 97(2), pp. 236–55.

49 Talhem., T. (2020), 'Emerging evidence of cultural differences linked to rice versus wheat agriculture', *Current Opinion in Psychology*, 32, pp. 81–8.

50 Lester, D. (1995), 'Individualism and divorce', *Psychological Reports*, 76(1), p. 258.

51 Talhelm, T., Zhang, X. and Oishi, S. (2018), 'Moving chairs in Starbucks: observational studies find ricewheat cultural differences in daily life in China', *Science Advances*, 4(4), eaap8469, https://doi.org/10.1126/sciadv.aap8 (accessed 28 September 2023)

52 Talhelm, T. (2022), 'The rice theory of culture', *Online Readings in Psychology and Culture*, 4(1), https://doi.org/10.9707/2307-0919.1172 (accessed 8 November 2023)

53 Mesoudi, A., Magid, K. and Hussain, D. (2016), 'How do people become W.E.I.R.D.? Migration reveals the cultural transmission mechanisms underlying variation in psychological processes', *PLOS ONE*, 11(1), e0147162, https://doi.org/10.1371/journal.pone.0147162 (accessed 28 September 2023)

54 Buss, D. M. (2005), *The Murderer Next Door: Why the Mind is Designed to Kill* (New York: Penguin)

55 Van Lier, J., Revlin, R. and De Neys, W. (2013), 'Detecting cheaters without

thinking: testing the automaticity of the cheater detection module',
PLOS ONE, 8(1), e53827, https://doi.org/10.1371/journal.pone.0053827
(accessed 8 November 2023)

56 Fehr, E. and Gachter, S. (2002), 'Altruistic punishment in humans', *Nature*,
415(6868), pp. 137–40.

57 Putnam, R. (2000), *Bowling Alone: The Collapse and Revival of American
Community* (New York: Simon & Schuster)

58 Delhey, J. and Welzel, C. (2012), 'Generalizing trust: how outgroup-trust
grows beyond ingroup trust', *World Values Research*, 5(3), pp. 46–69.

59 Martela, F., Greve, B., Rothstein, B. et al. (2020), 'The Nordic
exceptionalism: what explains why the Nordic countries are constantly
among the happiest in the world' in *World Happiness Report 2020*,
https://worldhappiness.report/ed/2020/the-nordic-exceptionalism-
what-explainswhy-the-nordic-countries-are-constantly-among-
thehappiest-in-the-world/ (accessed 8 November 2023)

60 Cohn., A., Marechat, M. A., Tennebaum, D. et al. (2019), 'Civic honesty
around the globe', *Science*, 365(6448), pp. 70–3.

61 Helliwell, J. F., Layard, R. and Sachs, J. (2013), World Happiness Report
2013, https://worldhappiness.report/ed/2013/ (accessed 28 September
2023)

62 https://bemoreus.org.uk/video (accessed 28 September 2023)

63 Ebbesen, E. B., Kjos, G. L. and Konecni, V. J. (1976), 'Spatial ecology: its
effects on the choice of friends and enemies', *Journal of Experimental
Social Psychology*, 12(6), pp. 505–18.

64 'Londoners launch anti-Tube Chat campaign', BBC News, 30 September
2016, https://www.bbc.co.uk/news/ukengland-london-37521090
(accessed 28 September 2023)

65 Grierson, J., '"Tube Chat" campaign provokes horror among London
commuters', *The Guardian*, 29 September 2016, https://www.theguardian.
com/uk-news/2016/sep/29/tube-chat-campaign-provokes-horror-
amonglondon-commuters (accessed 28 September 2023)

66 Smith, M., 'It's good to talk? Not if you're young or on public transport',
YouGov, 12 December 2017, https://www.yougov.co.uk/topics/politics/
articles-reports/2017/12/12/its-good-talk-one-four-brits-would-prefer-
not-talk (accessed 28 September 2023)

67 Pan, J. (2019), *Sorry I'm Late, I Didn't Want to Come: An Introvert's Year of Living Dangerously* (New York: Doubleday)

68 Epley, N. and Schroeder, J. (2014), 'Mistakenly seeking solitude', *Journal of Experimental Psychology: General*, 143(5), pp. 1980–99.

69 Schroeder, J., Lyons, D. and Epley, N. (2022), 'Hello, stranger? Pleasant conversations are preceded by concerns about starting one', *Journal of Experimental Psychology: General*, 151(5), pp. 1141–53.

70 Miller, D. T. and McFarland, C. (1991), 'When social comparison goes awry: the case of pluralistic ignorance', in J. Suls and T. Wils (eds.), *Social Comparison: Contemporary Theory and Research* (Hillsdale, NJ: Erlbaum)

71 Boothby, B. J., 'The liking gap in conversations: do people like us more than we think?', *Psychological Science*, 29(11), pp. 1742–56.

72 Gilovich, T., Medvec, V. H. and Savitsky, K. (2000), 'The spotlight effect in social judgment: an egocentric bias in estimates of the salience of one's own actions and appearance', *Journal of Personality and Social Psychology*, 78(2), pp. 211–22.

\<Lesson 7\> 나만의 세계에서 벗어나라

1 Minutaglio, B. and Davis, S. L. (2018), *The Most Dangerous Man in America: Timothy Leary, Richard Nixon and the Hunt for the Fugitive King of LSD* (New York: Grand Central Publishing)

2 Dos Santos, R., Osorio, F. L., Crippa, J. A. S. et al. (2017), 'Anxiety, panic, and hopelessness during and after ritual ayahuasca intake in a woman with generalized anxiety disorder: a case report', *Journal of Psychedelic Studies*, 1(1), pp. 35–9.

3 Aday, J. S., Davis, A. K., Mitzkovitz, C. M. et al. (2021), 'Predicting reactions to psychedelic drugs: a systematic review of states and traits related to acute drug effects', *ACS Pharmacology & Translational Science*, 4(2), pp. 424–35.

4 Davis, A. K., Barrett, F. S., May, D. G. et al. (2021), 'Effects of psilocybin-assisted therapy on major depressive disorder: a randomized clinical trial', *JAMA Psychiatry*, 78(5), pp. 481–89.

5 Devlin, H., 'Psychedelic drug research held back by UK rules and and attitudes, say scientists', 8 November 2022, https://www.theguardian.com/science/2022/nov/08/psilocybin-research-kept-in-limbo-by-rules-

and-attitudessay-scientists (accessed 8 November 2023)

6   Ollove, M., 'More states may legalize psychedelic mushrooms', Stateline, 15 July 2022, https://www.pewtrusts.org/en/research-and-analysis/blogs/stateline/2022/07/15/morestates-may-legalize-psychedelic-mushrooms

7   Tagliazucci, E., Roseman, L., Kaelen, M. et al. (2016), 'Increased global functional connectivity correlates with LSD-induced ego dissolution', *Current Biology*, 26(8), pp. 1043–50.

8   Hood, B. (2012), *The Self Illusion: Why There is No 'You' Inside Your Head* (London: Constable & Robinson)

9   Griffiths, R. R., Hurwitz, E. S., Davis, A. K. et al. (2019), 'Survey of subjective "God encounter experiences": comparisons among naturally occurring experiences and those occasioned by the classic psychedelics psilocybin, LSD, ayahuasca, or DMT', *PLOS ONE*, 14(4), e0214377, https://journals.plos.org/plosone/article?id=10.1371/journal.pone.0214377 (accessed 8 November 2023)

10   Pearce, E., Launay, J. and Dunbar, R. I. M. (2015), 'The ice-breaker effect: singing mediates fast social bonding', *Royal Society Open Science*, 2(1), article 150221, https://doi.org/10.1098/rsos.15022 1 (accessed 8 November 2023)

11   Tarr, B., Launay, J. and Dunbar, R. I. M. (2014), 'Music and social bonding: "self-other" merging and neurohormonal mechanisms', *Frontiers in Psychology*, 5, article 1096, https://doi.org/10.3389/fpsyg.2014.01096 (accessed 8 November 2023)

12   Aaron, A., Aron, E. N. and Smollan, D. (1992), 'Inclusion of Other in the Self Scale and the structure of interpersonal closeness', *Journal of Personality & Social Psychology*, 63(4), pp. 596–612.

13   Greater Good in Action, https://ggia.berkeley.edu/

14   Piff, P. K., Feinberg, M., Dietze, P. et al. (2015), 'Awe, the small self, and prosocial behavior', *Journal of Personality and Social Psychology*, 108(6), pp. 883–99.

15   Yaden, D. B., Iwry, J., Slack, K. J. et al. (2016), 'The overview effect: awe and self-transcendent experience in space flight', *Psychology of Consciousness: Theory, Research, and Practice*, 3(1), pp. 1–11.

16   van Elk, M., Karinen, A., Specker, A. et al (2016), '"Standing in awe": the

effects of awe on body perception and the relation with absorption',
Collabra, 2(1), pp. 1–16.

17 Sturm, V. E., Datta, S., Roy, A. R. K. et al. (2022). Big smile, small self: Awe walks promote prosocial positive emotions in older adults. *Emotion*, 22(5), 1044–1058.

18 Chouinard, M. M. (2007), 'Children's questions: a mechanism for cognitive development', *Monographs for the Society for Research in Child Development*, 72, pp. 1–129; Sturm, V. E., Datta, S., Roy, A. R. K. et al. (2022), 'Big smile, small self: Awe walks promote prosocial positive emotions in older adults', *Emotion*, 22(5), pp. 1044–58.

19 Feynman, R. (1983), 'Magnets (and Why?): Fun to imagine 4', YouTube, https://www.youtube.com/watch?v=wMFPe-DwULM (accessed 17 July 2023)

20 Popova, M. (n.d.), 'Rilke on the lonely patience of creative work', The Marginalian, https://www.themarginalian.org/2018/06/22/rilke-patience-solitude-art/ (accessed 8 November 2023)

21 Yaden, D. B. and Newberg, A. B. (2022), *The Varieties of Spiritual Experience: 21st Century Research and Perspectives* (New York: Oxford University Press)

22 Dambrun, M. (2017), 'Self-centeredness and selflessness: happiness correlates and mediating psychological processes', PeerJ, 5, e3306, https://doi.org/10.7717/peerj.3306 (accessed 8 November 2023)

23 Dambrun, M. and Ricard, M. (2011), 'Self-centeredness and selflessness: a theory of self-based psychological functioning and its consequences for happiness', *Review of General Psychology*, 15(2), pp. 138–57.

24 Csikszentmihalyi, M. and Hunter, J. (2003), 'Happiness in everyday life: the uses of experience sampling', *Journal of Happiness Studies: An Interdisciplinary Forum on Subjective Well-Being*, 4(2), pp. 185–99.

25 Conner, T. S., DeYoung, C. G. and Silvia, P. J. (2018), 'Everyday creative activity as a path to flourishing', *Journal of Positive Psychology*, 13(2), pp. 181–9.

26 Dobat, A. S. (2020), 'Archaeology as therapy: the metal detector hobby and mental health in Denmark', *Archaeological Forum*, 43, pp. 11–24.

행복의 과학

초판 1쇄 발행 2024년 7월 17일

지은이	브루스 후드
옮긴이	이원기
발행인	김태진, 승영란
디자인	ALL design group
인쇄	다라니인쇄
제본	경문제책사
펴낸곳	에디터유한회사
주소	서울특별시 마포구 만리재로 80 예담빌딩 6층 (우) 04185
전화	02-753-2700, 2778
팩스	02-753-2779
출판 등록	1991년 6월 18일 제1991-000074호

값 18,000원
ISBN 978-89-6744-098-5 03180

※ 잘못된 책은 구입하신 곳에서 바꾸어 드립니다.